政协协商的探索与实践

欧阳坚 主编

中国文史出版社

图书在版编目（CIP）数据

政协协商的探索与实践 / 欧阳坚主编. — 北京：中国文史出版社，2021.2

ISBN 978-7-5034-9687-5

Ⅰ. ①政… Ⅱ. ①欧… Ⅲ. ①中国人民政治协商会议—民主协商—研究 Ⅳ. ①D627

中国版本图书馆CIP数据核字（2021）第019239号

责任编辑： 张春霞　牛梦岳

出版发行：**中国文史出版社**
社　　址：北京市海淀区西八里庄69号院　邮编：100142
电　　话：010-81136606　81136602　81136603（发行部）
传　　真：010-81136655
印　　装：河北京平诚乾印刷有限公司
经　　销：全国新华书店
开　　本：710mm × 1010mm　1/16
印　　张：18.5
字　　数：238千字
版　　次：2021年2月第1版
印　　次：2024年9月第4次印刷
定　　价：68.00元

《政协协商的探索与实践》
编辑委员会

序

2014年9月21日，习近平总书记在庆祝中国人民政治协商会议成立65周年大会上强调："在中国社会主义制度下，有事好商量，众人的事由众人商量，找到全社会意愿和要求的最大公约数，是人民民主的真谛。"社会主义协商民主是中国社会主义民主政治的特有形式和独特优势，是中国共产党的群众路线在政治领域的重要体现。社会主义协商民主的优势就在于，无论是在公共决策之前还是决策实施之中，都可以通过平等理性的对话与交流，包容差异、求得共识，在实现有序政治参与的同时，保障国家政治发展的长久稳定，进而增强国家治理体系的合法性基础、提升国家治理体系的整体效能。

2015年中共中央印发的《关于加强社会主义协商民主建设的意见》明确指出，要充分发挥人民政协作为协商民主重要渠道和专门协商机构的作用，不断提高人民政协协商民主制度化、规范化、程序化水平。2019年10月7日，中共中央印发《关于新时代加强和改进人民政协工作的意见》，强调要探索政协协商同社会治理相结合的新形式，拓展政协协商参与面，扩大界别群众工作覆盖面，这为探索政协协商参与基层治理指明了方向。

改革开放40多年来，我国的社会结构和利益格局已经出现较为明显的分化，价值观念日益多元，社会各阶层与各类新兴社会组织的政治参与需求激增。只有倾听人民的不同声音，关注人民的合理诉求，通过充分协商，找到最大同心圆，才能保证人民当家作主，实现以人民为中心的发展目标。这在客观上需要建立一套更加广泛的人民意愿的代表机制和社会各方利益的整合机制。就民主价值目标的实现而言，广泛的代表性本身就是实现这一价值的先决条件。由于人民政协在界别设置、委员产生机制上的广泛性与灵活性，其对社会利益结构与价值观念变化的反应更加敏感和及时。这一特征使人民政协成为开展社会主义协商民主的最佳渠道与平台。

如何将以上人民政协的制度优势转化为社会治理的效能，如何做好机制建设与顶层设计的对接，成为新时代人民政协发挥自身优势，助力国家治理体系与治理能力现代化的时代命题。

2018年以来，甘肃省政协率先关注政协协商参与社会治理的重要命题，组织专门课题组对该命题进行研究。本书作为该项课题的研究成果，从政协协商历史演进的视角出发，结合党的十八大以来国家治理体系与治理能力现代化基本要求，充分挖掘人民政协的政治资源和制度资源优势，将人民政协的功能提升到国家治理体系的战略性高度加以重新认识与发现，着重论证协商作为人民政协主责主业的理论依据和实践基础，并结合甘肃等省近年来政协协商的创新探索，总结提炼出了一套逻辑清晰，程序合理、规则完善，横向到边、纵向到底，可验证、可复制的政协协商方案，值得各方关注。

本书的出版，为政协参与国家治理提供了重要的参考借鉴，必将为坚持和完善人民当家作主制度体系，推动发展我国社会主义协商民主事业作出积极贡献。

是为序。

薛　澜

2021年1月20日于北京清华园

前　言

中国特色社会主义制度是在中国的社会土壤中生长起来的，人民政协就是适合中国国情、具有鲜明中国特色的制度安排。党的十八大以来，党中央就人民政协的性质、定位、职能与作用，做出了新时代背景下的全新解读，明确指出人民政协是社会主义协商民主的重要渠道和专门协商机构，是国家治理体系的重要组成部分。2014年9月21日，在庆祝中国人民政治协商会议成立65周年大会上，习近平总书记强调，"涉及人民群众利益的大量决策和工作，主要发生在基层。要按照协商于民、协商为民的要求，大力发展基层协商民主，重点在基层群众中开展协商"，这一论断为政协协商参与基层治理提供了重要遵循、指明了前进方向。2015年，中共中央印发《关于加强社会主义协商民主建设的意见》；2016年，中共中央办公厅印发《关于加强人民政协协商民主建设的实施意见》，对政协协商民主实践提出了具有针对性的安排。2019年10月7日，中共中央印发《关于新时代加强和改进人民政协工作的意见》，这是进入新时代以来，党中央专门指导新时代人民政协工作的纲领性文件。在这一纲领性文件中，明确指出"要探索政协协商同社会治理相结合的新形式，拓展政协协商参与面，扩大界别群众工作覆盖面"。这为探索政协协商参与基层治理指明了方向。2019年10月31日，党的十九届四中全会审议通过《中共中央关于坚持和完善中国特色社会主义制度、推进国家治理体系和治理能力现代化若干重大问题的决定》(以下简称《决定》),再次确认人民政协是具有中国特色的制度安排，是社会主义协商民主的重要渠道和专门协商机构，是国家治理体系的重要组成部分。

人民政协作为协商民主的专门机构，有其自身独特的制度优势。这种优势，使得人民政协通过协商民主参与基层治理，具有得天独厚的条件。首先，人民政协的代表与整合功能是新时代背景下实现中国特色社会主义民主目标的战略性机制。由于人民政协在界别设置、政协委员产生机制上的广泛性与灵活性，对社会利益结构与价值观念变化的反应更加敏感，也更加及时。这一制度特征，使人民政协与人民代表大会成为实现社会主义民主目标过程中，彼此不可替代的战略性互补机制。其次，人民政协将在完善决策程序与民主监督层面成为推进国家治理体系与治理能力实现现代化的制度性安排。2005年,《中共中央关于进一步加强中国共产党领导的多党合作和政治协商制度建设的意见》提出:“把政治协商纳入决策程序，就重大问题在决策前和决策执行中进行协商，是政治协商的重要原则。”党的十九届四中全会《决定》再次强调“完善协商于决策之前和决策实施之中的落实机制”。这表明，新时代人民政协将在公共决策和民主监督中扮演越来越重要的白色，成为国家治理体系中具有战略意义的重要一环。

履不必同，期于适足；治不必同，期于利民。基层是社会治理的第一线，也是加强和创新社会治理最基本、最直接、最有效的力量。如何将人民政协的制度优势转化为基层治理效能，做好机制建设与顶层设计的对接，已成为新时代人民政协发挥自身优势，助力国家治理体系与治理能力现代化的时代命题。在这一背景下，本研究立足于中国历史中的协商民主传统与社会主义协商民主理论与实践，聚焦政协协商参与基层治理的理论基础、实际操作规程与各项保障条件，为政协协商参与基层治理作出了前瞻性探讨。本研究以协商民主与基层治理为核心概念和出发点，分为理论与实践两部分依次展开。

理论部分包含两章内容：第一章，重点论述人民政协参与国家治理的历史演进与理论逻辑。该章内容包括协商民主的提出和演变、治理的内涵、人民政协参与国家治理的历史演进，在此基础上对政协协商参与基层治理的必要性与可行性作出分析。第二章，从新时代党中央对人民政协的顶层设计出发，论证协商是人民政协的主责主业。论证从以下三个角度展开：政协协商是坚持完善社会主义民主的基本要求、政协协商是完善新型政党制度的必然选择、政协协商是实现国家治理体系和治理能力现代化的基本要求。

实践部分包含三章内容：第三章，主要从国家层面关于政协协商的制度设计、甘肃地方政协的协商实践、政协协商规则的构建、培育政协协商文化等视角，系统总结了人民政协通过协商参与基层治理的制度安排和实践路径。第四章，主要从政协协商的组织保障、制度保障、条件保障三个方面，系统分析了开展政协协商的必要条件和保障体系。第五章，主要在案例收集和实地调研的基础上，对政协协商参与基层治理的成功案例进行了归纳总结和比较分析，在此基础上梳理出政协协商参与基层治理的几点规律性启示。

面对中华民族伟大复兴战略全局和世界百年未有之大变局，开启全面建设社会主义现代化国家新征程、向第二个百年奋斗目标进军，迫切需要全面提升国家治理体系和治理能力现代化水平。通过专门协商机构把人民政协嵌入国家治理框架之中，开辟了人民政协参与国家治理的广阔空间。我们系统梳理研究了政协协商的渊源与机理、理论与实践、制度与创新，在借鉴国内众多人民政协理论研究成果的基础上，把历史和现实相贯通、全国和地方相关联、案例和思考相结合，对新时代人民政协协商民主理论成果、实践成果、制度成果做出了全面系统的归纳、总结和提升，力求使之成为推动人民政协制度更加成熟更加定型的宝贵探索、成为各界研究人民政协参与国家治理的有益参考。

欧阳坚

2021年1月9日

目录

第一章　人民政协参与国家治理的历史演进与理论逻辑

党的十八大以来，以习近平同志为核心的党中央站在建设中国特色社会主义民主政治的高度，在总结中国共产党领导的多党合作和政治协商制度发展的基础上，先后作出了社会主义协商民主是我国人民民主的主要形式，是实现党的领导的重要方式，是我国社会主义民主政治的特有形式和独特优势等科学论断，进一步丰富了我国协商民主的理论内容，为中国特色社会主义民主政治的发展奠定了坚实的基础。协商民主理论和实践的发展，必将推动我国国家治理体系与治理能力现代化建设。

第一节　协商民主的提出和演变

随着世界民主政治的发展，协商民主引起了越来越多研究者的关注。从理论上阐释清楚协商民主的相关问题，如什么是协商民主、它的内涵是什么、它有哪些特征以及它对一个国家的民主政治建设有什么价值等问题，不仅能够丰富民主政治理论的内容，而且也可以丰富一个国家的民主实践形式。因而对其进行全面的解读是非常必要和重要的。

一、协商民主的概念

“协商民主”自20世纪80年代在西方理论界提出以来，其影响越来越广泛，已成为当代西方民主理论流派中非常受学者关注的一种理论思潮。如在政治哲学领域享有盛名的哈贝马斯、罗尔斯、吉登斯、米勒、博曼等学术大咖，都致力于探求这种新民主理论的发展趋势及其内在理论。从1980年约瑟夫·毕塞特在《协商民主：共和政府的多数原则》一文中首次使用“协商民主”（Deliberative Democracy）一词到现在为止，协商民主的理论研究和政治实践在西方资本主义国家取得很大进展。“协商民主”是西方政治理论界反思代议制民主理论和总结宪政民主实践相统一的必然结果，是对古代民主理论的一次超越。对中国学术界来说，自2000年一些敏锐的学者将“协商民主”理论推介到国内之后，逐渐引起了研究者越来越多的关注，并通过开设研究专栏、出版相关文集、召开学术研讨会、成立相关研究机构等途径加大了对“协商民主”的本土化研究。①

协商民主理论创建的时间虽然不长，但其思想渊源却有着悠久的历史，最早可以追溯到希腊雅典时期。随着西方资本主义社会的日益发展，传统的代议制民主逐渐暴露出了明显的不足和弊端，尤其是随着知识经济与网络时代的到来，信息传播打破了时空限制进行迅速、透明的传播，这就使得选举民主当中的金钱舞弊、政治腐败、游行示威、诉讼暴增、忽视公民权利等行为很容易地曝光在大众面前，极大地影响公民对选举民主的认同。面对公民权利意识的增强和维护社会秩序成本的日益增加，协商民主理论便应运而生。因而，从产生的背景来看，“协商民主”在一定程度上可以说是西方民主政治自我“纠偏”的必然结果。

关于协商民主内涵的界说，国内外的学者从不同的视角进行了多元化阐述。例如，西方学者库克从理性讨论的角度出发，认为协商民主应是民主政府为公民政治生活的理性讨论创造足够空间。而哈贝马斯则以协商与共识为视角，认为协商民主则是公民与公民、公民与政府

① 陈家刚主编：《协商民主政治发展》，社会科学文献出版社2011年版，第4—5页。

进行有效沟通和达成共识的有效方式；伯纳德·曼宁和乔舒亚·科恩则从公民参与、决策和政治合法性等方面对协商民主予以考察，认为协商民主能够最大限度地得出公民认可的决策，进而能够增强政权的合法性基础等等。[①]在我国学术界和理论界，研究者对协商民主有着不同的理解，例如，学者陈家刚就以“治理”视角为切入点，将协商民主定义为“以公民利益为基本取向，通过广泛的讨论和对话，使参与各方达到决策上和立法上的一致共识，得到具有集体约束力的决策”。[②]而李君如则从民主决策的角度出发，将协商民主看作是一种民主决策机制。[③]从中外学者对协商民主的不同理解我们可以看出，协商民主的实质就是在推进和实现公民政治参与的有效化和有序化的基础以弥补和改善现有民主政治实践的不足，以便更好地保障公民的权利。协商民主突出公民参与的重要作用，主张公民通过讨论磋商、交流对话沟通等多种利益表达方式达成某种程度的共识，进而共同协商解决和处理社会政治生活中的各种矛盾。

协商民主理论自构建以来，理论模型日益多元，理论内容逐渐丰富、理论影响日益扩大，概括中西学者对协商民主的阐释，有助于我们更好地理解协商民主内涵，为我国社会主义协商民主的建设提供理论帮助。总体来看，协商民主理论的主要内容集中在以下几个方面：

（一）协商民主是一种决策方式

英国政治学家阿戴维·米勒认为，一种民主体制的决策是通过公开讨论——每个参与者能够自由表达，同样愿意倾听并考虑相反的观

① 范会勋：《关于协商民主的争论：国外协商民主理论研究综述》，《理论月刊》2013年第12期，第184—188页。

② 陈家刚：《协商与协商民主》，中央文献出版社2015年版，第3页。

③ 李君如：《协商民主：契约治村》，《前线》2020年第2期，第71—72页。

点——做出的，那么这种民主体制就是协商的。[①]在米勒看来，因为经过协商而作出的判断是最接近理性的判断，所以也就更能实现决策的科学性和公正性。在实践层面，协商民主在决策中具有积极意义：一是政府可以最大限度地获取决策信息；二是协商民主能够增强决策过程的透明度和公开化；三是协商民主可以避免决策过程中的“有限理性”；四是协商民主是有效整合政治精英论证、知识精英论证的制度平台；五是协商民主能够通过讨论、审议等过程赋予决策以合法性，从而有助于公共政策的顺利执行。[②]总的来看，协商民主决策论的根本主张就是要求在理性决策的基础上，最大限度地实现公民利益的公平化。

（二）协商民主是一种治理方式

在西方民主政治理论话语体系中，民主本身是一种治理模式，而不是一种统治模式。[③]协商民主参与的广泛性、公开性、平等性与合作性更能体现治理的本质要求。随着当代西方资本主义国家利益主体的多元化与社会矛盾的复杂化加剧，传统的代议制民主和政府管理模式已经显得落伍，社会秩序的稳定、国民经济的发展以及公民权利的保障都需要通过多元治理的方式实现。通过协商民主的方式而实现的社会治理，不仅仅局限于基层社会和整个国家，还可以扩展到国际领域。从协商民主的本质来看，它要求自由平等的公民或者是他们的代表，能够在以契约或法律规定的对话原则下，经过公开讨论和平等对话，不

① 陈家刚：《协商民主与政治发展》，社会科学文献出版社2011年版，第10页。

② 何包钢：《协商民主理论：方法和实践》，中国社会科学出版社2008年版，第18页。

③ 范会勋：《西方协商民主理论与新时代协商民主实践的借鉴》，《上海市社会主义学院学报》2020年第3期，第34—40页。

同利益主体能够超越狭隘的个体利益，促进彼此之间的相互理解，寻求不同政治主张之间的共同诉求，明确彼此之间的责任，进而依靠公民的集体智慧来实现社会的有效治理。协商民主的治理观在理论和实践上无疑都是对代议民主制的发展。

（三）协商民主是一种公共参与方式

有序参与是任何形式民主政治的基本要求。在代议制民主流行的西方民主政治体系中，选举是政治参与的主要形式。定期投票是体现公民政治主张和表达利益诉求的最好制度安排。在传统的选举民主制度下，选民只有在选举日才能够表达自己的政治偏好，选举的进行只是各种诉求在规定时间里的总体性聚合。如果选举组织不力或发生选举腐败，选民的诉求非但得不到真实的表达，甚至还有可能发生践踏民权、破坏民主的现象。协商民主则强调公民政治偏好表达的日常化和公开化，即通过协商而表达的偏好可以在非正式的、日常生活化的场合及时有效地表达出来，这给公民提供了一种新的、更有实际意义的政治参与方式。同时，以协商为主的参与方式由于强调参与者的平等性、理性化和及时性，能够将民主政治中的包容、公开、契约精神落到实处，从而大大地降低了民主政治的运行成本，提高了民主政治的时效性，因此协商民主接近实质上的民主。

二、协商民主的内涵

众多学者从不同的角度界定了协商民主的内涵。有些人认为协商民主是一种决策形式；有些人认为协商民主是一种组织形式；有些人认为是一种宪政民主；也有学者认为协商民主是一种话语民主。尽管不同的学者对协商民主有着各不相同的理解和阐释，但他们普遍认为协商民主的核心应该是表达政治偏好方式的转变，而不仅仅是偏好聚合的一种结果。[①]协商民主由于遵循了主权在民原则，承认分歧的多元化和正当性，主张公民以公共利益为价值导向而进行政治选择以及倡导通过广泛参与和公开对话来解决纷争，等等。协商民主的这些内涵赋予政治决策以强大的合法性基础，促进民主治理的实现。因此，协商民主从本质上说是一种治理形式。[②]

对我国社会主义民主政治而言，协商民主既是保障人民主权以增强人民群众在国家治理中的作用的一种民主实践方式，同时也是社会各主体通过共同平等对话以塑造协商文化和提高国家治理效能的一种民主治理形式。我国的社会主义协商民主，就是为了找到群众利益的最大公约数，必须在党的统一领导下，在坚持中国特色社会主义制度的前提下，对关乎群众切身利益的公共事务，采用对话沟通等多种形式，让利益相关者广泛参与到政府决策的全过程中，从而达成具有社会共识的民主治理形式。

当前，我国正处于传统社会向现代社会转型的阶段，社会结构分化加剧、人民的利益诉求多样、公民的权利意识增强、不稳定因素增加、社会主要矛盾已发生根本变化，等等。这新问题、新现象的出现迫使传统国家治理必须发生与时俱进的转型。社会治理急需凝聚社会共识，通过社会的协同力量达到有效化的治理。协商民主通过多元利益主体的共同协商，增强政策的正当性和可实施性，保障了各方主体利益，在个人、团体和阶层利益与公共利益之间寻求平衡，降低政策落实过程中的摩擦，最终在多元主体参与下实现有效的国家治理。因此，协商民主作为一种治理形式，是推动国家治理体系和治理能力现代化的重要手段。

---

① 凌锐燕：《国家治理现代化进程中的协商民主问题研究》，中共中央党校博士论文2015年。

② 陈家刚：《协商民主引论》，《马克思主义与现实》2004年第3期，第26—34页。

三、我国协商民主的历史演进

改革开放四十多年来，中国特色社会主义协商民主通过了政治实践、理论发展和制度检验等领域的相互配合与共同发展逐渐成长起来，有力地推动了我国民主政治的建设与发展。中国特色社会主义协商民主政治在新时代必将获得更为广阔的发展空间，必将获得社会各界人士的大力支持，能够进一步体现我国社会主义民主政治发展的独特性和优越性。

（一）中国古代的协商精神及其实践

在我国传统政治文化中，“和合”文化和“民本”思想与协商民主有着紧密的联系，它们为我国协商民主的形成，提供了丰厚的文化土壤。《国语》中说“夫和实生物，同则不继。以他平他谓之和，故能丰长而物归之；若以同裨同，尽乃弃矣”①。《中庸》则认为“万物并育而不相害，道并行而不相悖”②。《论语》中有云“和也者天下之达道也”，强调“君子和而不同，小人同而不和”③，等等，可以说都是对协商精神的体现。虽然传统文化中的“和合”思想是与专制王权紧密相连的，但它强调事物之间的系统性和包容性则是与协商精神有着内在联系的。

与协商文化相比，协商精神在我国古代的政治实践中同样有着悠久的历史，并且逐渐发展成为一套比较完备的政治操作原则。概括地看，我国传统政治体系中的协商精神及其实践主要分为三个层次：最核心的是国家政治制度中的协商，中间层次是相当于哈贝马斯的弱公共领

①《国语·郑语》，陈桐生译注，中华书局2013年版，第4页。

②《中庸·第三十章》，中国国学文化艺术中心编著，中国人民大学出版社2018年版，第3页。

③《论语·子路》，陈晓芬译注，中华书局2016年版，第1页。

域的协商，外层则是以大众舆论形态而存在的协商。[①]对我国传统的专制政治体系而言，在最核心的国家政治制度中，能够体现协商精神的有廷议制度、谏议制度和经筵制度；在中间的公共领域这一层次上则主要包括学校、书院、雅集（文人聚会）等组织形式所彰显的协商精神；而在外层的大众舆论协商则相当于今天所说的基层协商，它涉及的大多是普通民众，他们的议事机构主要是祠堂、乡贤祠等乡民组织，[②]主要通过乡村公共事务的商议、舆论监督（主要是道德评判）而体现出来的协商精神。

在中国漫长的历史发展进程中，各个历史时期的生活实践与国家政治生活中都蕴含着一定程度的协商精神。在原始社会，由氏族成员共同管理、民主参与、公共决策而形成的部落会议，可以说就是在协商精神的主导下实践的原始民主制。在向国家演化的过程中，禅让制的出现开启了我国最早的政治协商实践，公权力还很薄弱，一般都是通过推举产生部落首领。禅让制，这种原始朴素的政治实践形式，可以说是协商理念进入国家形态前夜的一次有效表达，其协商精神在公共生活中的应用也成为后世称颂“三代之治”的主要依据。在周代，“周召共和”开启了中国历史上共和行政的先例，是一次运用协商范式解决政权执掌的成功示范。春秋战国时期，由于周天子权威衰弱，宗法制、分封制和礼乐制逐渐松散为民间社会的兴起提供了有利条件，从封建等级制中解放出来的“士”成为践行协商理念的主要群体。而乡校和学宫等教育机构的兴起，为社会培养各类人才提供了极大帮助，统治者也能够经常性地听取士人意见，为一些重要决策寻求帮助，这实质

① 卡罗尔·帕特曼：《参与和民主理论》，陈尧译，上海人民出版社2012年版，第54页。

② 战阳：《中西协商民主制度比较》，外交学院学位论文2020年6月。

上是协商实践的表现。在封建专制王权时期，运用协商来处理国家事务的典型是西汉时期的“盐铁会议”。这次会议是在不同利益主体之间进行的，国家和商业利益集团通过有效的协商，最后取得了彼此比较满意的结果。[①]这在一定程度上也说明了即使在君主专制政治体系中，不同政治主体之间的博弈也可以通过协商来完成。唐宋以来，随着中国工商业的快速发展，各种商业行会逐渐成长起来，协商的形式和渠道更加多样，协商成为这些行会解决行业矛盾和协调利益的主要手段，真正体现了“和能生财”传统的利益往来精神。

从以上梳理可以发现，受传统的“和合”文化以及“民本”思想的影响，在我国传统政治文化中，协商政治就已萌芽，协商制度也较为完备。从原始社会的“禅让制”到奴隶社会的“周召共和”，再到封建社会的“盐铁会议”，均是运用协商的方式来解决社会矛盾和阶级纠纷的表现，其特点是协商形式多样、协商涉及内容广泛。因此，传统朴素的协商民主思想，为当代中国协商民主理论和制度的形成与实践，奠定了深厚的文化土壤和丰富的实践经验。

（二）协商民主思想提出与实践

新民主主义革命在中国的成功告诉我们，协商是革命取得成功的基础之一。具体来说，第一次国共合作催生了协商民主思想。辛亥革命的大旗引领了中国民主共和思想的潮流，中国共产党的成立开启了中国协商民主思想与实践的早期探索。[②]1921年，中国共产党成立之初就指出，在新民主主义革命过程中，中国各党派、各人民团体以及社会组织可以在政治共识的基础上进行统一战线式的合作。中国共产党

① 王永：《〈盐铁论〉研究》，宁夏人民出版社2009年版，第21—30页。

② 宋连胜、李建：《社会主义协商民主理论源头探析》，《理论学刊》2013年第3期，第4—8、128页。

人基于对我国基本国情和革命形势的判断，联合国民党和社会进步人士，为抵抗资本主义列强的侵略和打倒封建军阀的统治，建立新型的民主共和国而奔走呼号。在统一战线与多党合作理念的实践中逐渐发展起来的协商民主思想，最终促成了第一次国共合作的实践，引发了新民主主义革命的高潮。[①]第一次国共合作的实现，标志着中国协商民主思想与实践的萌芽。在民主革命实践中形成的多党派政治协商，各社团之间协商，选举民主与协商民主共举的思想，构成了我国协商民主的基本理论。抗日民族统一战线的形成加速了协商民主思想的实践。日本侵华战争的爆发，使民族矛盾激化，并上升为主要矛盾，强烈的民族意识促使各族各界人士达成了抗日救亡的共识。在民族危亡面前，各党派、各革命阶级共同组成抗日民族统一战线，共商国是，抗击外敌。在抗日民族统一战线纽带的凝聚下，第二次国共合作于1937年正式形成。[②]1938年7月，国民政府成立国民参议会，为抗战期间各党派、各级人士参政议政、共谋国是、共同抗战以及民主建国提供了政治平台。“三三制”民主政权不管是从政权性质、阶级基础、组织形式，还是从政策过程与运作机制上都蕴含丰富的协商民主价值成分，[③]是民族主义与民主主义理念与中国革命相结合的实践产物，是对协商民主精神和实践的全面创新。这一制度创新为以后中国共产党组建民主联合政府，召开人民政治协商会议奠定了坚实的基础。此外，国民参政会作为共产党、国民党以及各民主党派共商国是的平台，为我们党初期协商民主思想的形成和实践奠定了坚实的基础。

① 苏若群、姚金果:《第一次国共合作始末》，中共党史出版社2016年版，第91—97页。

② 关世雄:《中国共产党统一战线史》，中国文史出版社1994年版，第179—198页。

③ 郇雷:《“三三制”民主：社会主义协商民主制度的雏形》，《科学社会主义》2017年第5期，第82—87页。

（三）当代中国协商民主思想与实践的发展

当代中国协商民主思想的发展，溯源于1948年中共中央发布的《纪念“五一”劳动节口号》中明确回答了“召开政治协商会，讨论并实现召集人民代表大会，由人民代表大会产生民主联合政府”这一问题，[①]得到了社会各界的积极响应。1949年9月，中国人民政治协商会议在北京召开，并颁布了具有临时宪法性质的《中国人民政治协商会议共同纲领》，该纲领的颁布标志着政治协商思想的正式形成。1954年，《中华人民共和国宪法》颁布，人民政协积极适应新形势，进一步探索社会主义民主的实践形式。1956年9月，中国共产党第八次全国代表大会确立了中国共产党与各民主党派“长期共存、互相监督”的八字方针，使共产党与各民主党派的协商合作有了重要的政策保障。[②]社会主义改造基本完成后，我国的社会关系发生翻天覆地的变化，人民内部矛盾开始凸显。经济基础决定上层建筑，与此相对应的，中国共产党领导下的多党合作和政治协商制度的功能被弱化，没有发挥出这一制度的应有优势。由于受1957年至1977年这20年间国内政治环境复杂多变的影响，我国协商民主思想与实践陷入曲折发展时期。

以党的十一届三中全会为转折点，中国协商民主迎来了发展的春天。随着改革开放的深入和市场经济的不断发展，多党合作和政治协商的制度化建设也逐步加快。1982年1月，邓小平同志将“长期共存、互相监督”八字方针充实为“长期共存、互相监督，肝胆相照、荣辱与共”的十六字方针。1989年12月中共中央印发了《关于坚持和完善中国共产党领导的多党合作和政治协商制度的意见》，第一次以中共中

① 史宝强:《“五一”口号史稿》，河北人民出版社2015年版，第63页。

② 胡筱秀:《人民政协制度功能变迁研究》，上海人民出版社2010年版，第63页。

央文件的形式明确提出："中国共产党领导的多党合作和政治协商制度是我国一项基本政治制度。"进一步从理论上回答了社会主义建设时期怎样实行多党合作、多党合作的特征及其作用功效等问题。[①]这一提法标志着我国协商民主的制度化建设取得重大发展。此后党的十四大以及十五大报告中，再次强调了协商民主思想和制度建设应遵循的原则、主要内容以及目标指向，为推动我国协商民主思想的发展和实践发挥了积极作用。中国共产党领导的多党合作和政治协商制度在改革开放的大潮中不断在制度化、规范化、程序化方面迈出新步伐，其制度效能独特优势日益彰显。随着我国社会主义建设的全面发展，党和国家结合急剧变化的国际以及国内形势，先后出台和制定了一系列针对协商民主的方针、意见、政策和方案，一些地方也根据本地的实际情况开展了形式多样的协商实践，极大地丰富和推动了我国协商民主理论和实践。

党的十八大以来，以习近平同志为核心的党中央，开启了创新发展社会主义协商民主的新征程。人民政协加强自身制度体系建设，推进履职制度化、规范化以及程序化建设。在理论层面，相关研究者们在继续结合党的十八大以来的社会主义协商民主发展的新情况进行研究讨论的同时，对党的十九大报告中的相关论述做了解读与宣传，具体涉及社会主义协商民主的重要作用、需要统筹推进的社会主义协商民主的七大实现渠道等。

随着中国特色社会主义民主政治建设进入新时代，协商民主理论及其实践将获得更大的发展空间。协商民主不仅仅在顶层设计上更加完善，而且在具体的工作层面上也日益丰富。一些地方结合党的十九

① 艾其来：《中国共产党领导的多党合作和政治协商制度》，中国民主法制出版社2017年版，第92页。

大精神，在原有社会主义协商民主实践的基础上，通过各种方式践行社会主义协商民主精神，探索适合本地区的协商民主模式。

四、新时代社会主义协商民主的逻辑

（一）政治逻辑

我国的社会主义协商民主遵循的政治逻辑是在中国共产党的领导下，社会各主体广泛参与到国家重大方针政策制定和关乎群众切身利益的各项决策中来。坚持党的领导需要做到以下三点：首先坚持科学的指导思想。开展社会主义协商民主，必须始终坚持习近平新时代中国特色社会主义思想这一党的最新理论成果。其次要加强党对协商民主制度的领导。党要高度重视协商民主制度化，支持和鼓励协商民主建设探索创新，为协商民主制度化营造良好氛围。最后要确保党内民主健康发展。党内民主具有示范和引领作用，良好的党内民主风气能够促进全社会形成良好的协商民主氛围。群众的广泛参与主要要重视两点内容：首先要明确参与主体的范围，参与民主协商的主体既包括各民主党派、各级党政机关、各级人大代表、政协委员，还包括经济组织、非政府组织等各种民间团体。其次要畅通不同群体参与协商的路径。充分利用大数据、人工智能、互联网等平台畅通各团体参与协商民主的渠道，丰富协商民主的参与形式，充分保障人民群众的建议权，真正实现人民当家作主。

（二）文化逻辑

1. 中国传统政治文化中的“和合”思想与协商民主精神相契合。恩格斯曾说过：“历史从哪里开始，思想进程也应当从哪里开始，而思想进程的进一步发展不过是历史过程在抽象的、理论上前后一贯的形式上的反映。”[①]一个国家的文化根基是决定这个国家政治发展的重要因素之

① 马克思、恩格斯：《马克思恩格斯选集》(第2卷)，人民出版社1995年版，第122页。

一。从思想文化的传承性来看，中国传统政治文化中的“和合”理念与协商民主在精神或价值上是相通的。协商民主可以说是“和合”精神在现代民主政治实践中的应用，而“和合”理念也在我国社会主义协商民主的政治发展中获得了新的生命力。“和”“合”“中”思想既是中国传统政治哲学的主要内容，也是中国政治实践遵循的基本理念之一。中国自古以来盛行的社会调解的风尚、人文气息浓厚的矛盾化解理念以及“和为贵”的传统，从根本上看就是重谐和、贵合一等政治价值观念在社会生活上的体现。

“和合”思想是中国古代政治文化所设计的一种理想化状态，同时也是实现社会秩序稳定、追求国家长治久安的实践依据。“和”作为中国古代政治文化的范畴，指的是不同事物的统一、和谐，具体就是人与人、人与自然之间的和谐统一。[①]这一理念在实践层面上是要求人们在社会生活中互帮互助、合作互利，共同解决人们在交往中所遇到的困难。“和合”文化的内涵主要体现在：一是自然界是一个阴阳“和合”的融合体、统一体、有机体；二是强调人与自然、人与社会、人与人保持和谐统一关系的同时，也要维持自身身体和心理的和谐统一；三是把社会人际关系、国家与国家关系的“和合”作为社会发展的根本性目标。“和合”不是否定矛盾和忽视冲突，而是强调在化解矛盾、缓和冲突时各利益主体之间应该具有一种“和而不同”的智慧或策略，也就是人们常说的“求同存异”。

“和合”思想始终贯穿在中国传统政治文化发展的各个阶段，在历史演进过程中凝结成为中华优秀的人文精神之一，深刻地彰显着中国传统政治实践的智慧。英国哲学家罗素在中国考察后曾经说：“中国至高

① 李仁彬等：《中国协商民主理论与实践探析》，四川大学出版社2011年版，第180页。

无上的伦理品质中的一些东西，对现代世界极为需要。这些品质中我认为和气是第一位的。”[①]中国政治社会在发展的过程中，一直非常注重共济、协调、互补、和谐共事的矛盾调解方式，“有事好商量”成为人们日用而不觉的行为习惯。同时，“和合”还包含着不同事物之间的差异性和哲学意义上的矛盾多样性统一。“和合”文化在中国古代社会日常生活中的体现就是乡绅地位和作用的突出以及各种乡规民约在基层社会的运行和实践。因为在中国传统的乡土社会，乡绅利用自己的能力和掌握的资源，能够通过“协商”的办法成功地处理基层社会矛盾、和平地化解民间冲突，所以乡绅阶层往往成为政府与民间进行沟通的重要桥梁，在社会秩序维护方面发挥重要作用。例如，成文于北宋熙宁九年（1076年）的陕西蓝田《吕氏乡约》就将中国古代的以“和合”为主的协商精神应用到处理乡邻关系、化解乡邻矛盾以维护乡村社会秩序。它提出的“德业相劝、过失相规、礼俗相交、患难相恤”十六字约规成为后世乡约的典范。[②]除此之外，富含“和合”精神的还有明代王阳明的《南赣乡约》、吕坤的《乡甲约》等，可以说都是将中国古代协商与和谐理念应用在日常生活中的表现。

在专制国家的控制权限还没有能力延伸至最基层的中国古代社会，以“和合”精神为宗旨而形成的乡规民约对于乡民关系的调解与社会秩序的稳定都起着非常重要的作用，其中最主要的原因就在于这些具有自组性和自治性的民间约规都包含着“有事好商量”的协商精神，它能够以较低的社会成本获得较为理想的社会治理效果。在乡土文化传统根深蒂固的中国，虽然市场经济和城镇化取得了快速的发展，乡民变化着的观念也在与时俱进地变化着，然而乡村社会重礼俗轻法治

---

① 罗伯特·罗素：《中国问题》，秦悦译，学林出版社1996年版，第167页。

② 杨开道：《中国乡约制度》，山东省乡村服务人员训练处印1937年版，第75页。

的传统依然有生存的土壤，人们依然重视“和合”的协商精神在日常生活中的作用。一些地方就在村民自治制度的框架下，继承并创新了传统乡约民规中的“协商”精神，制定了能够反映现代乡村社会生活的“村规民约”，在处理村民关系和化解邻里矛盾时将“法治观念”和“伦理观念”有机地结合起来，使其能够在乡村社会治理方面发挥积极作用。总而言之，“乡规民约对于中国特色协商民主的形成和发展而言，同样有积极的影响。乡规民约的制定是共同体成员商谈后达成的一致，与协商民主内含的‘协商’要义相对接；同时在协商民主实践中，各种乡规民约成为协商过程中的主要行动规范和行动依据，调适着协商成员的行为，也为协商共识的达成提供重要保障”[①]。作为优秀的传统文化资源，“和合”文化传统对于中国特色协商民主的孕育和发展、社会主义政治文明建设，起到重要的深化和促进作用。

2.“天下为公”理念与协商民主价值的契合。自《礼记》对人们心目中的理想社会做出美好描述以后，“天下为公”思想在中国传统文化系统中有着极强的生命力，成为推动社会变革和统治者获取合法性最具号召力的资源之一，这也是它能够延续数千年之久的原因。作为先秦儒家对未来社会的一种美好设想，“天下为公”理念不仅是中国古代最具号召力和最富吸引力的政治口号，而且也是中国传统政治文化中最具创造性和超越性的内容之一。

“天下为公”的原意是指天下是公众的，天子之位传贤而不传子。最后在历史的演进过程中逐渐变成人们对贤良政治追求的一种美好愿望。从“天下为公”思想的延伸含义来看，它倡导人们之间的信用与和睦，强调民众的认可和统治者的德行是获取政治合法性的基础，民

① 王永香、陆卫明：《协商民主是中国社会主义民主政治的特有形式和独特优势》，《红旗文稿》2019年第5期，第17—19页。

众获取公平正义是其所追求的终极目标。在中国传统政治的实践层面，“天下为公”中的“天下”指的是专制统治者操控下的国家，“天下为公”就是为国家而公或者是“公”国家，即主张要把国家利益放在首位，在能够确保国家利益的基础上，民众能过上丰衣足食的幸福生活，统治者如若能实现这一点就是合格的君主，反之则是谋私害国，民众就可以“替天行道”，用正当的理由去替换君主。“天下为公”的政治理想在中华民族多元文化的延续和发展中一脉相承，成为中国传统文化中最具凝聚力的精神力量，它所体现出来的政道与治道相平衡的精神从根本上讲是与协商民主的精神相通、相契合的。经过历代思想家、政治家的不断丰富和实践，“天下为公”思想逐渐内化为中国人民的一种心理认同和奋斗指南。可以说，它既是凝聚人心、激励各族人民为美好生活而奋斗的精神动力，也是我国社会主义协商民主发展能够获得传统思想支持的重要依据。

“大道之行，天下为公”的传统，一方面为古代君权的行使提供了合法性依据，因为君主可以以它为名义而获取政权的正当性与合理性，民众反对君主的统治就等于放弃了对美好生活的追求。另一方面，作为中国传统政治文化最具吸引力的一种伦理原则，“天下为公”理念在一定程度上能够对君主的统治进行有限度的规约，使专制统治不至于在暴政中走向毁灭，这是因为，民众也可以以它为旗号而反对剥削和压迫，迫使君主与民众建立起必要的沟通渠道，以便能够倾听民众呼声。“天下为公”在中国近代民族革命和民主革命的进程中获得了新的生命力和思想内涵。鸦片战争以来，随着中西文化交流的频繁和近代民主政治观念的流行，中国思想界急需在中国传统文化中寻找一个能够与西方现代民主“重公轻私”政治理念相对接的概念，从而在中西政治文化中架起一座对话和学习的桥梁，以便为建立新型的民主国家准备理论依据。“天下为公”思想再次受到思想家和革命家的青睐，通过“理论联系实际”方式，使其与近代民主政治观念对接了起来并赋予新的时代内涵。例如，孙中山先对中国传统的“天下为公”思想进行了时代性的阐释，指出“天下者，天下人之天下，非一两人所可独占，民权即民治也，从前之天下，在专制时代，则以官僚武人治之，本总理则谓人人皆应有治之之责，而负治之之责，故余极主张以民治天下”。[①]在这一理念的支持下，孙中山结合美国的立宪政治，创造性地提出了“五权宪法”的政治主张，将代议制民主的分权制衡理念与中国传统文化的“天下为公”思想予以整合，使其彻底超越了君主专制统治的思想窠臼，从此开始具有民主主义思想的内涵。然而由于辛亥革命的失败以及国民党反动派对民主革命的背叛，孙中山这一伟大的政治理念也未能变为现实。中国共产党诞生后，将人民群众的利益摆在首要位置，使“天下为公”的理念达到了价值和实践上的高度统一，从而在社会主义民主政治发展的道路上能够真正地践行“天下为公”理念，将人民群众的解放和福祉融进革命纲领和制度建设中，使社会主义协商民主具有雄厚的群众基础。

在中国特色社会主义民主政治实践中，以高度的社会认同感和强烈的担当意识构成的新型“公天下”精神，为提升公民的政治参与意识和合作精神提供了动力支柱，成为推动社会主义协商民主政治发展的重要思想资源。随着改革开放的不断深入和多元利益主体的出现，社会越来越注重公平正义的实现，能否最大限度地实现公平正义不仅关系着我国社会矛盾的解决办法，而且也关系着中国特色社会主义优越性的体现。在社会主义现代化建设的进程中，由于“中国社会的内在一致性受到多元价值观念的冲击而出现了同质性向异质性的转变，人们面临个人利益与集体利益、工具理性与价值理性、现代化与民族化

① 李菁：《天下为公：孙中山传》，华文出版社2006年版，第256页。

的多重矛盾心理，造成了一定程度的认同危机。在国家改革发展的关键时期，人们之间共识的达成是健康民主政治的前提和基础，人民群众是协商民主发展的内生力量，协商过程中公共决策的达成要基于人们共同的政治责任感”。[①]面对复杂多变的社会现实，政府依靠传统的自上而下的单枪匹马式管理方式已不能适应新情况，协商民主所具有的“公”的精神，为解决这些困难提供了新思路。即它能够通过社会成员的广泛参与和公平对话协商机制，在“求同存异”的基础上提出实现公平正义的可操作性方案，进而实现社会治理的真正目标。从现阶段我国协商民主的实践经验可以看出，通过协商民主而推进的社会治理具有参与度高、成本低、效率持久、稳定有序等特点，这也从另一侧面说明这一制度是适合我国国情的。

“天下为公”思想中蕴含着“以国家兴亡为己任”的强烈家国意识和责任意识。它强调每个社会成员都是国家的一分子，都有责任为自己和国家的美好生活而努力奋斗。鉴于“天下为公”这一传统政治文化与协商民主精神之间有着价值性和历史性的联系，党的十九大进一步强调：中国特色社会主义政治发展道路，是近代以来中国人民长期奋斗历史逻辑、理论逻辑、实践逻辑的必然结果，是坚持党的本质属性、践行党的根本宗旨的必然要求。世界上没有完全相同的政治制度模式，政治制度不能脱离特定社会政治条件和历史文化传统来抽象评判，不能定于一尊，不能生搬硬套外国政治制度模式。[②]中国的协商民主的发展必然和中国传统政治文化紧密相连。

3.多元文化的发展是协商民主的文化基础。中华民族的多元一体格

① 李后强、邓子强：《协商民主与椭圆视角》，四川人民出版社2009年版，第142页。

② 习近平：《决胜全面建成小康社会，夺取新时代中国特色社会主义伟大胜利》，《习近平谈治国理政》第三卷，外文出版社2020年版，第28页。

局意味着各民族都有着自己的文化传统、生活习俗、处事方式，它们构成了中华民族文化的多样性与差异性，正是有这样的多样性和差异性，中华民族才能在各族人民的共同努力下创造出灿烂的民族文化。在长期的历史发展过程中，生活在中国领土上的汉族和各少数民族，都有着各自所独有的鲜明特点与特长，同时又有着许多共同之处，即中华民族的共同性。正如毛泽东在《中国革命和中国共产党》中曾经指出的那样："中国是一个由多数民族结合而成的拥有广大人口的国家。""中华民族不但以刻苦耐劳著称于世，同时又是酷爱自由、富于革命传统的民族。"[①]中华民族因勤劳勇敢的美德而著称于世，那么，在各族人民的生活交往中，如何"求同存异"以及在文化差异中如何寻求"你中有我，我中有你"的公共空间，将直接关系到社会的稳定与中国特色社会主义民主政治的发展。

在日新月异的当代社会，如何既能保护我国文化多元化格局，又能够促进不同文化主体间的理解，关系到中华民族文化的发展方向和民族凝聚力问题。中国文化是由不同的民族文化构成的，各民族文化均有相对独立的生命和特殊的存在价值以及区别于其他民族的传统。不同民族文化所包含的民族精神、价值观念、科学知识等在传播知识、娱乐身心、立德树人以及其他方面都发挥着特定的功能。随着不同文化之间的频繁交流，文化差异性凸显出来，各种文化之间的差异有可能淡化，也有可能被无限放大，这将直接考验中国政治文化的整合能力。如何在承认多元文化差异性和特殊性的基础上，促进不同民族文化之间的共生共长，不仅考验着执政党的执政智慧，而且也成为检验我国社会主义民主政治优越性的一个"试金石"。协商民主的发展和完善，为各民族之间的文化交流和融合提供了制度保障，使各民族成员

① 毛泽东：《中国革命与中国共产党》，人民出版社1952年版，第2页。

能够平等对话和交流，为中华民族的伟大复兴贡献自己的力量。

在多元文化的社会里，公民要有健康的公共生活，社会成员之间的相互理解是非常重要的，这就迫切需要加强公民与公民之间、公民和团体之间以及团体和团体之间的对话和合作，通过协商的方式解决彼此之间的差异。在社会上还存在不同文化间差异和矛盾的情况下，协商合作就非常重要。否则，一旦社会的政治、经济、文化政策上出现分歧，不同文化间的紧张关系和冲突就可能被激化，进而演变成激烈的社会冲突，成为族群分裂的导火线。而不同民族的社会成员之间如果缺乏沟通交流的平台和制度保障，就很难形成政治认同感和中华民族的自豪感。多元文化主体存在的事实，为协商民主的产生提供了条件。因为协商民主强调多样性，主张沟通，强调多元社会主体之间共生共存，既反对没有平衡的社会对抗状态，也反对没有差异的社会均等状态。它能够充分考虑少数族群和边缘群体，并将不同民族文化团体的声音吸纳进协商过程，通过公开的对话、交流和协商达成共识。

总之，“协商民主在我国有根、有源、有生命力，极大地丰富了民主的形式、拓展了民主的渠道、加深了民主的内涵”①。无论在任何时期，不管遇到什么困难，都要以本国人民最深切的需要为转移，不一定非要按照西方发展模式。②协商民主政治的发展并不是先有完整的理论再进行实践，也不是按照西方的发展模式进行实践，而是在将我国传统政治文化中的“和合”思想、“天下为公”的思想与多元文化的背景相结合，以人民的需要为转移，从实践中发展出来的理论。

① 中共中央宣传部:《习近平新时代中国特色社会主义思想学习纲要》，学习出版社、人民出版社2019年版，第130—131页。

② 李聆颐:《中国协商民主制度化的传统文化基础》,《管理观察》2019年第17期，第44—47页。

（三）理论逻辑

马克思、恩格斯、列宁关于政党联合建立统一战线的思想，为中国共产党领导的多党合作和政治协商制度这一中国形态的协商民主奠定了理论基础。马克思、恩格斯认为，共产党人为了工人阶级最终的目的和利益，必须同各民主政党、各种社会团体相互合作，反对共同的敌人。列宁也主张共产党在革命中需要与其他政党联合，通过与其他团体和人民的共同商议来解决苏联社会主义建设中遇到的各种问题。

马克思主义民主论与中国协商民主的理论联系有三个方面：一是马克思主义统一战线理论。这一理论的核心精神就是为了实现共同的目标，将一切可以团结的力量都团结起来。中国社会主义革命和建设所取得的伟大成果再次证明：统一战线是马克思主义民主理论在中国的灵活应用，是中国革命取得胜利的基础，是建设中国协商民主政治的理论依据。鉴于这一理论的先进性和实践性，十九大报告强调指出，统一战线是党的事业取得胜利的重要法宝，必须长期坚持。社会主义协商民主将团结和谐作为重要原则，是对统一战线理论的创新发展，是马克思主义中国化的体现。二是马克思主义政党理论。马克思指出，无产阶级政党必须坚持领导权的前提下，应该联合其他工人政党，即“共产党人到处都努力争取全世界民主政党之间的团结和协调”①。在这一理论的指导下，中国共产党确立了符合中国国情的政党制度，广泛开展党际协商、多党派合作，通过对话和协商共定国是，体现了最广泛的民主。三是马克思主义民主政治理论。马克思认为，资产阶级民主只是让人们获得了形式上平等的政治权利，却没有实现人的社会解

① 马克思、恩格斯：《马克思恩格斯选集》（第1卷），人民出版社1995年版，第307页。

放，没有实现在经济上的实质平等。恩格斯在《反杜林论》中指出：“平等应当不仅是表面的，不仅在国家的领域中实行，它还应当是实际的，还应当在社会的、经济的领域中实行。”[①]社会主义制度在我国的确立和发展，彻底消灭了阶级的不平等，实现了全国各族人民群众在社会、政治、经济等领域的全面平等，使人民通过“政党协商、人大协商、政府协商、政协协商、人民团体协商、基层协商以及社会组织协商”[②]等各种协商渠道，真正实现人民当家作主。

中国特色社会主义民主政治的建设和发展，为马克思主义民主理论提供宽广的平台。中华人民共和国成立后，我国从根本上消灭了阶级对立和阶级压迫，为实现经济、政治和社会的平等奠定了根本基础，从而使社会各阶层参与国家治理有了制度保障。中国共产党创造性地提出社会主义协商民主，要求经济社会发展的重大问题与涉及群众切身利益的实际问题通过平等协商得以解决，民主实践的空间进一步扩展，从政治领域扩展到经济社会领域，真正实现了人民当家作主。毛泽东、周恩来等中国共产党人，在领导中国革命和建设的过程中，实事求是地把马克思主义与中国实际相结合，不仅形成了重大问题与其他政党、人民团体、社会各界协商的传统，而且对多党合作和政治协商的必然性、统一战线的重要性、人民政协必要性及其地位和性质、多党合作和政治协商的原则与方法等进行了大量论述，这些论述为中国协商民主奠定了坚实的理论基础。

1978年党的十一届三中全会重新确立了马克思主义的思想路线、政治路线和组织路线，实现了党和国家工作重点的战略转移，将经济

① 恩格斯：《反杜林论》，人民出版社2015年版，第48页。

② 习近平：《决胜全面建成小康社会，夺取新时代中国特色社会主义伟大胜利》，《习近平谈治国理政》第三卷，外文出版社2020年版，第30页。

改革和政治改革作为推动社会主义事业发展的主要动力。以邓小平同志为核心的党的第二代中央领导集体，根据改革开放中发现的新问题与时代发展的新要求，重新使中国共产党领导的多党合作和政治协商这一协商民主制度得以正常运转，并且立足国际政治体系大变化，以宽广的国际视野致力于发展社会主义多党合作和政治协商制度，对我国政党制度做出了全面的阐述，提出了一系列重要的理论观点和政策原则，从而把我国多党合作和政治协商的理论和实践推进到一个崭新阶段，使中国特色社会主义协商民主制度在改革的高歌猛进中得到进一步的探索和发展。

以江泽民同志为核心的第三代中央领导集体，进一步推进多党合作与政治协商的制度化与规范化建设，协商民主在中国特色社会主义民主政治发展的进程中逐步完善。进入21世纪，以胡锦涛为总书记的党中央着力推进社会主义政治文明建设，进一步推进中国共产党领导的多党合作和政治协商的制度化、规范化、程序化，使我国协商民主发展到一个新水平。[①]

中国特色社会主义民主政治建设进入新时代，在以习近平同志为核心的党中央领导下，社会主义各项事业得到全面发展，协商民主成为新时代中国特色社会主义民主政治的重要内容。党的十九大指出：发挥社会主义协商民主重要作用。有事好商量，众人的事情由众人商量，是人民民主的真谛。协商民主是实现党的领导的重要方式，是我国社会主义民主政治的特有形式和独特优势。要推动协商民主广泛、多层、制度化发展，统筹推进政党协商、人大协商、政府协商、政协协商、人民团体协商、基层协商以及社会组织协商。加强协商民主制度建设，形成完整的制度程序和参与实践，保证人民在日常政治生活中有广泛

① 李仁彬：《中国协商民主理论与实践探析》，四川大学出版社2011年版，第56页。

持续深入参与的权利。①

总而言之，在新时代，协商民主获得了更大的发展空间和实践平台，其理论体系日益成熟，制度设计日益完善，实践形式和内容日益丰富，这一切都是马克思社会主义民主理论在实践中得到深化的结果。

（四）实践逻辑

与现代西方协商民主形成的社会背景不同，中国特色社会主义协商民主的形成不是建立在选举民主发展的基础上，而是建立在近代以来全国各族人民反帝反封建、反独裁反专制的斗争实践基础上，也就是说，协商民主是历史和人民的选择。正如学者林尚立所说："协商民主在发展，得益于中国民主化过程中的自觉选择和不断探索实践。中国的民主实践之所以要创造和推动协商民主，与中国国家转型、中国的民族、民主革命以及以人民民主为形态的中国民主建设实践密切相关。协商民主内生于中国的新民主主义革命，成长于中国特色社会主义民主政治的探索，不仅为中国革命胜利以及中华人民共和国的成立立下了汗马功劳，而且为超大规模国家的平稳转型、有序发展以及民主治理发挥了越来越重要的作用。"②具体来看，早在1941年毛泽东就提出了具有"协商民主"意蕴的"民主合作"概念，并将其通俗地解释为"商量"。但这仅仅是毛泽东根据当时革命与斗争形势而提出的一种策略，并未对此进行系统化与理论化的阐释。"民主合作"虽然在概念表达表述上与"协商民主"有所差别，但它们的思想意蕴却是相通的，都强调协商与合作的"真诚""平等""理性""互让"等内涵。因此，从这个角度上看，"民主合作"也就是民主协商或协商民主。而在抗日

① 习近平：《决胜全面建成小康社会，夺取新时代中国特色社会主义伟大胜利》，《习近平谈治国理政》第三卷，外文出版社2020年版，第29页。

② 林尚立、赵宇峰：《中国协商民主的逻辑》，上海人民出版社2015年版，第18页。

根据地的“三三制”作为协商民主的尝试和雏形，曾经在当时的斗争中发挥了重要作用。

中华人民共和国成立后，中国共产党领导集体所创造的既重视表决民主又重视协商民主的人民民主政治制度，特别是作为其最高表现形式的人民代表大会制度与共产党领导的多党合作和政治协商制度的确立，则是协商民主制度的真正制度化的开始，对后来社会主义协商民主政治的发展有着巨大贡献。这是因为它“对中国民主政治，特别是对中国协商民主的发展来说，无疑是一项有着重大深远历史意义的基本政治制度安排。从那以来，中国特色社会主义协商民主已经走过了60多年的发展历程，积累了弥足珍贵的经验和教训”[①]。

进入新世纪，协商民主的发展上了一个台阶。2006年2月，中共中央出台的《关于加强人民政协工作的意见》明确提出：“人民通过选举、投票行使权利和人民内部各方面在重大决策之前进行充分协商、尽可能就共同性问题取得一致意见，是我国社会主义民主的两种重要形式。”这是第一次在中共中央文件中正式提出了选举民主和协商民主这两种民主形式。2007年国务院新闻办发布的《中国的政党制度》白皮书进一步阐述了这两种民主形式，指出：选举民主与协商民主相结合，是中国社会主义民主的一大特点。在中国，人民代表大会制度和中国共产党领导的多党合作和政治协商制度，有着相辅相成的作用。选举民主与协商民主相结合，拓展了社会主义民主的深度和广度。经过充分的政治协商既尊重了多数人的意愿，又照顾了少数人的合理要求，保障最大限度地实现人民民主，促进社会和谐发展。[②]2012年，党的十八

① 陶富源：《中国特色协商民主论》，安徽师范大学出版社2011年版，第2页。

② 中华人民共和国国务院新闻办公室：《〈中国的政党制度〉白皮书》，中国政协网，2007-11-15。

大报告首次提出了“健全社会主义协商民主制度”“充分发挥人民政协作为协商民主重要渠道作用”等内容。随着我国社会主义民主政治理论的完善与实践的不断丰富，协商民主的运行方式也逐渐多元化，如党内民主有协商，人代会有协商，政党制度有协商，基层民主也有协商（包括举行听证会、民主恳谈会等）。在众多的协商民主形式中，人民政协是协商民主的重要载体和重要渠道。从人民政协的性质、特征、职能、活动方式和在决策中的作用等方面看，以协商为基础的人民政协与协商民主在实践中建立了密切的联系。党的十九大则进一步强调，协商民主是中国特色社会主义民主政治体系的重要组成部分。协商民主是实现党的领导的重要方式，是我国社会主义民主政治的特有形式和独特优势。人民政协是具有中国特色的制度安排，是社会主义协商民主的重要渠道和专门协商机构。[①]

总之，中国协商民主所具有的合理性与合法性是中国民主政治实践和发展的必然结果，它“无须用西方协商民主来注释。中国的革命与建设的实践足以提供最有力的注释。这不是要排斥对西方协商民主的学习和借鉴，而是为了强调中国的协商民主要得到真正的发展，必须扎根于中国的历史与现实、制度与组织、文化与价值，只有这样，协商民主才能在中国得到健康发展”[②]。

第二节　治理的内涵

治理从广义上来说有两个层面的含义，一个是“统治”加“管理”

① 习近平：《决胜全面建成小康社会，夺取新时代中国特色社会主义伟大胜利》，《习近平谈治国理政》第三卷，外文出版社2020年版，第28—30页。

② 林尚立、赵宇峰：《中国协商民主的逻辑》，上海人民出版社2015年版，第18页。

的简写，其含义包括统治、整治、管理、管制；另一个是20世纪90年代国际社会科学界出现的新理论范畴，这个意义上的“治理”，在内涵上与“统治”就大不相同，强调以合作替代统治和管制[①]。

一、治理的概念

20世纪70年代以后，滞胀席卷整个西方国家，面对全球化经济的飞速发展所引发的政治、经济、文化以及社会问题的国际化趋势，一国政府如何以更高效的方式适应全球化、信息化以及愈发激烈的国际竞争，逐渐成为各国关注的热门话题。“治理”一词在这一时期大行其道并一直影响至今。

同一时期，西方经济学界的公共选择学派以其独特的视角成为这股思潮中最别具一格的学派。奥斯特罗姆夫妇用经济学理论解释了“多中心”治理的必要性，开创性地引入“社会”这个第三方力量参与公共事务治理。多中心治理理论强调治理权力的下放，注重发挥社会第三方的作用，建立起政府、市场、社会三方平等协商的治理网络。[②]随着公共选择学派和新公共管理运动的发展，西方各国在实践层面推行公共选择学派和新公共管理运动的研究成果，使得“治理”一词无论是在理论领域还是实践领域都备受关注，治理理论也在此背景下应运而生。詹姆斯·N. 罗西瑙的《没有政府的治理：世界政治的变革和秩序》是治理理论的开山之作。他致力于构建全球治理体系的秩序，认为治理不同于政府统治，政府统治意味着由正式权力和警察等强制力保障其政策执行，而治理则是由共同的目标所支持的，这个目标未必

① 胡伟：《国家治理中的“治理”涵义究竟是什么》，《北京日报》2017年2月27日。

② 李平原：《浅析奥斯特罗姆多中心治理理论的适用性及其局限性——基于政府、市场与社会多元共治的视角》，《学习论坛》2014年第3期，第50—53页。

来自正式的组织机构，同时也未必一定要强制力保证实施。[①]这一时期不仅有大量关于治理理论的研究，而且1992年在28位国际知名人士的号召下成立了“全球治理委员会”，致力于解决全球治理困境。

关于治理，全球治理委员会给出的定义是：治理是众多公共或私人的个体或机构处理共同事务，使相互冲突或不同的利益得以调和并采取联合行动的持续过程，这当中既包括正式制度和规则，也包括各种非正式的制度安排。[②]詹姆斯关于治理的概念，是在与政府统治的比较中得到的，侧重于目标形成的途径，以及目标实施是否需要强制力保障实施的一套规则体系，而全球治理委员会关于治理的定义更侧重于解决多方矛盾冲突的制度安排。英国学者格里·斯特罗克从五个方面对治理进行了界定。从治理主体的性质来看，治理既包括政府又不仅局限于政府，还包括其他非政府主体，如公民个体、市场主体、社会组织等；从治理的边界来看，由于国家将一部分权力转移给社会组织或公民团体，会造成治理社会经济问题的过程中，各主体之间责任的模糊，因而可能会导致治理的“真空地带”，出现治理失灵的窘境；从主体之间的相互关系来看，治理理论认为政府、社会与市场之间存在权利依赖关系；从治理的运行机制来看，治理依靠的是一种自主自治的网络体系，这种网络体系追求的是多元化和多样性基础之上的共同利益；从行为模式上看，要真正实现治理，必须改革政府，重新界定政府的权限、职能及权力行使的方式[③]。从上述关于治理的定义不难

① 詹姆斯·N.罗西瑙：《没有政府的治理》，张胜军、刘小林译，江西人民出版社2001年版，第5页。

② 全球治理委员会：《我们的全球伙伴关系》，天津大学出版社1995年版，第23页。

③ 谭功荣：《西方公共行政学思想与流派》，北京大学出版社2008年版，第281—282页。

看出，分权授权、合作协商、多元互动是治理的关键元素与重要实现途径，众多的治理理论都试图建构一个更符合时代发展、动态调整的理论框架，从而更好地服务社会治理实践。

多元主体治理虽然能广泛收集民意，协调各方利益主体，但往往会在某种程度上出现“无中心”治理的局面。为了解决这种局面，英国政治理论家杰索普提出了“元治理”的概念，即对治理本身进行治理，包括合理规划政府内部一切机构、组织和形式，以保证内部机构之间相互协调，以实现治理效率最大化。“元治理”理论的最大理论突破在于，它更加注重政府在治理中的作用，认为政府在新的社会治理结构中，不仅作为一个掌握公共权力的权威机构直接参与社会治理，更重要的是确立社会治理的行为准则，为维持社会的有序运转提供治理的公共价值。

任何理论只有和本国的文化与国情相适应，才能显现它自身的价值。治理理论的发展逻辑亦是如此，只有面向本土经验，了解我国公共行政的历史演进过程和具体实践中的困境与矛盾，结合我国的国家制度和国情现状，才可能找到合适的分析中国公共行政实践的工具。[①]西方治理理论在20世纪初引入我国，引起了广大研究者的关注，一开始就认识到治理理论本土化的重要性。杨雪冬指出，如果发展中国家认为单纯照搬西方治理成功的经验就能取得同样的结果，这将是非常有害的。[②]郑杭生认为，在急剧的社会转型中，治理理论在中国有着特殊的语境。在全球化的作用下，当前我国社会既有未竟的现代化，同时又能看到后现代化的影子，治理理论在我国遭遇了现代化与后现代

① 何艳玲：《“我们为什么要做这样的研究”：中国行政学研究评述》，《公共管理研究》2008年第1期，第21—42页。

② 杨雪冬：《论治理的制度基础》，《天津社会科学》2002年第2期，第43—46页。

化碰撞的张力。[①]这种张力构成了治理理论在中国的特殊语境，如果照搬西方治理理论，仅从政府、市场与社会的关系入手分析其在中国的适用性，必然会出现水土不服。苏勇提出了中国管理学本土化的问题，认为管理学在本土化发展进程中，迫切需要从文化层面找到文化根源，为建立理论寻求路径依赖和正确视角。[②]

学者们不仅在意识层面意识到治理本土化的重要性，更是试图构建符合我国国情的治理分析框架。不少学者利用西方治理理论结合中国具体实践分析了中国社会变革及未来发展方向。孔繁斌指出，只有承认中国政治制度关于治理与善治的二次创新，才能在一元制度的棋盘上解决看起来复杂的政治发展问题，否则任何解决方案都缺乏合法性基础。[③]只有坚持在以政府为核心的治理主体之下，借鉴西方多元主体共治才能有效组织社会资源达到有益于公共利益的政治秩序目标。燕继荣教授则以治理理论为基础，打破了西方惯用的以“民主”为唯一指标衡量一个国家政治发展程度的常规，这为解释中国政治发展战略和衡量中国政治发展程度提供了新的思路。从“治民、治政、治党”三条治理路径描述中国政治发展。[④]“治民”即社会治理，主要任务是放松管制、保障公民权利和规范社会行为；“治政”即政府治理，其主要任务是改造政府、限制公共权力、规范政府行为；“治党”即政党治理，主要任务是规范正当行为、文明执政。这三条路径不仅展示了中

① 郑杭生、邵占鹏：《治理理论的适用性、本土化与国际化》，《社会学评论》2015年第3期，第34—46页。

② 苏勇：《管理学本土化与东方管理学》，《文汇报》2010年10月31日。

③ 孔繁斌：《治理与善治制度移植：中国选择的逻辑》，《马克思主义与现实》2003年第3期，第60—64页。

④ 燕继荣：《治民·治政·治党——中国政治发展战略解析》，《北京行政学院学报》2006年第1期，第15—20页。

国政治改革取得的成就，同时也为未来中国政治发展提供了方向。

谢琦认为治理不是万能的，它既不能代替国家享有合法垄断的政治暴力，也不能代替市场对资源进行有效配置。[①]尤其是对我国而言，面对众多不同利益群体，单纯以西方的“社会中心论”为核心的治理必然会造成社会动荡。陈亮基于对社会中心主义范式下治理失灵的现实反思，认为罗西瑙所讲的“没有政府的治理”是一种理想状态，对于我国而言，治理应当建立在马克思主义国家学说以及西方新马克思主义国家学说的基础之上，主张国家作为治理主体，以多元主体共同协商的方式推行，唯有如此才能保证我国这个多民族国家治理的有效性。[②]卢守权认为，在西方政府治理模式本土化进程中，最重要的是要对我国政府治理模式的发展阶段进行准确定位，其次在此基础上对政府机构改革现状进行反思，再从管理层面入手进行西方政府治理模式本土化切入，破除因政治体制差异对本土化研究形成的束缚。[③]郑杭生指出，在当今中国，尤其是在这个日益全球化以及各种思潮涌动的今天，相比“社会第三方机构”，“国家”依旧是最受认同的范畴。因此，我国的治理必须是在“国家”的主导下进行，强调各方力量的有序参与，[④]这才是我们这个幅员辽阔、人口众多的多民族国家解决社会经济问题的一剂良药。

从以上研究可以看出，国内一些学者主张治理理论应该基于一个

① 谢琦、陈亮：《网络化治理的叙事重构、中国适用性及理论拓展》，《行政论坛》2020年第3期，第34—40页。

② 陈亮：《西方之理论的反思及中国国家治理现代化的经验借鉴》，《内蒙古社会科学（汉文版）》2015年第6期，第8—14页。

③ 卢守权、赵景华：《西方政府治理模式本土化：逻辑框架与实现路径》，《东南学术》2017年第2期，第68—76页。

④ 郑杭生、邵占鹏：《治理理论的适用性、本土化与国际化》，《社会学评论》2015年第3期，第34—46页。

国家的政治、经济、文化和社会现实，坚持治理理论的本土化道路，在治理的实践层面则更倾向于以国家、政府为核心，开展多元主体共同参与的治理模式。

二、治理的内涵

（一）国家治理

国家治理是治理理论在国家层面的运用，是基于国家、社会、市场相互关系的重新思考，也是对国家内部进行结构性动态调试的过程。[①]西方治理理论起源于政府和市场双重失灵的历史背景，无论是公共选择学派，还是治理理论都强调“社会中心主义”，以治理来弥补政府和市场双重失灵的窘境。无论是奥斯特罗姆夫妇的“多中心治理理论”，还是詹姆斯·N. 罗西瑙的治理理论，抑或是全球治理委员会对治理的定义，都强调通过弱化政府职能，强化“社会”第三方机构作用，来实现国家和社会的运转。同时，英国学者杰索普对倾向于“社会中心主义”的治理提出异议，认为更好的治理方式是“元治理”，让政府在多元主体共治的过程中承担主要的协调工作，以确保不会出现“无中心治理”的困境。

受改革开放和全球化浪潮的影响，工业化和后工业化在我国同时进行，从党的十四大基本确立社会主义市场经济体制到党的十六大初步建立社会主义市场经济体制；从“三个代表”重要思想到科学发展观，再到习近平新时代中国特色社会主义思想；社会治理的理念从管理到服务，再到治理体系和治理能力现代化，这一系列的变化体现了我国治理概念和内涵随着时代的发展变化而不断发展。我国正处于百

① 刘秀伦、庞伟：《超越西方治理与走向中国特色的国家治理现代化》，《重庆邮电大学学报（社会科学版）》2015年第2期，第34—46页。

年未有之大变局，面对国际国内复杂的形势，必须不断创新国家治理方式，以适应激烈的国际竞争，以更足的底气应对“灰犀牛”和“黑天鹅”事件。“完善和发展中国特色社会主义制度，推进国家治理体系和治理能力现代化”这一战略的提出，宣示了我国治理新时代的到来。这就要求我们治理理论研究和治理实践的展开，要在马克思主义的指导下，坚持党的领导，立足我国社会主义现代化建设，借鉴其他国家成功的治理经验，走出一条适合中国国情的社会主义治理道路。

通过比较发现，西方的治理理论和治理实践更多涉及公共行政层面，而我国的国家治理涵盖政府治理、社会治理、经济治理、文化治理、治党、治国、治军及国防内政外交等诸多方面，相较于我国的治理而言，西方的治理缺乏整体性与联动性。[①]总体来看，我国的国家治理和西方以“社会为中心”的多元治理结构根本不同在于我国是对政府、市场、社会三者之间关系和结构进行反思与重构之后的治理，是在批判吸收西方治理理论的基础上，开辟的中国特色社会主义国家治理之路，因而具有理论的正当性与实践的可靠性。

（二）地方治理

纵向来看，地方政府是国家治理之下的各行政级别单位（省、自治区、直辖市及市、县、乡）对本行政区域内各个方面进行的治理。关于地方治理，国内外学者的界定各有侧重。

国内学者对地方治理的定义主要有：孙柏英将地方治理界定为一种新型社会管理体系；刘春峰认为，目前地方治理在结构上已经脱离了传统自上而下的层级节制体系，政府在处理公共事务过程中逐渐向社会放权，更多地让民间组织、非营利组织、志愿团体参与到社会公

① 刘秀伦，庞伟：《超越西方治理与走向中国特色的国家治理现代化》，《重庆邮电大学学报（社会科学版）》2015年第2期，第18—23页。

共事务中；戴昌桥认为，地方治理是指为了实现地方的善治目标，进一步提高地方层次的治理效能。

西方学者关于地方治理的定义主要有：英国南安普顿大学教授罗茨认为，地方治理是一种组织间的网络，这种网络是政府、市场结构之外另一种新的治理形态，这种治理形态具有互依性、自主性、持续互动性；[①]理查德·C. 博克斯认为，地方治理强调地方政府通过分权强化地方管理自主化，主张地方政府与私人企业、非政府组织之间开展广泛合作；[②]美国学者罗伯特·里奇认为，地方治理的内容覆盖面广，政府由于财力、人力等资源限制，很难照顾到社会发展的方方面面，这时需要社会第三部门或私营部门与政府之间进行合作，在这个意义上跨部门合作、多元主体成为地方治理的核心。[③]

综上所述，我国学者和西方学者关于地方治理内涵界定的差异比较明显。西方学者所界定的地方治理依旧倾向于“社会中心主义”，强调社会团体在地方治理中的作用。而我国学者对地方治理的理解，是在坚持政府主导的基础上，倡导多元主体之间的合作、互动。

（三）基层治理

对于基层的定位，不同学科以及学者有不同的认识。社会学所讲的基层指社会的底层，而从社会管理的角度出发，基层是相对于更高的行政级别而言的。王乐夫认为，基层的概念是相对于间接性管理为

① Rhodes, R.A.W. The New Governance: Governing without Government, Political Sduties, 1996.

② Richard C. Box. Citizen Governance: Lesding American Communities into the 21st Century. Thousand Oaks: Sage Publications, 1998.

③ Robert Leach and Janie Percy-Smith. Local Governance in Britain. New York: Palgrave, 2001.

主要特征的中上管理层而言，国家、社会管理体系中的最低层次，直接性是基层的最突出特点。[1]从纵向看，基层并不直接等同于乡镇、街道，因为乡镇、街道还下辖村民委员会和居民委员会等社会自治团体。从横向来看，基层之所以为基层，是因为其在自上而下的治理体系中有其独特的治理模式。国家层面的治理负责为复杂的社会确立发展目标，掌握整个国家的发展方向，地方治理则是将国家治理所确定的目标进一步细化使之符合本地的具体情况，基层的情况相对于省市县一级更为复杂和烦琐，也因此在基层会形成形式多样的治理模式。

国外学者关于基层治理的论述主要围绕社区治理展开。“社区”这一词来自德国社会学家滕尼斯的著作《共同体与社会》，指建立在一致的自然感情和文化意识基础上，具有排他性且拥有某种共同文化的社会利益共同体。[2]美国社会学家希勒通过统计分析认为，大多数西方学者关于社区的定义包含三个特征，即社会互动、地理区域、共同关系。[3]相比之下，国外关于社区的定义与我们对基层的定义有较大差异，我国所讲的基层是一种地理区域的概念，不包含西方社会所讲的同质人口或一致的文化意识。

基层治理相较于国家治理而言，最大的区别在于，基层治理中会更多包含社会治理，更加倾向于治理主体的民间性和自愿性。即基层治理强调更多的是政治领导、业务指导和提供治理价值，而较少的直接参与具体的治理事务。当前，我国社会治理要秉持“党委领导、政

---

① 王乐夫：《中国基层纵横涵义与基层管理制度类型浅析》，《中山大学学报》2002年第1期，第122—127页。

② 斐迪南·滕尼斯：《共同体与社会》，林荣远译，商务印书馆1999年版，第2页。

③ 夏建中：《现代西方城市社区研究的主要理论与方法》，《燕山大学学报（哲学社会科学版）》2002年第2期，第1—6页。

府负责、民主协商、社会协同、公众参与、法治保障、科技支撑”的方针，形成多元共治的局面。西方在社区治理方面已经形成了许多成功的经验，有很多值得借鉴的东西。例如，培育有能力的第三部门，使它们发展壮大参与到基层社区治理中来，这种第三部门相比政府而言其专业性更强、反应速度更快，能够非常高效地处理一些紧急情况，更能适应我国基层社会的现实。

基层协商是当前我国实现基层多元治理的主要手段，但由于搭便车等心理造成群众参政议政意识不强，基层协商成本高、效率低，大多数时间基层协商都会出现协商无果的局面，不利于政策推进。

“九层之台始于累土，千里之行始于足下”，基层治理是国家治理体系和治理能力现代化的重要保障，为了实现整个国家治理水平和能力的飞跃，必须不懈致力于提高基层治理能力和治理水平。以当前基层治理中的困境为切入点，把创新协商民主形式作为重要抓手，疏通基层治理的堵点、痛点，破解基层治理中的诸多顽疾。以钉钉子精神坚定不移地提升基层治理效能，全面增强人民群众的幸福感、获得感和安全感，将在发展中保障和改善民生落到实处。

第三节　人民政协参与国家治理的历史演进

中华人民共和国成立以来，人民政协在中国共产党的领导下积极投身于社会主义建设的伟大实践，为我国社会主义事业建设作出了积极贡献。

一、人民政协参政议政的准备阶段

经过中国共产党和各民主党派、人民团体以及各界爱国人士的努力，1949年中国人民政治协商会议第一届全体会议在北京召开，此次参会人员广泛，主要包括各党派、各地区、人民解放军、各人民团体以及特邀人士等。[①]对于本次会议的广泛代表及其意义，林伯渠曾说道：“参加政协的代表都是有代表性的人物，所以是能够代表各方面的。代表的产生是经过许多次反复的协商，最后达到一致的意见。”[②]在本次会议上，周恩来还作了题为《关于〈中国人民政治协商会议共同纲领〉草案的起草经过和特点》的报告，报告清晰地阐述了人民政协的由来，指出人民政协绝不是发源于旧政协，而是100年来民族民主运动牺牲奋斗的结果，是新民主主义革命运动获得胜利的集中表现。[③]

中国人民政治协商会议第一届全体会议的主要任务是，协商并确定以人民民主为中华人民共和国建国的基础，代表全国人民的意志，执行全国人民代表大会的职权。[④]会议通过了《中华人民共和国中央人民政府组织法》(以下简称《组织法》)，使中国人民政治协商会议在组织上和制度上固定下来，标志着中国人民政治协商会议作为一种制度设计的确立。[⑤]

《组织法》明确规定，“中国政治协商会议为全中国人民民主统一战线的组织”。它明确地规定人民政协全体会议在全国人民代表大会

① 张作祖:《新时期人民政协概论》，新疆人民出版社2001年版，第4—6页。

② 中国人民政治协商会议全国委员会文史资料研究委员会:《五星红旗从这里升起——中国人民政治协商会议诞生记事资料选编》，文史资料出版社1984年版，第516页。

③ 周恩来:《周恩来统一战线文选》，人民出版社1984年版，第130页。

④ 新时期统一战线工作丛书编委会:《新时期人民政协工作》，广州出版社1996年版，第5—6页。

⑤ 胡筱秀:《人民政协制度功能变迁的研究》，上海人民出版社2010年版，第41—42页。

召开以前，执行全国人大的职权。[①]同时明确地规定参与协商民主的主体、组织机构以及会议制度，这不仅保证了协商民主的有序开展，更为协商民主的运行提供了制度保障。

第一，人民政协《组织法》明确规定民主协商主体多元化。即个人、民主党派和人民团体，个人需要政协全国委员会的邀请，民主党派以及人民团体的参加需经过人民政协全国委员会的同意。同时规定了每届全国人民政协会议的参与主体需要由上届全国人民政协会议协商决定。[②]这一规定凸显了我国民主协商主体的广泛性以及合法性，协商主体的合法存在为民主协商的开展提供了前提保障。

第二，人民政协《组织法》规定了协商的组织和工作机构。第一届全国政协的组织机构由全国会议、全国委员会和全国委员会常务委员会构成，以民主和团结为目标，在人民民主政权建设中确立政治协商原则。通过三个层次的机构设置以及各机构之间的分工合作，使人民政协在实践中发挥了积极作用。

第三，人民政协《组织法》规定了会议制度。中国人民政协全体会议，每三年召开一次，由全国委员会召集。中国人民政协全国委员会每半年召开一次，由全国委员会常务委员会召集。常务委员会委员由人民政协全国委员会选举产生，其中设主席一人、副主席若干人来组织开展常务委员会日常工作。《组织法》规定为政协协商的制度化建设提供了法制保障，标志着中国协商民主制度化建设的开始。关于这次会议的政治意义，习近平总书记在庆祝人民政协成立70周年的讲话中说道：中国人民政治协商会议第一届全体会议，代行全国人民代表

①《谭平山报告：人民政协组织法起草经过》，《人民日报》1949年9月23日。

②朱训、郑万通：《中国人民政协全书》（上卷），中国文史出版社1999年版，第186页。

大会职权，为新中国的诞生做了全面准备。会议通过了具有临时宪法性质的中国人民政治协商会议共同纲领和中国人民政治协商会议组织法、中华人民共和国中央人民政府组织法，作出关于国都、国旗、国歌、纪年的决议，选举产生政协全国委员会和中央人民政府委员会。这也标志着人民政协制度正式确立。[①]

从1949年人民政协成立到1954年全国人民代表大会召开前这段时间，人民政协的功能定位是：代行权力机构，即人民政协全体会议代行全国人民代表大会的职权，在国家政治生活中发挥了特殊的作用。政协全国委员会及其常务委员会作为统一战线的组织和协商机构，对国家大政方针的实施发挥了经常的、重要的协商、参谋和推动作用。[②]在此期间人民政协认真履行职能，为国民经济恢复和发展、巩固人民政权、完成社会主义革命、确定社会主义基本制度以及推进社会主义建设作出了积极贡献。

二、人民政协的曲折发展阶段

（一）人民政协的发展

1954年12月，人民政协第二届全国委员会第一次会议召开，会议充分肯定了人民政协长期存在的必要性和重要性，制定并通过了《中国人民政治协商会议章程》，规定了人民政协的性质、任务以及进行工作和活动的依据和准则。

1954年全国人民代表大会召开后，人民政协的性质和职能发生转变。人民政协的职能已不再是代行全国人民代表大会的职权，而是转

① 习近平：《在中央政协工作会议暨庆祝中国人民政治协商会议成立70周年大会上的讲话》，《人民日报》，2019年10月1日，02版。

② 张平夫：《人民政协概论》，中央编译出版社2008年版，第12页。

为开展统一战线和政治协商。人民政协的组织结构也进行了组织基础和参加人数等方面的调整。政协章程进一步规定了人民政协的基本任务："在中国共产党的领导下，将继续通过各民主党派、各人民团体的团结，更广泛地团结各族人民，共同努力，克服困难，为建设一个伟大的社会主义国家而奋斗。"①

从政协第二届全国委员会第一次会议闭幕到"文化大革命"发生前的十多年间，人民政协积极履行章程所规定的职能，组织政协委员进行视察，加强统一战线的团结，协商国家重大事务，发扬人民民主，推动各民主党派、全国工商联和无党派民主人士的学习与自我改造，推动知识分子政策的贯彻执行。发展成为各党派、各族各界人士发扬民主、参与国事、团结合作的重要平台。

从1954年12月全国政协二届一次会议召开到1966年"文化大革命"开始前这12年间，人民政协工作受到了"左"的错误思想的影响，但仍然在曲折中发展。经历二、三、四届，总共召开八次会议，为团结人民推动社会主义改造、进行社会主义建设、活跃政治生活以及调整统一战线内部关系发挥了重要作用。

（二）人民政协受到破坏乃至停顿

从1966年5月到1976年10月"文化大革命"期间，人民政协事业遭到严重破坏。政协全国委员会被迫于1966年8月30日停止办公，全国地方政协组织也相继停止活动，人民政协处于瘫痪状态。1976年，人民政协结束了长达10年的停顿状态。

总体来看，从1954年到1978年这段时间，人民政协发展的整体趋势是在曲折中艰难前进。

① 全国政协研究室：《中国人民政协全书》，中国文史出版社1999年版，第199页。

三、改革开放后人民政协的发展

（一）人民政协的历史转折

1978年12月，中国共产党召开的十一届三中全会，标志着中国进入了改革开放和社会主义现代化建设的新时期，人民政协也迎来了新的历史发展机遇。

1982年12月4日，第五届全国人大五次会议通过了修订的《中华人民共和国宪法》，宪法首次将人民政协的性质、地位和作用写入国家根本大法。同时宪法序言明确规定了人民政治协商会议是具有广泛代表性的爱国统一战线组织。人民政协庄严入宪，为其合法存在和履行职能、开展工作提供了根本保障。

1982年12月11日，全国政协五届五次会议通过了重新修订的《中国人民政治协商会议章程》，该章程对人民政协的性质、任务、作用以及工作宗旨和组织规则等基本问题作出了明确规定，首次将政治协商、民主监督规定为人民政协的主要职能。进一步阐明了统一战线仍然是我国人民团结战斗、建设祖国、统一祖国的法宝。①

1982年9月，党的十二大召开，首次确定了人民政协遵循中国共产党同各民主党派和无党派人士“长期共存、互相监督、肝胆相照、荣辱与共”的方针②，并指出该方针是处理中国共产党同各民主党派之间关系的基本方针，也是人民政协工作的一项基本方针。明确规定了人民政协的“一切活动以中华人民共和国宪法为根本的准则”，同时还规定了人民政协对国家方针政策以及关乎群众生活的重要问题进行协商监督。

① 新时期统一战线工作丛书编委会：《新时期人民政协工作》，广州出版社1996年版，第12—13页。

② 王宗华：《中国现代史词典》，河南人民出版社1991年版，第196页。

党的十一届三中全会后，人民政协在党的领导下，将拨乱反正、清除“左”的错误影响与调整统一战线内部关系、落实各项统战政策结合起来，各级政协组织协助党和政府落实有关政策，新时期爱国统一战线得到进一步巩固和壮大，人民政协事业得到了空前发展。

1983年6月4日，全国政协六届一次会议召开，确定把进一步发挥政治协商、民主监督的主要职能，作为开创人民政协工作新局面的中心环节，并在实践中逐步推动政治协商、民主监督向经常化、制度化方向发展。

1988年3月24日，全国政协七届一次会议召开，及时总结政协工作新经验，着重进行了规章制度建设。七届全国政协陆续制定了《政协全国委员会关于政治协商、民主监督的暂行规定》《常务委员会工作规则》《专门委员会组织通则》《专门委员会工作简则》《提案工作条例》等一系列规章、制度和办法，推动了政协工作规范化、制度化。

1995年1月14日，全国政协八届九次常委会议审议通过《政协委员会关于政治协商、民主监督、参政议政的规定》，对人民政协的性质的表述从原来的“中国人民政治协商会议是最广泛的爱国统一战线组织”修改为“中国人民政治协商会议是中国人民爱国统一战线的组织，是中国共产党多党合作和政治协商的重要机构，是我国政治生活中发扬社会主义民主的重要形式”。[①]《规定》还对政治协商和民主监督进行了界定，增加了关于政治协商的表述，即参政议政是政治协商和民主监督的扩展和延伸。

在人民政协工作逐步经常化、规范化的过程中，积极开展人民政协理论的研究。全国政协八届二次常委会指出，要努力开创政协工作

①《政协全国委员会关于政治协商、民主监督、参政议政的规定》，人民政协网，1995年1月14日。

的新局面，做到积极主动、创造性开展工作，必须对人民政协有一个正确认识。[①]从此，对人民政协理论的认识被提上日程。

除了加强人民政协理论的研究以及举办"论坛"扩大人民政协的影响之外，人民政协总结交流经验、加强对地方政协的指导。1986年以后，全国政协多次召开工作经验座谈会，总结交流地方政协工作经验，用经验推动政协工作的发展，同时加强对地方政协工作的指导，使人民政协工作从整体上不断推进、更加活跃。

（二）人民政协的稳步发展

2003年，全国政协十届一次会议召开，十届全国政协始终高度重视加强人民政协履行职能的制度化、规范化、程序化建设。党的十六大报告指出："要着重加强制度建设，实现社会主义民主政治的制度化、规范化和程序化[②]。"为落实十六大精神，适应新形势下人民政协的发展，通过修订《中国人民政治协商会议章程》、颁布《中共中央关于加强人民政协工作的意见》以及制定、完善各项规章制度来推进"三化"建设。

2004年3月，全国政协十届二次会议通过了新修订的政协章程。此次政协章程修正案第一次对人民政协的性质作出了完整的阐述："中国人民政治协商会议是中国人民爱国统一战线的组织，是中国共产党领导的多党合作和政治协商的重要机构，是我国政治生活中发扬社会主义民主的重要形式"，[③]这一完整的阐述进一步丰富和发展了人民政协制

① 政协年鉴编委会编：《中国人民政治协商会议年鉴（1993）》，高等教育出版社1994年版，第37页。

② 中共中央文献研究室：《十六大以来重要文献选编》（上），中央文献出版社2005年版，第16页。

③ 胡筱秀：《人民政协制度功能变迁的研究》，上海人民出版社2010年版，第93—94页。

度的内涵。

党的十六大后，人民政协的理论研究进入新的发展阶段。2006年2月出台的《中共中央关于加强人民政协工作的意见》，第一次明确提出了人民政协是中国共产党把马克思列宁主义统一战线理论、政党理论和民主政治理论同中国具体实际相结合的伟大创造，是中国共产党同各民主党派、人民团体和各族各界人士风雨同舟、团结奋斗的结果。[①]从而明确了人民政协的产生、存在和发展，以及确定人民政协的性质、地位、作用的理论依据和实践基础。

这一时期，人民政协围绕全面建设小康社会认真履行职能，为我国构建社会主义和谐社会建言献策，为我国全面建设小康社会，作出了积极贡献。

1.围绕贯彻落实科学发展观和实现经济社会又好又快发展建言献策。一是组织开展常务会议。例如，全国政协十届二次会议把围绕促进国民经济持续健康发展和完善社会主义市场经济体制两大任务建言献策，作为中心议题。二是召开专题协商会。十届全国政协先后围绕“十一五”规划、西部大开发战略，以及加快北部湾新区建设等议题组织专题讨论。三是开展专题调研。政协委员和各民主党派有关部门，对事关经济、政治、文化、社会建设的综合性、全局性问题进行调研，形成了一大批重要成果。例如，围绕扩大大连港区联动试点范围、辟建大窑湾保税港区、把大连建设成东北亚重要航运中心等开展深入而广泛的调研，为经济社会的发展作出了积极贡献。

2.人民政协为构建社会主义和谐社会而服务，大力促进各党派之间的团结合作。加强各民族的大团结，牢牢把握团结奋斗、共同发展

① 全国政协办公厅研究室:《中共中央关于加强人民政协工作的意见学习读本》，中国政法大学出版社2006年版，第78—82页。

的主题，努力促进各民族地区经济的发展。维护宗教和谐与社会和谐，宣传贯彻国家宗教自由政策，支持政府依法管理宗教事务，积极引导宗教与社会主义社会相适应。切实做好统一战线内部各方面力量的团结工作，不断巩固社会主义劳动者之间的团结。广泛团结港澳台同胞以及海外侨胞等各方面爱国力量，为实现祖国统一、民族振兴而共同奋斗。

1978年党的十一届三中全会以来，人民政协事业发展进入新时期。党中央高度重视人民政协的作用，进一步明确人民政协的性质、任务、主题和职能，并将人民政协的性质和作用载入宪法。同时把中国共产党的多党合作和政治协商制度确立为我国的一项基本政治制度。人民政协认真贯彻党的理论、方针政策以及路线，努力调动一切积极因素，为我国改革开放和社会主义现代化建设事业作出了积极贡献。①

四、人民政协发展进入新时代

2012年，党的十八大报告第一次提出"社会主义协商民主"概念，并将健全社会主义协商民主制度作为坚持中国特色社会主义政治发展道路、推进政治体制改革的重要任务，明确社会主义协商民主是我国人民民主的重要形式。

2017年习近平总书记进一步指出，"社会主义协商民主，是中国社会主义民主政治的特有形式和独特优势，是中国共产党的群众路线在政治领域的重要体现"。②众人的事众人商量，我国是社会主义国家，国家治理效能的含金量是以人民群众的获得感、幸福感和安全感作为重要的衡量标准。只有让人民群众全方位地参与到社会主义建设过程中，

①②《习近平在庆祝中国人民政治协商会议成立65周年大会上的讲话》，人民政协网，2014年9月21日。

尊重他们的知情权、监督权、建议权等合法权益，增强群众的主人翁意识，才能从根源上提高政策的科学性并畅通政策实施过程。总书记之所以认为社会主义协商民主是中国社会主义民主的特有形式和独特优势，是因为他意识到对于我国这个多民族国家而言，以协商促成求同存异，平衡各方利益是巩固各民族大团结的必经之路。

在强调协商民主重要作用之外，习近平总书记还界定了协商民主的内涵：一是协商民主是实现党的领导的重要方式。①这一论断表明，党的领导需要将协商民主作为重要抓手，更多地倾听民意，顺应民心，更好地实现对“党政军民学，东西南北中”的领导。二是协商民主是我国社会主义民主政治的特有形式和独特优势。②这一论断表明我国协商民主是明显的区别于西方以多党制为基础的协商民主，我国的协商民主是在共产党的领导下多党合作的政治协商制度，以马克思主义思想为指导的符合中国实际的政治制度。它是中国特色社会主义民主政治发展的必然结果。三是人民政协是社会主义协商民主的重要渠道和专门机构。③四是推动社会主义协商民主广泛、多层、制度化发展。我国的协商民主不仅要统筹政党组织协商，还要推进人民团体和社会组织的协商，这凸显了我国协商民主的广泛性以及多层次性。

2016年12月30日，习近平同志在全国政协新年茶话会上发表重要讲话，他指出：人民政协坚持团结和民主两大主题，围绕中心、服务大局，积极发挥社会主义协商民主的重要渠道和专门协商机构的作用，收获颇多，为实现“十三五”良好的开局作出了积极贡献。

2017年3月，中共中央办公厅印发《关于加强和改进人民政协民主

①②③《习近平在庆祝中国人民政治协商会议成立65周年大会上的讲话》，人民政协网，2014年9月21日。

监督工作的意见》，对人民政协的性质作出新的表述："人民政协民主监督是坚持中国共产党的领导、坚持中国特色社会主义基础上，参加人民政协的各党派团体和各族各界人士在政协组织的各种活动中，依据政协章程，以提出建议、批评和意见的方式进行的协商式监督。"[①]该文件是中共中央办公厅颁发的第一个关于人民政协监督的专门文件。"协商式监督"是对协商民主监督的继承和发展，它既传承了政协民主监督的固有属性，又适应新形势的发展要求，这一论述对于新时期加强政协工作、健全社会主义协商民主制度以及社会主义监督制度具有重要意义。

我国人民政协在时代的洪流中不断转换角色，这充分体现了中国特色社会主义制度与时俱进的优势。新中国成立初期，中国人民政治协商会议代行全国人民代表大会职权，为巩固新生政权、确立社会主义基本制度、恢复和发展国民经济作出了积极贡献。从我国第一部宪法颁布到1978年，人民政协转为爱国统一战线的组织，成为各党派团体、各族各界人士发扬民主、参与国是、团结合作的重要平台，遭到"文化大革命"的破坏，人民政协在艰难中前行。1978年，党的十一届三中全会使原本在"文化大革命"中受到重创的人民政协迎来发展的历史新机遇，党中央将人民政协的性质和作用载入宪法，同时把中国共产党领导的多党合作和政治协商制度确立为我国的一项基本政治制度。党的十八大以来，党中央更加注重人民政协，使人民政协更加成熟更加定型。这一期间，人民政协更加重视理论的深入学习，通过调研以及专题座谈会、经验交流会等多种形式来发挥人民政协的独特优势。人民政协加强自身制度体系建设，推进履职的制度化、规范化和程序化。通过加强视察调研和协商议政相结合，通过多渠道，多形式

①《关于加强和改进人民政协民主监督工作的意见》，央视网，2017年3月7日。

参与国家治理，进一步形成多层次、常态化的协商议政格局。

新时代社会主义协商民主有三个特点：

一是历史的传承性。新时代协商民主有其深厚的历史文化根基，从传统优秀文化中走来的协商民主正逐渐适应时代的发展。习近平总书记强调：协商民主是我国社会主义民主政治中独特的民主形式，它源自天下为公、兼容并蓄、求同存异的中华优秀传统文化；源自近代以来我国政治发展实践；源自中国共产党带领人民群众进行革命、建设与改革的历史进程；源自新中国成立后各党派、各团体、各民族、各阶层、各界人士在政治制度上共同实现的伟大创造。[①]从新民主主义时期的民主联合到“三三制”；从新中国成立初期的政治协商十六字方针，到党的十八大明确社会主义协商民主是我国重要的民主形式，协商民主在中国革命、建设和改革的漫长实践中不断发展完善，逐步适应人民和时代的需求。

二是人民的主体性。我国是人民民主专政的社会主义国家，人民群众是国家的主人。马克思主义唯物史观认为：人民是历史的创造者，是社会变革的决定性力量。我们依靠人民建立了新中国，完成了民族解放，社会主义建设事业的全面胜利也要依靠人民群众。历史和现实都证明一个政党的兴亡、一个民族的盛衰、一个国家的兴废取决于人心向背。水能载舟，亦能覆舟，我国发展始终秉持以人民为中心的发展理念是因为我们深刻地领悟了人民对国家发展的重要作用。新时代协商民主强调充分保证人民当家作主的权利，唯有将协商民主切实有效地贯彻落实到政治、经济和社会生活的方方面面，才能真正保障人民当家作主的权利，才能真正实现在发展中保障和改善民生。

①《习近平在庆祝中国人民政治协商会议成立65周年大会上的讲话》，人民政协网，2014年9月21日。

三是实践丰富性。马克思辩证唯物主义认为，实践决定意识，实践是理论之源，只有不断地实践才能发现问题，才能推动理论的发展，进而促进社会的进步。新时代协商民主是建立在对马克思主义理论、中华优秀传统文化和中国具体实践深刻认识和理解基础之上的民主形式。任何事物都处在不断发展变化中，协商民主亦是如此，只有不断地在实践中发展完善，才能跟得上时代潮流，从实践上升到理论，再从理论进入实践无限循环的过程，使协商民主不断地适应时代的发展。丰富的实践带来永不止步的理论创新是使我国协商民主保持生命力的根本原因。

第四节　政协协商参与基层治理的必要性与可行性

通过政协协商凝聚各利益攸关方的积极性、协调不同主体间的利益，最终达成共识，推进党委政府决策部署得以贯彻落实，进而提升我国基层治理的能力与水平，具有重要的必要性和可行性。

一、我国基层治理的现状

“郡县治，天下安。”回顾我国基层治理的历史与现状，不难发现基层治理的重要性正在日益凸显，其对于社会稳定与民众幸福发挥的无可替代的价值与意义也愈加清晰。与此同时，基层治理存在的一些弊端和困境也开始凸显。只有真正理解基层治理的现状与问题，才能更好地加以应对，寻找合适的手段进行改善。

（一）县级及县以下的治理现状

党的十九届四中全会聚焦国家治理体系和治理能力现代化，对坚持和完善中国特色社会主义制度、推进国家治理体系和治理能力现代化作出了全面部署。实现治理现代化是当前我国国家建设的重中之重，而县级治理能力现代化则是国家治理能力现代化的基础，其中社区治理成为国家治理体系的重要组成部分。[1]同时，改革开放以来，我国治理变革的趋势表现为从一元治理到多元治理，从党内民主到社会民主[2]，因此基层民主成为治理改革的重点内容。

第一，基层治理的主体不再仅仅局限于基层政府，而是逐渐向多元主体共治的方向发展，官方与民间治理主体协同共治。

第二，随着更多主体真正感受到和加入基层治理，其目标也发生相应转变，以基层群众的福祉与利益为治理目标，不仅极大地调动了基层民众参与治理的积极性，也充分体现公共价值创造的内容要求。

第三，基层治理的制度化与法制化建设成效渐显，除宪法对基层治理作出了规范外，《村民委员会组织法》《居民委员会组织法》等法律文件也为基层治理的有效展开提供了有力保障，使得基层治理不再是地方政府的表面工程，而是真正落到实处、产生效力。

第四，基层治理在方法与形式上不断发展创新，其职能从单一的监督功能，扩展到集表达、监督、决策、反馈等为一体，民众参与决策、管理和监督的方式与规模进一步更新。

不难发现，随着治理主体多元化与治理视角的下沉，基层治理受到学界越来越多的关注，我国县级及县以下的治理现状为：一方面，正如习近平总书记所指出的一样，县级政权所承担的责任越来越大，尤其是在全面建成小康社会、全面深化改革、全面依法治国、全面从严治党进程中起着重要作用。县级治理逐渐成为国家治理体系中的“稳定器”和“平衡器”，以解决好政府和市场的关系为核心任务，积极

① 赵岩、孙涛：《国内社区治理研究知识图谱分析：基于CSSCI论文（2005—2015）》，《中国行政管理》2016年第5期，第32—37页。

② 俞可平：《中国治理变迁30年（1978—2008）》，《吉林大学社会科学学报》2008年第3期，第5—17、159页。

实现县域治理过程民主化；但仍存在解决民生问题和培育社会的能力不够，主体权能关系“变异”现象等不足。[①]另一方面，城市社区治理正成为基层治理研究的热点问题。伴随着社区制逐步取代单位制以及城市街道制体制的改革，社区治理不仅成为公民社会的微观基础和治理的基本单元，更促进了我国社区发展与制度创新，取得了提升社区公共服务供给，实现公共部门依法治理与城市社区依法自治衔接互动的成就。[②③④]通过密切社会交往、缔结社会联结，城市社区治理构建了以居住空间为载体的生活共同体[⑤]，从而扩大居民参与、培育社会组织，为开创“共建共治共享”局面贡献力量。

（二）当前县级及县以下基层治理的问题

当前，关于我国基层治理的研究更多关注于城市社区这一层级，仅研究县一级治理的文献较少。为更好阐释协商民主推进基层治理的作用机制，我们从城市社区层级入手，分析其治理现状及相应问题。

1.问题分类。作为城市治理的“基石”和“前沿阵地”，社区治理体系和治理能力的优劣直接关乎现代城市治理的逻辑运行和价值落

---

① 丁志刚、陆喜元：《论县级政府治理能力现代化》，《甘肃社会科学》2016年第4期，第229—234页。

② 魏娜：《我国城市社区治理模式：发展演变与制度创新》，《中国人民大学学报》2003年第1期，第135—140页。

③ 李友梅：《社区治理：公民社会的微观基础》，《社会》2007年第2期，第159—169、207页。

④ 史云贵：《当前我国城市社区治理的现状、问题与若干思考》，《上海行政学院学报》2013年第2期，第88—97页。

⑤ 刘建军：《社区中国：通过社区巩固国家治理之基》，《上海大学学报（社会科学版）》2016年第6期，第73—85页。

地[①]，城市社区治理逐渐成为推进国家治理现代化的基础和基层治理的关键内容。然而，当前社会在转型中面临日益尖锐的利益冲突与社会矛盾，作为基层治理现代化基本依托的社区治理受传统街居管理路径和居民素质的影响，不可避免地存在着这样那样的问题。[②]主要表现为以下几类：

（1）城市社区治理实践面临着共治困境。在实践中，政府主导、行政整合的传统模式在很大程度上限制着社区内社会力量的生成与合作质效，并造成各治理主体角色边界的模糊不清。[③]城市社区治理实践同多元主体协商合作的共治网络体系有较大距离。

（2）社区治理中多元主体的参与度与积极性较低。以社会组织为例，社会组织的发展很大程度上依赖于政府，且由于受关注度低、公众认识度低等原因，在社区治理中的应有作用尚未得到有效发挥。目前基层治理中政府仍处于主导地位，公民、社会组织等主体仍然缺少话语权与参与度，与多元共治的局面仍有一定距离。

（3）以社区治理为代表的基层治理负担过重及相关衍生问题。层层签订责任书，在一定程度上给治理主体带来了负担与压力，并衍生出“层层推卸责任”、基层压力过重等问题。[④]治理减负已然成为推进基层治理必须直面的现实课题。

---

① 王德福：《城市社会转型与社区治理体系构建》，《政治学研究》2018年第5期，第6—9页。

② 史云贵：《当前我国城市社区治理的现状、问题与若干思考》，《上海行政学院学报》2013年第2期，第88—97页。

③ 王德福：《城市社会转型与社区治理体系构建》，《政治学研究》2018年第5期，第6—9页。

④ 颜昌武、赖柳媚：《基层治理中的责任状：“督责令”还是“免责单”？》，《理论与改革》2020年第2期，第69—79页。

（4）基层治理需求缺乏回应。基层需求反映到上级部门“音量不足”[①]，很多问题长期得不到解决。这一点实际与负担过重的问题相承接，基层社区治理中负担重、办事人员相对缺少，而问题与需求的反映长期得不到落实，会进一步加剧治理负担。

2.传统治理方式效果不佳的原因。随着政府与社会关系建立合作主义模式、单位制的衰退与社区制的发展等转变[②]，基层治理，尤其是社区治理需要治理模式的发展与创新。除此之外，中国的治理传统中存在不断弱化基层治理能力的机制[③]，使得基层治理能力严重不足。因此，基层治理现代化要求转变政府单一主体主导社会治理的传统模式，明确政府、市场与社会的权责领域与关系，通过多元主体参与来推进社会自治。[④]随着群众利益诉求多元化趋向愈加明显[⑤]，协商民主在基层治理中的作用越发凸显，日益成为基层治理的重要方式。

3.基层协商民主效果评价。协商民主以协商对话为中心，应用于基层社会具有良好的适应性、灵活性、可操作性和治理效能，既是推进基层民主政治发展的重要途径，也是推进国家治理现代化的题中应有之义。基层的协商民主治理，以独特的民主参与特性，把活动在社

① 蓝志勇：《基层需求为何“音量不足”》，《人民论坛》2020年第5期，第66—67页。

② 魏娜：《我国城市社区治理模式：发展演变与制度创新》，《中国人民大学学报》2003年第1期，第135—140页。

③ 张贯磊、熊万胜：《提升基层治理效率：历史意义与关键路径——基于上海奉城镇治理经验的思考》，《上海城市管理》2017年第6期，第41—47页。

④ 郑建君：《推动公民参与基层治理：公共服务提升与社会秩序维护——基于苏州市相城区的调研分析》，《甘肃社会科学》2017年第2期，第42—47页。

⑤ 廖清成、罗家为：《协商民主是我国基层治理的重要方式》，《理论探索》2020年第2期，第49—53页。

会基层各领域的多元主体吸收到社会公共治理中来，可以有效调动基层社会治理主体、丰富基层社会治理形式、拓宽基层社会治理空间和提升基层社会治理效能[①]，对于基层治理现代化具有重大意义。

二、政协协商参与基层治理的必要性

政协协商参与基层治理，要求我们从制度上就协商的规则、环节作出规范，从实践上确保协商能够较好地实现自上而下与自下而上的沟通交流。

（一）制度要求：协商于决策之前和决策实施之中

从协商目的、主体、内容、原则的角度看，我国协商民主均表现出中国特色社会主义民主制度的制度属性，是人民当家作主的重要体现和实现形式。[②]作为我国政治结构内一种具体的民主形式，协商民主制度不仅需要不断健全和完善，规范协商过程，更要与其他的法律法规相一致，这对于巩固和完善党的领导、促进科学民主决策、推动广泛的政治参与、培育公民精神具有重要意义。[③]

1.在重大决策制定前，都应当充分听取和考虑来自利益攸关方的利益需求，并且召开相关主体参与的商讨会或听证会，使各方意见得到良好积极的交流与互动。在协商过程中，决策内容本身的科学性与参与者的代表性能够在一定程度上得到保证。同时，决策过程的合理性

① 孔祥利：《城市基层治理转型背景下的社会组织协商：主体困境与完善路径——以北京市为例》，《中国行政管理》2018年第3期，第64—68页。

② 张献生、吴茜：《试论中国社会主义协商民主制度》，《政治学研究》2014年第1期，第3—12页。

③ 陈家刚：《协商民主：制度设计及实践探索》，《国家行政学院学报》2017年第1期，第60—65、127页。

与说服力也进一步提升。

2.随着环境的变化，任何一个项目或政策都不会是一成不变的，加之规范的流程，基于原始决策的后续实施也需要动态的调整，以及时纠偏，产生更好的效果。因此，在具体实施过程中，协商民主依旧发挥着重要作用，以避免决策执行走样，从而产生更多效益。

3.协商作为实现民主的形式，不能等同于决策与实施行为。将协商寓于决策之前和决策实施之中，能够确保各方意见发声、得到来自各方面的民主监督，确保民生问题能充分体现民意、集中民智。当然，不能忽视的是协商民主制度仍存在诸如缺乏完备性与权威性、制度化过程中公民参与水平较低的问题。[①]这一系列弊端反映出当前协商民主制度仍待完善，制度化支撑缺乏导致“声量不足”。在这种情况下，为了将基层协商民主的制度优势转化为现实的治理效能[②③]，决策之前实施之中的协商民主制度要求亟待落实，从而推动基层协商民主的行为与制度要求相适应。

（二）实践要求：自上而下与自下而上的决策融合

制度在应然层面对基层治理中的协商民主提出了要求，同时，协商民主在实践的实然层面之于基层治理同样不可或缺。基层协商民主的价值理念和制度设计，强调公民直接的政治参与和政治上的平等对话，以及议题上的共同协商等，使公共部门更好地倾听民声、反映民

① 王学俭、杨昌华：《协商民主制度化的价值、问题及路径探析——以国家治理现代化为视角》，《湖南师范大学社会科学学报》2014年第5期，第5—10页。

② 王炳权、岳林琳：《基层协商民主的制度优势转化为治理效能的现实路径》，《理论与改革》2020年第1期，第77—87页。

③ 欧阳康、曾异：《国家治理语境中的社会主义协商民主：认识历程、制度优势及其治理效能转换》，《西安交通大学学报（社会科学版）》2020年第2期，第1—7页。

意、了解一线的情况。这改变了群众被动式的利益表达与利益诉求的旧有模式，以限制暗箱操作、监督缺乏、自治制度“失灵”等问题。[①]不仅如此，协商民主在治理活动中主要表现为一种决策方式、治理技术与治理形式[②]，能够面对面做好宣讲政策、化解矛盾、理顺情绪的工作，从而让政协工作更好地融入基层社会治理中。而治理的终极目标在于“善治”，即使公共利益最大化的社会管理过程，涵盖合法性、透明性、责任性、法治、回应、有效等多元价值追求。[③]多元共治、主体间的共治机制则是社会治理的另一重要特质，意味着“小政府、强政府、大社会”的转型[④]，同时释放来自政府以外治理主体的积极性与活力。在社会治理中融入协商民主机制，旨在协调矛盾，协同合作，为公共利益的实现与最大化贡献力量。

基于治理范式的要求，协商民主对于当下强调的基层治理能力现代化有着极为重要的实践意义，能够为国家治理体系与治理能力现代化建设贡献现实力量。协商民主在基层治理的实践中是否真正落到实处并产生治理效能与实践价值，仍存有较多质疑。“重在协商，难在真协商”的现象依旧难除[⑤]，揭露出协商民主距离实践要求仍有距离。可见，需要让民主恳谈会、党员议事会、党群议事会、

① 厉有国：《中国基层协商民主实践：价值、问题与路径》，《吉首大学学报（社会科学版）》2015年第2期，第8—13页。

② 唐皇凤：《协商治理的中国实践：经验、问题与展望》，《中共中央党校（国家行政学院）学报》2020年第1期，第79—86页。

③ 俞可平：《治理和善治引论》，《马克思主义与现实》1999年第5期，第37—41页。

④ 王名、蔡志鸿、王春婷：《社会共治：多元主体共同治理的实践探索与制度创新》，《中国行政管理》2014年第12期，第16—19页。

⑤ 杨宜勇：《协商民主：重在协商，难在真协商》，《前线》2020年第1期，第81—82页。

社区议事会等多种协商民主途径真正在基层治理实践中发挥作用[①]，通过多元协商、集中民智的方式，使协商民主实现自上而下与自下而上的决策融合。

（三）弥补“政府失灵”与“市场失灵”

协商民主能够有效弥补基层治理中政府或市场失灵问题，整合多元主体力量，提升基层治理水平。尽管市场在资源配置中具有高效的优势，但市场经济有其自身的局限性，且固有的功能缺陷光靠市场自身难以克服，而完全摒弃政府干预的市场调节更会使其缺陷大于优势，即“市场失灵”。当然，政府干预同样存在着“政府失灵”的可能性，一方面表现为政府的无效干预，如政府宏观调控的范围和力度不足或方式选择失当，另一方面则是政府的过度干预，结果非但不能纠正市场失灵，反而会抑制市场机制的正常运作。[②]从逻辑上讲，“市场失灵”“政府失灵”使得无论是政府还是市场，都不能单独实现社会治理的有效化。建立“政府—企业—社会”三维主体互动、互补的网络化联结，是解决集体行动困境，实现社会资源配置最优化的唯一途径。[③]因此，减少市场或政府在基层治理中的“单兵作战”情况，不仅可以避免单方面主体作用失灵对治理效果的损害，更可以驱动多元主体合作治理。

政协向基层延伸的优势，不仅能够实现政协建言资政功能的拓展

① 陈家刚:《当代中国的协商民主：实践探索与理论思考》,《马克思主义与现实》2014年第4期，第168—175页。

② 杜胡清:《市场失灵、政府失灵与政府干预》,《边疆经济与文化》2006年第1期，第93—94页。

③ 高红:《城市基层合作治理视域下的社区公共性重构》,《南京社会科学》2014年第6期，第88—95页。

和深化，还可以把政协定期、定点的调研视察活动融入日常和基层一线，从而及时、准确地掌握第一手资料和情况，使各项建议能够提得更为精准、民意反映得更为及时，为党委政府以及其他组织的决策提供更广泛的民意基础，防止决策出现偏差，抑制政府失灵与市场失灵的发生。党的十九届四中全会也指出，要遵循共建共治共享原则，建设社会治理共同体。协商民主之于基层治理现代化，可以有效发挥构建多元主体互联、互动、互补的合作机制和共享体系作用，将基层治理的多元主体联结起来，各司其职，实现基层治理的有序运转。

三、政协协商参与基层治理的可行性

政协协商具有无可比拟的优势，具有专门队伍、专门机制、专业水平，能够发挥“润滑剂”“黏合剂”的功能补位作用。因此，政协协商参与基层治理不仅是必要的，更具有理论和现实可行性。

（一）功能补位

从构建和谐社会，到实现法治国家，再到如今国家治理体系与治理能力现代化建设的使命愿景，党和政府始终发挥着主导的作用。然而此类宏大愿景的难点来源于我国选择的多元化发展道路[①]，与治理过程中的单一主体相矛盾，往往导致功能缺位问题的出现。当前普通民众及社会自组织力量在社会各层面治理中的缺席依然普遍，甚至存在专家理性和大众参与的双重缺位问题[②]，严重损害削弱了重大决策的准确性与多元主体参与治理的积极性，也给党委和政府增加了治理成本。

① 党国英：《在中国建立和谐社会的可能性》，《中国新闻周刊》2005年第1期，第30—31页。

② 董明：《角色与功能：人民政协与现代国家治理体系的互动互构》，《浙江社会科学》2015年第5期，第28—29、35、156页。

政治协商作为国家治理体系的重要组成部分、国家治理价值的重要实现形式与国家治理能力现代化的重要途径[①]，可以有效弥补国家现代化治理环节中的主体单一与功能缺位弊端。延伸至基层治理逻辑中，尽管社区、街道治理并没有政协机构的设立，但协商民主的模式与机制却可以将基层的多方力量加以整合，实现功能与职责的互补。由于代表党和政府的基层办事人员事务繁杂、资源有限，仅仅依赖于这一主体无法真正形成基层共商共建共享的局面。把更多的协商事项交给政协来做，特别是把基层协商交由市县政协来承担，既可以把党委政府从大量繁杂的事务中解放出来，又能把政协的专业优势发挥出来，从而能够更好地帮助党委政府分忧解难。协商民主在基层的铺开，不仅便捷了基层政府人员的工作，还可以成功调动来自公众、社会组织等多方面参与治理的积极性与责任意识。党和政府无法很好兼顾的领域，如有效整合不同群体的利益需要、推动社会各界有序政治参与、照顾少数人的诉求[②]，正是基层协商发挥“润滑剂”与“黏合剂”作用之处。协同党委、政府与政协的不同功能，明确定位且各有侧重：一方面，党委和政府把握治理方向与路径问题，为基层协商民主创设良好的氛围与制度条件；另一方面，协商民主以求同存异、整合合力为目标，补位基层治理中党委和政府的力所不及，进而提升其公信力。

（二）具有专业性

习近平总书记在中央政协工作会议暨庆祝中国人民政治协商会议成立70周年大会上强调：“要发挥好人民政协专门协商机构作用，把协商

① 刘振强：《国家治理现代化视角下人民政协政治协商的功能定位和发展思考》，《湘潭大学学报（哲学社会科学版）》2017年第4期，第107—111页。

② 魏晓文、徐凤月：《国家治理视阈下人民政协协商民主功能及其优化》，《中州学刊》2015年第11期，第21—25页。

民主贯穿履行职能全过程。”从新中国成立初期的统战组织与协商机关，到新时代愈发明确的专门协商机构，70多年的实践不断凸显出人民政协在中国特色社会主义建设中的专门协商作用。基于专门协商机构的制度定位，人民政协协商作为一种全职全程的常态化协商形式，已形成了以政协全体会议为龙头，以专题议政性常委会会议和专题协商会为重点，以协商座谈会、网络议政远程协商活动、对口协商会、提案办理协商会等为常态的政协协商议政新格局，在整个社会主义协商民主体系中占有重要地位，独具特色和优势。[①]凡事贵在“专”，专门协商机制不仅是我国人民政协协商民主独有的特点与优势，更是协商民主得以有效展开、真正发挥作用的制度基础。基层协商过程正是这一点的集中体现。人民政协在基层治理中的主要手段为在社区、街道等单位建设科学民主的专门协商平台，从而开展有效的协商讨论，更好地发挥多元主体在基层治理中的合力作用。突出专门协商机构职能定位，需要强化职能责任，将开展协商作为主要工作，将搭建协商平台作为主要工作方式，将双向发力作为工作主旨，积极推动政协协商与各类协商有效衔接。健全的专门协商机构的制度体系和工作机制，能够推动基层协商民主工作的专业化发展，真正做实、做新县及县以下基层治理，将政协系统从内容上向下延伸，协同联动，发挥好人民政协制度体系的整体效能与专门协商机构在国家治理现代化建设中的独特作用。

① 董树彬、董鹏林：《人民政协作为专门协商机构的时代特色与优势》，《理论探讨》2020年第1期，第32—38页。

第二章 协商是人民政协的主责主业

改革开放40多年以来，中国经济社会发生了巨大变化，日益凸显的复杂性和不确定性对当代国家解决问题的能力提出了相当多的挑战。[①]在此背景下，党的十八届三中全会提出了“全面深化改革的总目标是完善和发展中国特色社会主义制度，推进国家治理体系和治理能力现代化”的战略要求。党的十九届五中全会根据当前的经济社会发展阶段又适时提出了“全面建设社会主义现代化国家”的新目标。这就需要重新从社会主义现代化国家建设以及国家治理体系和治理能力现代化角度思考现代国家建设问题。人民政协作为国家治理体系的重要组成部分，在社会主义现代化国家建设中具有重要的地位和作用。习近平总书记在党的十九大报告中，对人民政协地位和功能作出了新的重大论断，即“人民政协是具有中国特色的制度安排，是社会主义协商民主的重要渠道和专门协商机构”。全国政协主席汪洋在全国地方政协工作经验交流会上指出，“各种形式、不同内容的协商应当是各级政协的主要工作”。如何正确理解这些重要论断，成为必须破解的理论和实践课题。

第一节 政协协商是坚持完善社会主义民主的基本要求

政治民主化是现代国家的标志之一。就社会主义政治民主实践来说，人民民主是社会主义的生命，没有民主就没有社会主义，就没有

① 马丁·洛奇，凯·韦格里奇：《现代国家解决问题的能力》，徐兰飞、王志慧译，中国发展出版社2019年版，第2页。

社会主义现代化，就没有中华民族伟大复兴。[①]协商民主作为中国特色社会主义民主政治的重要实现形式，在坚持和完善中国特色社会主义民主实践中发挥着独特的作用。人民政协作为协商民主的专门机构，在新的历史方位，迫切需要将协商作为主责主业，这是坚持和完善中国特色社会主义民主政治的需要。

一、政协协商是中国特色社会主义民主的重要实现形式

从发生学角度来说，中国特色社会主义民主实践源起于中国共产党领导的新民主主义革命，形成于中国特色社会主义国家建设。从内容上来看，中国特色的社会主义民主包含民主选举和民主协商两个维度。习近平总书记指出："人民通过选举、投票行使权利和人民内部各方面在重大决策之前进行充分协商，尽可能就共同性问题取得一致意见，是中国社会主义民主的两种重要形式。"[②]这就是说，社会主义民主是全过程的民主，其既关注权力的来源（选举、投票等），也关注权力的行使（民主管理、民主监督和民主协商）；既包括授权（选举），也包括决策（协商）。在中国政治民主实践中，协商民主已经成为社会主义民主建设的重要内容和重要实现形式。

与哈贝马斯提出的"审慎民主"不同，中国特色的协商民主具有深厚的社会历史根基，她孕育在中国传统政治智慧和政治实践之中，形成于中国共产党领导下的新民主主义革命过程，发展在中国特色社会主义现代化建设的土壤下。特别是党的十八大以来，以习近平同志为

① 中共中央宣传部：《习近平总书记系列重要讲话读本（2016年版）》，学习出版社2016年版，第163页。

② 习近平：《在庆祝中国人民政治协商会议成立65周年大会上的讲话》，《人民日报》2014年9月21日。

核心的党中央高度重视发展社会主义协商民主，为协商民主注入了新的时代内涵。党的十九大报告指出，协商民主是实现党的领导的重要方式，是我国社会主义民主政治的特有形式和独特优势。在这种背景下，人民政协作为协商民主的重要渠道和专门协商机构，需要将协商作为主责主业，把协商落实到履行职能的各方面。

二、发展政协协商是社会主义民主现代化的必然选择

2019年11月2日，习近平总书记在上海考察长宁区虹桥街道古北市民中心时指出："我们走的是一条中国特色社会主义政治发展道路，人民民主是一种全过程的民主，所有重大立法决策都是依照程序、经过民主酝酿，通过科学决策、民主决策产生的。""全过程的民主"是习近平总书记在新时代背景下对中国特色社会主义民主的新概括，也是未来中国特色社会主义民主建设的内容和方向。

协商民主是中国特色社会主义政治民主的实现形式。党的十九大报告明确指出，社会主义协商民主包括政党协商、人大协商、政府协商、政协协商、人民团体协商、基层协商和社会组织协商。政协协商是社会主义协商民主的重要内容之一，在推进和完善社会主义协商民主理论和实践中发挥着必不可少的作用。按照马克思主义实践论的观点，我们可以从中国社会主义现代化实践需要角度分析政协协商民主的重要性。

（一）新历史方位下发展政协协商的背景

党的十九大郑重宣布，中国特色社会主义进入了新时代，这是我国发展新的历史方位。发展社会主义民主需要适应这一新的历史方位。就中国特色社会主义民主建设而言，新的历史方位表明，在中国共产党的领导下，中国特色社会主义现代化建设取得了巨大成功。

从外部角度，即从世界民主发展角度来说，西方政治民主遭遇治

理失效现象，自由选举民主的合法性受到质疑。人类进入后工业社会以来，西方资本主义国家在自由竞争和资本导向逻辑引导下，导致了严重的贫富分化。特别是在2008年金融危机以及互联网高科技等新产业的影响下，西方社会中产阶级受到严重的冲击，贫富分化日益加剧。面对因日益畸形化的贫富分化而引发的各种社会矛盾，特别是2019年年底新型冠状病毒肺炎肆虐全球以来，西方资本主义国家政治民主的治理绩效普遍不高，出现了无效民主现象。西方国家政治民主无效性现象促使学者进行理论反思，有学者提出“治理民主”[①]的概念，将政治民主治理绩效引入对民主政治的考察之中，成为政治民主合法性的重要维度。在此背景下，中国政治民主建设必须反思西方政治民主治理失败的教训，警惕西方政治民主逻辑的缺陷，这就必须从中国本土化实践角度，找到适合中国文化根基的新型政治民主路径。

从内部角度，即中国政治民主实践角度来说，中国政治民主需要通过治理有效性实现政治民主的合法性，继而才能够将社会主义民主制度优势转化为治理效能。经过40多年改革开放的历程，中国特色社会主义现代化建设的巨大成就表明，建国初期我们建立起来的道路、理论和制度是经得起历史考验的。不可否认的是，在新时代历史方位下，我们也面临着严峻的考验。实际上，改革开放40多年以来，一系列制度改革和政策调整，特别是中国特色社会主义经济制度的改革和完善，在推动我国经济快速发展的同时，新兴产业不断涌现。这些新兴产业的发展和成长，使得我国社会的阶层结构发生了深刻变化，与阶层结构相伴而生的是利益结构的深刻变化，思想和生活方式日益呈现多元化，社会矛盾的巨大转变。当前，我们已开启全面建设社会主义现代化国

① 杨光斌：《超越自由民主：“治理民主”通论》，《国外社会科学》2013年第3期，第9—18页。

家的新征程，面对错综复杂的国际形势、艰巨繁重的国内改革发展稳定任务，加之新冠肺炎疫情引发国际形势动荡不安，必须重视我国社会日益凸显的异质性和国际竞争带来的风险考验。在中国共产党的坚强领导下，我们在不断坚持和完善选举民主的同时，也要依据自身历史和经验大力发展中国特色社会主义协商民主。事实上，中国民主治理绩效有目共睹，取得了“中国之治”的大好局面，成为“中国模式”的重要内容之一。

总之，不断完善和推进政协协商是中国特色社会主义伟大实践的历史新方位下提出的新要求和新定位，我们需要在这一新的历史方位背景下，来理解协商作为人民政协主责主业。不仅需要传承过去的经验和做法，在借鉴西方国家优秀经验和做法的同时，更要坚持中国改革开放的逻辑，注重从实践中总结和提升理论。正是在内因和外因两种逻辑的推动下，党的十九大对社会主义协商民主的性质、定位做了新的总结。

（二）推进政协协商是凝聚共识的客观要求

1.最大程度地凝聚共识是当前我国社会主义民主政治的根本要求。在新时代历史方位下，中国社会内部的异质性日益凸显，外部发展环境日趋复杂和不确定，党和国家面临的重大挑战、重大风险、重大阻力、重大矛盾不断增多。凝聚共识不仅是重大决策的根本要求，同时也是决策宣传和执行的根本保证，更是应对国内外重大风险的前提和根本保障。要最大程度地凝聚共识，就需要最大程度地争取民心、获取民心。民心政治是中国传统政治智慧，《尚书·周书·泰誓》在阐释如何治理国家中，就表达了“以民为本”的政治智慧。习近平总书记也曾在中国人民政治协商会议成立65周年大会上的重要讲话中，引用“天视自我民视，天听自我民听”，阐释民心是最大的政治。最大程度地凝聚共识不是空谈，其有效落实需要完善的组织保障、制度和程序支撑。

人民政协作为人民民主的重要实现形式、社会主义协商民主的重要渠道和专门协商机构，将凝聚共识作为新时代履职的中心环节。这就需要人民政协准确把握性质地位的变化，围绕人民政协作为专门协商机构的职能责任，在党和国家重大决策前和决策实施过程中，积极发挥界别优势和专委会的作用，通过人民政协协商平台、机制和程序，一方面积极发挥政治引领作用，利用协商平台和程序积极向各界人士宣传我们党和国家的重大决策，引领各界人士更好地理解国家重大方针政策；另一方面通过政治引领作用，实现凝聚共识的目标，做到坚持民主和团结相互贯通，建言资政和凝聚共识双向发力。在新时代，政治民主作为国家治理形式，为了应对日益复杂和不确定的国内外环境的挑战，客观上需要最大程度地凝聚共识。为了实现凝聚共识这一人民政协的重要职能，将协商作为人民政协的主责主业是题中应有之义，同时也是社会主义民主政治完善和发展的必然要求。

2.凝聚共识是人民政协协商民主的中心环节。2014年9月21日，习近平总书记在庆祝中国人民政治协商会议成立65周年大会上强调，党的十八大以来，“人民政协在继承中发展、在发展中创新，紧紧围绕中心、服务大局，聚焦全面深化改革凝聚共识、汇集力量、建言献策，作出了新的积极贡献”。首次将凝聚共识概括为政协新贡献。讲话在系统阐述推进社会主义协商民主广泛多层制度化发展时，进一步指出：“在人民内部各方面广泛商量的过程，就是发扬民主、集思广益的过程，就是统一思想、凝聚共识的过程，就是科学决策、民主决策的过程，就是实现人民当家作主的过程。”首次明确凝聚共识与协商民主、人民当家作主的内在联系。凝聚共识是人民政协协商民主的中心环节。中共中央办公厅《关于加强人民政协协商民主建设的实施意见》强调，“人民政协协商民主是在中国共产党领导下，参加人民政协的各党派团体、各族各界人士履行政治协商、民主监督、参政议政职能，围绕改革发展稳定重大问题和涉及群众切身利益的实际问题，在决策之前和决策实施之中广泛协商、凝聚共识的重要民主形式”。这充分表明，推进协商民主不是为了回避客观存在的不同意见和矛盾，更不是要陷入无休无止的讨论甚至争吵，而是要通过广泛的、真诚的、充分的协商，求同存异、聚同化异，凝聚最大的共识，为形成正确的并可以付诸实施、取得成效的决策服务。只有正确认识广泛凝聚共识是人民政协履职工作的“中心环节”、是人民政协协商民主的“中心环节”，才可以更好地发挥人民政协作为社会主义协商民主的重要渠道和专门协商机构的作用。

3. 在协商民主中凝聚共识。2015年中共中央办公厅印发的《关于加强人民政协协商民主建设的实施意见》强调，坚持团结和民主两大主题，把协商民主贯穿履行职能全过程，重点推进政治协商、民主监督、参政议政制度化、规范化、程序化，拓展协商内容、丰富协商形式、规范协商程序、增加协商密度、提高协商成效，广泛凝聚各党派团体、各族各界人士的智慧和力量。2017年3月，中共中央办公厅印发《关于加强和改进人民政协民主监督工作的意见》，明确政协的民主监督是协商式的监督。在2018年修订政协章程时，以中共中央文件精神为引领，就政协民主监督形成“协商式监督”的共识。2019年召开的中央政协工作会议，对政协职能进行了系统梳理和整合，强调要在坚持做好政治协商、民主监督、参政议政工作的同时，把凝聚共识作为政协重要职能。中共中央在对新时代政协工作的总体要求中进一步明确提出，“把加强思想政治引领、广泛凝聚共识作为中心环节，坚持团结和民主两大主题，提高政治协商、民主监督、参政议政水平，更好凝聚共识”。党的十九届四中全会的《决定》也要求，发挥人民政协作为政治组织和民主形式的效能，提高政治协商、民主监督、参政议政水平，最终要落到“更好凝聚共识”。政治引领凝聚共识，整合了不断延展的各项职能，贯通了各项职能，成为人民政协的重要职能乃至各项工作的中心环节。这是人民政协履行职能观念的重要提升。

（三）推动政协协商是完善基层民主的要求

1.在中国悠久的政治历史传统中，逐渐形成了自上而下的金字塔结构的国家治理体系。如果将这个金字塔组织体系比作上层建筑的话，基层组织可以说是上层建筑的基石，正所谓"基础不牢，地动山摇"。正如习近平总书记所述，基层既是产生利益冲突和社会矛盾的"源头"，也是协调利益关系和疏导社会矛盾的"茬口"。全国政协主席汪洋在全国地方政协工作经验交流会上指出，当前市县政协的主要工作是协商。党和国家历来非常重视基层，早在改革开放初期就尝试通过基层民主来解决基层问题。经过几十年的发展，基层民主取得了举世瞩目的进展。然而，在新时代，扶贫、生态、拆迁等基层社会问题，仅靠选举来解决还不够。这种情况下，习近平总书记明确指出："人民群众是社会主义协商民主的重点。涉及人民群众利益的大量决策和工作，主要发生在基层。要按照协商于民、协商为民的要求，大力发展基层协商民主，重点在基层群众中开展协商。"可见，推动基层协商民主是夯实基层工作基础、解决基层矛盾、实现国家重大战略的必然要求，也是完善社会主义民主的必然要求。换言之，基层民主政治发展的逻辑必然要求政协协商向一线延伸，这既是有效化解基层矛盾的有效手段，也是帮助基层党委政府分忧解难的有效形式。党的十八大以来，甘肃、浙江、广东、湖南、四川等地基层民主实践表明，各种协商是沟通民众、团结基层民众、化解基层矛盾的有效手段。在新时代背景下，实施"十四五"规划，开启全面建设社会主义现代化国家新征程中，必须坚持和完善协商在基层民主建设中的地位和作用。人民政协作为专门协商机构，在推动和完善基层协商民主过程中，应该发挥其应有的职责和作用。

2.现代化的治理与政协特质高度契合。国家治理现代化被认为是继“工业现代化、农业现代化、国防现代化、科技现代化”之后的第五个现代化。这一概念的提出，是我们党对世界政治格局和国家治理形势的科学判断，是新一代中央领导集体对执政理念的一次理论飞跃，体现了党对政治发展规律认识的进一步升华。在这样一次思想和实践的变革中，人民政协扮演着重要组成部分和重要推进力量的角色。之所以这么说，一方面，因为人民政协是适合中国国情、具有鲜明中国特色的制度安排，是我们党领导发展社会主义民主政治的独创性成果；另一方面，与传统的统治或者管理相比，现代化的治理至少包含以下要素，它们共同构成了现代化治理的基本要件，而这些要素又与政协的性质、地位、职能、作用高度契合，正是这种天然契合的关系，为政协在推进国家治理体系和治理能力现代化中发挥更大作用，找到了结合点与发力点。

（1）主体的多元化。在传统的统治模式下，对国家和社会事务管理仅限于行政管理部门这个单一主体，而现代化的治理更多强调多元主体，通过国家与社会组织、政府与非政府组织、公共机构与私人机构等多元主体，实现对公共事务的合作管理，以提供更优质、更便捷的公共服务和产品。人民政协作为最广泛的统一战线组织，以界别为基本组成单位，囊括了社会各团体、各民族、各阶层和各领域的代表人士，具有最广泛的代表性和联系面，能最大限度地提供多元化的治理主体。

（2）治理的协同化。在传统的统治模式下，政府部门是国家治理的绝对权威，其治理方式是单一向度的，主要表现为自上而下发布行政命令，制定并推行公共政策；而现代化的治理则更注重多元主体间的双向互动、协同治理。人民政协是中国共产党领导的多党合作和政治协商的重要机构，既能自上而下地传播政治主张，又能自下而上地汇聚社情民意，这种双向互动更有助于统一思想、推动工作。由于人民政协与传统治理主体的目标高度一致，其诉求表达渠道又属于体制内的安排，因而保证了协同治理能在求同存异的基础上实现治理效果的最大化。

（3）议事的民主化。现代化的治理反对独断专行，主张发扬民主。当前，我国采取民主集中制原则对重大公共事务进行议事决策，这需要两方面的保障，即宽松的氛围和严谨的制度，否则就有陷入长官意志和“一言堂”的危险。人民政协作为我国政治生活中发扬社会主义民主的一种重要形式，充分包容组成各方在信仰、利益、观念等方面的差异，鼓励各界在共同的思想政治基础上，充分表达不同的意见和诉求，找到符合各方意愿和要求的最大公约数，在促进科学民主决策的同时，还有助于实现不同治理主体间的团结联合。

（4）行为的法治化。现代化的治理必定是规范化、制度化、法治化的治理，现代化的治理要求守纪律、讲规矩，不允许有任何凌驾于法律之上和制度之外的随意作为。法的本质是国家意志的体现，在我国就是群众意志。人民政协作为协商民主的重要渠道和专门协商机构，是倾听民声的有效渠道，能为权力机关完善法律体系提供民意基础。同时，民主监督作为人民政协的三项职能之一，能有效调动各方力量监督权力运行和工作落实情况，为国家治理始终沿着法治轨道前进提供助力。

总之，推动政协协商走向基层，发挥政协在基层治理中的作用，是基层民主发展逻辑的内在要求，也是建设中国特色社会主义现代化国家的必然要求。

三、推进政协协商是发挥其独特优势的内在需要

2019年出台的《中共中央关于新时代加强和改进人民政协工作的意见》要求，“探索政协协商同社会治理相结合的新形式，拓展政协协商参与面，扩大界别群众工作覆盖面”。中国民主是一种以协商民主为

主要形式而达成的共识民主，人民政协在发挥协商民主过程中具有独特的优势。而政协协商之所以能够有效推进基层治理，在于其自身有着诸多优势。

（一）定位优势：专门协商机构

1954年《中国人民政治协商会议章程》明确了人民政协“中国人民民主统一战线的组织”的性质与定位，此后六十余年的实践不断拓展了政协的定位范围。2004年3月全国政协十届二次会议修订的《中国人民政治协商会议章程》将其表述为：“中国人民政治协商会议是中国人民爱国统一战线组织，是中国共产党领导的多党合作和政治协商的重要机构，是我国政治生活中发扬社会主义民主的重要形式。”党的十八大以来，进一步明确了人民政协专门协商机构的作用定位，即尽管社会主义协商民主的渠道众多，但只有人民政协为专门机构。正如习近平总书记强调的那样，有事好商量、有事多商量、众人的事由众人商量。因此，人民政协作为专门协商机构，抓好了政协协商工作，就是抓住了主责主业。这一表述凸显了政协之于我国协商民主的独特性与无可替代性，赋予其专门机构的定位优势，以在纵向各行政层级中有效发挥协商、整合作用。

（二）组织优势：统一战线

“人民政协是我国爱国统一战线组织，也是党领导的多党合作、政治协商的重要组织形式”[①]，人民政协自1949年9月正式成立之初，就被定义为统一战线的组织。这就使得人民政协在社会主义协商民主制度体系中具有独特地位和作用，政协协商也由此具有其他协商民主形式和渠道所不具有的独特性和优势。

① 中共中央文献研究室：《十三大以来重要文献选编（中）》，人民出版社1991年版，第1131页。

人民政协是社会主义协商民主的重要实施平台和专门机构，人民政协的民主协商是社会主义协商民主制度的重要落实渠道。民主党派是人民政协发挥参政议政、民主监督职能的各主体中，最具组织优势、最重要的参与方。1956年4月毛泽东在《论十大关系》中提出中国共产党同民主党派实行长期共存、互相监督的方针，“因为一个党同一个人一样，身边需要听到不同的声音”。邓小平在党的八大上作的《关于修改党的章程的报告》中对“长期共存、互相监督”方针进行了论述：“这些党外的民主人士，能够对于我们党提供一种单靠党员所不容易提供的监督，能够发现我们工作中的一些我们所没有发现的错误和缺点，能够对于我们的工作做出有益的帮助。在社会主义改造取得了决定性的胜利以后，在他们的立场和我们的立场比以前更接近以后，他们可以给我们的帮助只有越来越多。”[①]2005年出台的《中共中央关于进一步加强中国共产党领导的多党合作和政治协商制度建设的意见》以及2007年《中国政党制度白皮书》都明确了民主党派作为政协参与方的参政议政、合作协商作用。2015年出台的《中国共产党统一战线工作条例》将民主党派的基本职能明确规定为：“参政议政、民主监督，参加中国共产党领导的政治协商。”[②]

民主党派协商是政协协商的重要力量，是人民政协最重要的参与方。人民政协最初由各方代表组成，其中最主要的是各民主党派的代表。这表现在：第一，人民政协代表几乎涵盖了各个阶层，都是各个阶层的精英和代表人士，特别是新兴阶层；第二，人民政协代表来自

① 张启华、张树军：《中国共产党思想理论发展史（下卷）》，人民出版社2011年版，第1079页。

② 国家行政学院政治学部：《中国共产党党内重要法规》，人民出版社2016年版，第102页。

各个行业，代表中有工业、农业、新闻出版业、商业等各种行业，这些不同阶层和行业的政协委员具有代表性强、联系面广、包容性大的优势。他们不仅联系着身边众多的群众，还反映着各方面的意见建议。在基层社会治理中，政协界别与基层社会治理多元性相耦合。政协界别的广泛性和专业化，以及界别间的协调融合机制，有利于整合基层社会治理的各类资源，激发基层社会治理的强大合力，促进基层难点问题的解决。

民主党派是现代政党型团体，相比其他社会团体，民主党派具有组织机构、行动纲领、政治地位方面的独特优势，且民主党派所代表和所联系的也多是各领域专家学者和知识精英。政党是影响现代政治生活的重要角色、重要力量，在参与人民政协的各成分中，中国共产党处于执政地位，而相比其他社会团体以及相对分散的委员个人，民主党派天然的组织机构优势、行动纲领优势、政治地位优势使得民主党派有能力也有机会负担起民主协商的职责。可以看到，人民政协与民主党派是互相依存的关系，人民政协为民主党派提供了建言献策、参政议政、民主监督的平台。而民主党派也可以从他们所联系阶层的合法利益和合理要求中，提出更多更有价值的建设性意见，民主党派作为人民政协最具代表性的主体，也就理所应当地构成人民政协开展政治协商的最主要力量。发挥民主党派在人民民主协商制度中的组织优势，需要广泛吸纳民主党派成员进入政协组织，搭建合理、畅通的民主党派协商渠道，鼓励各民主党派积极、自主的建言献策，在结合人民政协统一战线职能的基础上，将各党派参政议政职能落到实处。

在中国的协商民主制度发展过程中，民主党派协商和政协协商依据事实、遵循法理、直击现实问题的监督格局，仍有待完善。“统一战线工作做得好不好，要看交到的朋友多不多、合格不合格、够不够铁。交朋友的面要广，朋友越多越好，特别是要交一些能说心里话的挚友诤友"[①]，当前民主党派和党外人士囿于所拥有的资源、所从事的职位、所得到的信息，存在不想、不愿、不敢、不能参政议政，或个人化、碎片化、随意化的现象。使得作为政协重要参与方的各民主党派未能发挥出应有的功效，并最终影响着人民政协政治协商职能的履行成效。针对此类现象，要努力扩大人民政协中的民主党派队伍，使民主党派在人民政协的协商规模中占有足够的分量，为民主党派建言献策、参政议政提供扎实的人力保障；要充分调动各民主党派参政议政积极性，鼓励各民主党派积极承担协商义务；要督促、协助各民主党派政协委员的人员培养工作，定期展开政治思想培训，在保证各民主党派政协委员政治方向正确的同时，提升人员质量并最终落实到提案质量的提升上来。可以说，无论是直接进行政党之间的互相监督，还是在政协平台上发挥民主协商主体作用，都需要充分发挥民主党派的组织优势，都需要补上党外干部培养和使用这块短板。

（三）平台优势：协商渠道

从政道意义上说，民主的关键是政府在多大程度上回应人民的需求，最大程度地回应人民需求客观上需要畅通的渠道。长期以来，人们大都认为民主选举是反映民意的重要渠道，客观上忽视了民主参与、民主监督的重要作用。实际上，在重大决策过程中的民主参与、民主监督，更能够有效反映民意。这是因为民主选举具有周期性，而决策则跟人民的利益密切相关。只有在决策制定和决策执行过程中的民主参与和监督，才能够更好地反映民意，保障人民的切身利益。

人民政协制度的设计初衷，就是通过这一制度，来实现"下情上达"和"上情下达"的渠道更加畅通。

① 中共中央宣传部：《习近平新时代中国特色社会主义思想学习纲要》，学习出版社、人民出版社2019年版，第136页。

第一，人民政协可以通过其界别优势，广泛收集和整理不同阶层、不同领域对于基层社会治理决策和执行过程中的意见和建议，能够将社会中的不同诉求汇集转达给党委、政府，从而提高社会治理决策的科学性、民主性。

第二，人民政协也可以聚焦党和国家的中心任务，围绕统筹推进“五位一体”总体布局，协调推进“四个全面”战略布局，在解决基层社会发展不平衡、不充分问题上作出应有的贡献，以实现人民对美好生活的向往。人民政协积极发挥政治引领的职责，可以为中央大政方针和各级党委、政府决策贯彻实施做宣传解释和监督工作，从而保证党委政府各项方针政策能够得到广大群众的理解和支持，继而将社会主义制度优势转化为治理效能。

第三，随着时代的发展与科技的进步，政协平台的建设也在朝着科技智慧的方向不断迈进。正如习近平总书记在庆祝中国人民政治协商会议成立65周年大会上所强调的那样，人民政协要“探索网络议政、远程协商等新形式，提高协商实效”。而在没有设立政协机构的社区与街道中，协商民主的平台建设可以充当“基层政协”的作用，利用民主协商会、政协委员进基层、议事平台搭建等渠道与平台满足一线协商的需求。这其中，基层党委要主动压担子、交任务，主动放权，把协商平台的建设交由政协来做。同时，依托委员工作站，建立协商议事会，可以有固定场所，也可以是一种协商议事的机制。尽管目前基层的协商平台建设过程中出现了结构松散、“各自为政”、上下级之间缺乏沟通等不足，但可以被视为平台发展所必经的阵痛。平台存在与发展的价值在于为各方利益需求的发生提供一个齐聚一堂的“议事厅”，无论是线上议事或线下激烈的讨论，统一的平台能够有利于各主体真知灼见的交流碰撞，真正实现求同存异局面的出现与改进。当然，协商平台在今后的发展中应当着重关注效率与结构问题，避免华而不实、协商平台变为“吵架”平台的问题，最终发挥协商民主的平台优势。

（四）人才优势：协商保障

根据《中国人民政治协商会议章程》中的规定，政协委员的来源包括中国共产党、各民主党派、无党派爱国人士、人民团体、各少数民族和各界代表、台湾同胞、港澳同胞和归国侨胞的代表以及其他特邀人士，在广泛代表性的基础上不失精英能力。同时，政协党派如民革、民盟、九三学社等的成员均由各领域的精英人士组成，还可以邀请法律、科技等专业人士代表发表意见。对于各自领域的理论与实际问题研究具有扎实的基础与深入的见解，相比党政部门，政协有着专门的工作力量，专门从事协商的委员队伍，具备足够的时间与精力完成协商工作。所递交的提案与日常的建言献策能够对各层级的治理问题有所广益，充分发挥智库的价值与作用。

（五）经验优势：协商基础

有学者将我国70年以来的协商民主实践历程划分为三个时期，即新中国成立到改革开放前夕的起步探索阶段，改革开放新时期的稳固发展阶段，以及新时代以来的不断拓展深化阶段。

在新中国成立初期，就是通过与各民主党派的政治协商制定了具有临时宪法性质的《中国人民政治协商会议共同纲领》，为中华人民共和国的成立奠定了法理基础。这段历史表明，政协协商具有鲜明的中国特色。与西方国家竞争选举历史不同，中国政治文化更偏重协商。历史制度主义理论告诉我们，人们的思想和行动受传统文化的影响，具有路径依赖性。因此，任何一个国家的政治民主形式和路径不能照搬他国经验，必须尊重历史传统。从这一意义上说，政协协商的历史决定了人民政协在社会主义民主政治建设中的地位和作用。

我国改革开放40多年的民主政治建设表明，坚持和完善中国特色社会主义协商民主制度的选择是正确的，是适合中国国情、符合中国政治文化传统的制度设计。人民政协协商民主的内涵由单一的爱国统一战线扩展为统战、政协与社会民主的“三位一体”；其地位由一开始的一种政治力量，提升为与中国共产党“长期共存，互相监督，肝胆相照，荣辱与共”的参政机构；其制度化水平伴随着中国共产党领导的多党合作和政治协商制度的修订，得到不断的完善；其实践领域在各个层面、各个领域的广泛开展，各种实践创新也不断涌现。在基层的协商实践历程正是协商民主经验积累与创新的典型，比如，甘肃省从2018年先试点后全面推开的政协协商参与基层治理的实践，北京市朝阳区坚持了13年之久的“政协委员进社区”活动，浙江杭州市湖滨街道打造“湖滨晴雨”民情民意工作室等，均为协商民主实践经验优势的集中体现。这一系列行之有效的做法与经验，为协商民主推进基层治理积累了宝贵的智慧，更是推进国家治理体系和治理能力现代化的重要实践基础。

人民政协在70多年的协商实践中，积累了宝贵经验：加强党对人民政协工作的领导、准确把握人民政协性质定位、发挥好人民政协专门协商机构作用、坚持和完善我国新型政党制度、广泛凝聚人心和力量、聚焦党和国家中心任务履职尽责、坚持人民政协为人民、以改革创新精神推进履职能力建设。正是这些宝贵经验，政协协商成为实现党的领导的重要方式，人民政协成为协商民主的重要渠道和专门协商机构。因此，人民政协需要将协商贯穿于履行职能的全过程，进一步总结和把握协商规律，切实加强和完善协商制度建设，不断丰富协商形式，提高人民政协协商民主制度化、规范化、程序化水平。

（六）共识优势：凝聚共识

人是目的性存在。这就是说人类的行为基于特定的目标。只有共识性目标才能有共同的行动。随着经济社会的发展，我国社会异质性程度逐渐增加。社会异质性客观上要求加强社会共识，只有凝聚广泛的社会共识，才能实现社会主义的伟大事业和伟大梦想。

政协协商在凝聚共识方面具有独特优势。组织化、制度化程度最高，历史最悠久的当属以人民政协为渠道开展的协商民主。中国特色社会主义民主的优势需要通过人民代表大会制度和政治协商制度来实现。习近平总书记在中国人民政治协商会议成立65周年大会上的重要讲话，也阐释了政协协商的要义和方式。一方面，我们需要凝聚共识，“找到全社会意愿和要求的最大公约数”；另一方面，需要通过协商民主凝聚共识。在最大程度凝聚共识方面，政协协商民主具有独特优势。这种优势集中体现在代表性优势、渠道优势和经验优势。

（七）公信力优势：协商保证

全国政协主席汪洋2018年在人民政协报社调研时强调，要提升政协新闻舆论引导力、影响力、公信力。人民政协能够通过协商民主的实践模式推进基层治理现代化建设的一大核心优势在于政协自身较高的公信力，这一点以其始终坚持党的领导、机构的监督与建言献策定位、丰富的经验智慧库与成员的文化素质水平为保障。其中，坚持党的领导，既是我国的制度性质使然，也是做好政协工作的根本保证。只有坚持党的领导，才能得到各级党委的信任和支持，才能更加有效地开展协商，从而守住政协协商的政治底线。不仅如此，政协的监督还能够有效提升政府与司法检察机关的公信力，表明其自身公信力还具有较强的辐射与带动作用。在面对纷繁复杂的基层治理问题时，坚实的口碑与公信力优势能够为协商民主在一线的展开提供便利，获得群众、社会组织等治理主体对这种形式的认同，进而减少多元力量协调与整合过程中的阻力，保障并促进基层治理中共商共建共享的水平。

综上所述，政协协商在坚持和完善中国特色社会主义民主中具有重要的地位，发挥着不可替代的作用。在新的历史方位下，继续发挥政协协商的这些独特优势也是中国特色社会主义全过程民主的需要，这就要求在协商民主实践过程中不断完善政协协商制度优势，为政协协商参与基层治理积累丰富的实践智慧，树立坚实的口碑，使得协商民主能够应对种种多变的问题，从而在一线更为顺畅地展开，最终发挥好中国特色社会主义民主制度治理效能。

第二节　政协协商是完善新型政党制度的必然选择

习近平总书记指出，中国共产党领导的多党合作和政治协商制度作为我国一项基本政治制度，是中国共产党、中国人民和各民主党派、无党派人士的伟大政治创造，是从中国土壤中生长出来的新型政党制度。新型政党制度是中国特色社会主义制度的重要组成部分，政治协商恰恰是新型政党制度一以贯之的优良传统。人民政协因政党协商而产生，又因政党协商、界别协商的新情况、新挑战而发展。因此，在新时代背景下将协商作为人民政协的主责主业，是中国特色社会主义制度安排的必然要求。

一、新型政党制度概念的提出

新型政党制度，就是指中国共产党领导的多党合作和政治协商制度。习近平总书记指出，这一制度是中国共产党、中国人民和各民主党派、无党派人士的伟大政治创造，是从中国土壤中生长出来的新型政党制度。这里有两个关键词，一是“政治创造”，表明这一制度前无古人，是全新的、开创性的；一是“中国土壤”，表明这一制度不是舶来品，而是土生土长的、独具中国特色的。[①]

① 雷春芳:《中国土壤生长的“伟大政治创造”——学习习近平总书记关于新型政党制度的重要论述》,《求是》2019年第7期，第74页。

（一）从创立过程看

新型政党制度是近代以来中国人民在寻求民族独立和解放、追求人民民主的伟大实践中逐步探索形成的，是中国共产党与各民主党派、无党派人士的共同选择和创新的制度成果，经受了历史和实践的检验。早在抗日战争时期，中国共产党同各民主党派、无党派人士就团结合作，在抗日根据地实行“三三制”原则，结成最广泛的抗日民族统一战线。解放战争时期，为反对国民党的独裁统治，中国共产党又同各民主党派、无党派人士结成包括工人阶级、农民阶级、小资产阶级和民族资产阶级的人民民主统一战线。特别是1948年“五一”劳动节前夕，中国共产党郑重发表“五一口号”，提出成立民主联合政府的倡议，得到各民主党派和无党派人士、各人民团体和各族各界人士积极响应和拥护。这标志着各民主党派和无党派人士公开自觉接受中国共产党的领导，开启了新型政党制度建设的历史新篇章。1949年9月，中国人民政治协商会议第一届全体会议隆重召开，中国共产党领导的多党合作和政治协商制度正式建立，中国人民创造性地走出了一条不同于西方两党制、多党制，也不同于苏联政党制度的全新政党制度。

（二）从文化传承看

新型政党制度充分体现了中国传统文化中天下为公、兼容并蓄、求同存异等独特价值观念和政治理念，传承了中华优秀传统文化基因，有深厚的历史渊源。比如，古人在宇宙秩序上讲求“万物并育而不相害，道并行而不相悖”；在为人处世上讲究“执两用中”“和而不同”；在艺术审美上强调“八音克谐”“五色调和”；在治国理政上总结出了“谋及庶人”“询于刍荛”“议事以制，政乃不迷”等重要经验。我国新型政党制度充分吸收了这些传统理念所蕴含的合理价值。

政党制度是现代政治文明的核心制度，是一个国家政治制度的支柱之一。一个国家实行什么样的政党制度，则是由该国国情所决定的。

习近平总书记指出："中国特色社会主义政治发展道路，是近代以来中国人民长期奋斗历史逻辑、理论逻辑、实践逻辑的必然结果。"这一论断包括了我国的政党制度。[①]

1840年鸦片战争后，中国逐步沦为半殖民地半封建社会。帝国主义和封建主义互相勾结，阻碍着中国社会的发展，而民族资产阶级及其政党由于先天的软弱性，不可能完成反帝反封建的任务。辛亥革命后，中国尝试过君主立宪制、议会制、多党制、总统制等各种形式，都没能找到正确答案。1921年中国共产党登上历史舞台，把马克思列宁主义同中国实际相结合，建立了广泛的统一战线。在旧中国，帝国主义、封建主义和官僚资本主义的力量异常强大，而革命的力量特别是无产阶级的力量比较薄弱。中国共产党只有联合一切可以联合的力量，组成最广泛的统一战线，才能取得革命的胜利。与此同时，以民族资产阶级、城市小资产阶级及其知识分子为阶级基础形成的各民主党派，其政治主张是反对帝国主义侵略，要求国家独立，要求政治民主，反对国民党一党独裁。这种政治主张符合中国共产党新民主主义革命纲领，使得多党合作有了共同的政治基础。1948年，中共中央发布"五一口号"，各民主党派和无党派人士热烈响应。1949年9月，中国人民政治协商会议第一届全体会议召开，标志着100多年来中国人民争取民族独立和人民解放运动取得了历史性伟大胜利，标志着爱国统一战线和全国人民大团结在组织上完全形成，标志着中国共产党领导的多党合作和政治协商制度正式确立。1956年，社会主义改造基本完成，根据国内阶级状况的深刻变化，我们党提出"长期共存、互相监督"的八字方针，明确共产党存在多久，民主党派就存在多久，共产党可以监督

① 张庆黎：《坚持和完善中国共产党领导的多党合作和政治协商制度》，《人民日报》2019年11月25日。

民主党派，民主党派也可以监督共产党，由于共产党居于领导、执政地位，主要是民主党派监督共产党。社会主义条件下中国多党合作的基本格局进一步确立。

改革开放后，我们党明确多党合作和政治协商是我国政治制度的一个鲜明特点和优势，提出“长期共存、互相监督、肝胆相照、荣辱与共”方针，印发关于坚持和完善中国共产党领导的多党合作和政治协商制度的意见，将“中国共产党领导的多党合作和政治协商制度将长期存在和发展”载入宪法，坚持和完善中国共产党领导的多党合作和政治协商制度成为中国特色社会主义理论和实践的重要组成部分。进入新世纪，我们党先后印发关于进一步加强中国共产党领导的多党合作和政治协商制度建设的意见、加强人民政协工作的意见、巩固和壮大新世纪新阶段统一战线的意见，中国共产党领导的多党合作和政治协商制度进一步规范化和程序化。

党的十八大以来，以习近平同志为核心的党中央，加强对多党合作事业的全面领导，作出一系列重大决策部署，召开中央统一战线工作会议、中央政协工作会议等，印发关于加强社会主义协商民主建设的意见、加强人民政协协商民主建设的实施意见、统一战线工作条例（试行）、加强政党协商的实施意见、加强中国特色社会主义参政党建设的意见、新时代加强和改进人民政协工作的意见等重要文件，党的十九大把坚持和完善中国共产党领导的多党合作和政治协商制度纳入党的基本方略。习近平总书记就坚持和完善我国政党制度发表一系列重要论述，作出“新型政党制度”的重大政治论断和理论概括，为新时代多党合作事业发展指明了前进方向、提供了根本遵循。

实践证明，中国共产党领导的多党合作和政治协商制度作为我国的一项基本政治制度，是中国共产党和中国人民的伟大政治创造，是从中国的社会土壤中生长出来的新型政党制度，必须长期坚持、不断发展。

二、新型政党制度的内容、特色与优势

新型政党制度的基本内容是新型政党制度的基础，也是体现人民政协地位和作用的载体与平台。因此，论证协商作为人民政协主责主业的必要性和合理性，必须简要概括新型政党制度的基本内容和优势。

（一）新型政党制度的内容

2018年全国两会上，习近平总书记提出新型政党制度的概念。当代中国的政党制度，即中国共产党领导的多党合作与政治协商制度，与西方国家既有的政党之间相互竞争，通过定期的议会选举或总统选举上台轮流执政明显不同。中国共产党长期执政、全面领导，各民主党派与中国共产党通力合作、参政议政，构成我国政党制度的核心内容和显著特征。

《中共中央关于坚持和完善中国特色社会主义制度、推进国家治理体系和治理能力现代化若干重大问题的决定》提出：加强中国特色社会主义政党制度建设，健全相互监督特别是中国共产党自觉接受监督、对重大决策部署贯彻落实情况实施专项监督等机制，完善民主党派中央直接向中共中央提出建议制度，完善支持民主党派和无党派人士履行职能方法，展现我国新型政党制度优势。发挥人民政协作为政治组织和民主形式的效能，提高政治协商、民主监督、参政议政水平，更好凝聚共识。

（二）新型政党制度的特色

习近平总书记用3个“新就新在”和“有效避免”，深刻阐述了新型政党制度“新”在何处。究其根本，这种“新”主要是因为这一制度有着不同于旧式政党制度的鲜明特色。

1.根本利益的一致性。新型政党制度之所以被称为“新型”，在于它尊重差异、包容多样，重视各阶层人民的不同利益和要求，坚持

全国人民根本利益与各阶层人民具体利益的统一。中国共产党的宗旨是全心全意为人民服务，初心和使命是为中国人民谋幸福、为中华民族谋复兴。各民主党派、无党派人士虽然代表不同社会阶层和社会群体的具体利益，但这是人民内部根本利益一致基础上的具体利益差别。他们放弃“第三条道路”，选择同共产党团结合作，看到并认同中国共产党的宗旨、初心和使命。1949年1月22日，到达解放区的55名民主人士联名发表《我们对于时局的意见》，鲜明提出“要创造一个人民做主人的自由的生活方式和尽可能地高度的生活水准”“做人民民主共和国的真正的主人”。这种根本利益的一致性，是新型政党制度成功实践的前提和基础。正如习近平总书记所指出的，新型政党制度能够真实、广泛、持久代表和实现最广大人民根本利益、全国各族各界根本利益，有效避免了旧式政党制度代表少数人、少数利益集团的弊端。

2.奋斗目标的同向性。在新型政党制度下，各民主党派是参政党，而不是反对党或在野党；与中国共产党是参政党与执政党在国家政治生活中亲密团结、合作共事的关系，而不是多党竞争、互为对手，其中一个重要原因，就是因为奋斗目标具有同向性。1948年，中共中央“五一口号”明确提出：“全国劳动人民团结起来，联合全国知识分子、自由资产阶级、各民主党派、社会贤达和其他爱国分子，巩固与扩大反对帝国主义、反对封建主义、反对官僚资本主义的统一战线，为着打倒蒋介石，建立新中国而共同奋斗。”各民主党派和无党派人士立即表达了希望“中国人民民主革命之迅速成功，独立、自由、和平、幸福的新中国之早日实现”的良好愿望。在长期的革命、建设、改革实践中，各民主党派始终与中国共产党肝胆相照、荣辱与共，认真履行参政议政、民主监督，参加中国共产党领导的政治协商的基本职能，朝着共同的奋斗目标风雨同舟、同向同行。这种奋斗目标的同向性，是新型政党制度良性运行的关键所在，也是各民主党派和无党派人士能够成为中国共产党的好参谋、好帮手、好同事的重要保证。正如习近平总书记所指出的，新型政党制度把各个政党和无党派人士紧密团结起来、为着共同目标而奋斗，有效避免了一党缺乏监督或者多党轮流坐庄、恶性竞争的弊端。

3.运行模式的民主性。我国新型政党制度的一个显著优势，就是能够博采众谋、集思广益，能够发扬民主、凝聚共识。1945年7月，毛泽东同志在同民主人士黄炎培先生讨论历史周期律问题时指出，我们已经找到新路，我们能跳出这周期律，这条新路，就是民主。习近平总书记在2017年春节前夕与党外人士新春座谈时的重要讲话中，用两句古语形象地表达了这种民主氛围，即“虚心公听，言无逆逊，唯是之从”，这是执政党应有的胸襟；“凡议国事，惟论是非，不徇好恶”，这是参政党应有的担当。长期以来，中国共产党坚持向民主党派等党外人士通报有关会议精神、就国家政治经济社会等各领域重大问题征求他们的意见，已成为一个优良传统。全国政协目前已形成以全体会议为龙头，以专题议政性常委会议和专题协商会为重点，以双周协商座谈会、对口协商会、提案办理协商会等为常态的协商议政格局。党的十八大以来，各民主党派向中共中央、国务院报送意见建议近600条；全国政协委员、政协各参加单位和各专门委员会，提出提案3.4万多件，立案2.8万多件，办复率达99%以上。可以说，正因为运行模式的民主性，新型政党制度使“众人的事情由众人商量”真正变成了现实。正如习近平总书记所指出的，它通过制度化、程序化、规范化的安排集中各种意见和建议、推动决策科学化民主化，有效避免了旧式政党制度囿于党派利益、阶级利益、区域和集团利益决策施政导致社会撕裂的弊端。

（三）新型政党制度的优势

1.新型政党制度具有广泛的代表性。新型政党制度，新在它是马克思主义政党理论同中国实际相结合的产物，能够真实、广泛、持久代表和实现最广大人民根本利益、全国各族各界根本利益，有效避免了旧式政党制度代表少数人、少数利益集团的弊端。

2.新型政党制度具有高度的整合性。新型政党制度新在它能够把各个政党、无党派人士、各界人士紧密团结起来，通过一系列协商制度、形式和程序征求各方面意见，在协商过程中体现理性，从理性协商中凝聚共识，并将这种共识作为共同奋斗的目标。同时，新型政党制度的整合性能够有效避免西方国家多党轮流坐庄、恶性竞争的弊端，体现了人民的整体意志，而不是少数阶层的意志，能够有效地求同存异，聚同化异，画出最大的同心圆，最大程度地实现人民意愿的最大公约数。

3.新型政党制度具有严格的规范性。新型政党制度新在其通过制度化、程序化、规范化的制度安排征求并集中各种意见和建议，继而推动并实现重大决策的科学化和民主化。这种制度优势有：一是通过规范性能够有效避免旧式政党制度囿于某个党派利益、阶级利益、区域和集团利益决策施政的情况。新型政党制度通过规范性的制度安排，能够有效避免因决策施政导致社会撕裂的弊端。二是通过规范性使政党政治行为具有法理依据。现代社会是法治社会，政党政治必须在法律和制度框架下运行，可以说新型政党制度的规范性是法治国家的必然要求。三是通过制度规范性保障政党政治的公共性和包容性。中国传统政治文化一贯倡导天下为公、兼容并蓄、求同存异，这是中国传统政治文化对人类政治文明的重大贡献。新型政党制度通过规范性的制度安排，保障了各界人士参与政治的合法地位和途径。

（四）新型政党制度的意义

习近平总书记指出，新型政党制度不仅符合当代中国实际，而且符合中华民族一贯倡导的天下为公、兼容并蓄、求同存异等优秀传统文化，是对人类政治文明的重大贡献。对其重要意义，可以从4个方面理解。

1.我国政治制度的鲜明特色。2018年，习近平总书记在全国政协十三届一次会议上参加委员联组讨论时发表的重要讲话，精辟阐述了我国新型政党制度的独特优势和鲜明特色，深刻揭示了我国“共产党领导、多党派合作，共产党执政、多党派参政”的政党制度与西方多党制、两党制的本质区别，概括起来就是“三个新”和“三个有效避免”。

（1）我国新型政党制度，新就新在它是马克思主义政党理论同中国实际相结合的产物，能够真实、广泛、持久代表和实现最广大人民根本利益、全国各族各界根本利益，有效避免了旧式政党制度代表少数人、少数利益集团的弊端。马克思主义认为，政党是阶级的组织，代表一定阶级的利益。西方的政党制度建立在生产资料私有制基础上，无论是两党制还是多党制，哪个政党上台执政都不可能代表全体人民的意愿和利益。中国共产党的宗旨是全心全意为人民服务，党的初心和使命是为中国人民谋幸福、为中华民族谋复兴，党除了工人阶级和最广大人民群众的利益，没有自己特殊的利益。民主党派和无党派人士，反映和代表各自所联系群众的具体利益和要求。中国共产党在同民主党派和无党派人士合作中，始终坚持照顾同盟者的具体利益，通过畅通利益表达渠道、广泛凝聚共识，通过制定方针政策、法律法规和相应措施，保障他们及所联系群众的权益，能够最大限度满足社会各方面利益诉求。

（2）我国新型政党制度，新就新在它把各个政党和无党派人士紧密团结起来、为着共同目标而奋斗，有效避免了一党缺乏监督或者多党轮流坐庄、恶性竞争的弊端。西方两党制和多党制以不同政治利益集团通过选举和竞争掌握权力为基本特点，决定了政党之间必然要为争取选民而相互争权夺利、彼此排斥倾轧。我国新型政党制度的基本特征是，共产党领导、多党派合作，共产党执政、多党派参政。中国共产党同各民主党派和无党派人士的合作是建立在共同思想政治基础之上的，在今天，这个共同思想政治基础就是坚持和发展中国特色社会主义。各民主党派在同中国共产党团结奋斗的历程中，切实认识到只有坚持中国共产党的领导，才能建设富强民主文明和谐美丽的社会主义现代化强国，才能实现中华民族伟大复兴的中国梦。

（3）我国新型政党制度，新就新在它通过制度化、程序化、规范化的安排集中各种意见和建议、推动决策科学化民主化，有效避免了旧式政党制度囿于党派利益、阶级利益、区域和集团利益决策施政导致社会撕裂的弊端。在西方，政党追求选票最大化，利益集团追求利益最大化，形成否决型政体，甚至前任建房、后任拆梁，造成选民之间的矛盾冲突，带来社会撕裂。我国新型政党制度，与我国是工人阶级领导的、以工农联盟为基础的人民民主专政的社会主义国家的国体相适应，既坚持中国共产党的领导，又发挥各方面的积极作用；既坚持人民主体地位，又贯彻民主集中制；既坚持人民民主的原则，又贯彻团结和谐的要求，实现了集中领导和发扬民主的有机统一。通过有事好商量、众人的事情由众人商量，把协商民主贯穿于决策之前和决策实施之中，有利于广泛达成决策和工作的最大共识，广泛畅通各种利益要求和诉求进入决策程序的渠道，广泛形成人民群众参与各层次管理和治理的机制，广泛凝聚团结奋斗的智慧和力量。

2.中国奇迹背后的制度密码。习近平总书记强调，新型政党制度作为我国的一项基本政治制度，不仅符合当代中国实际，而且符合中华民族一贯倡导的天下为公、兼容并蓄、求同存异等优秀传统文化，是对人类政治文明的重大贡献。新中国成立以来特别是改革开放以来，我国经济社会持续快速发展，取得举世瞩目的成就，被国际社会称为

“中国奇迹”。奇迹的背后，正是中国独特的政治制度在发挥重要作用，新型政党制度就是其中一个重要“密码”。因为在新型政党制度实践中，中国共产党同各民主党派和无党派人士“心往一处想、智往一处谋、劲往一处使”，能够把各方面力量广泛凝聚起来，形成推动经济社会发展的强大合力。

3.实现民族复兴的制度保障。实现中华民族伟大复兴是近代以来中华民族最伟大的梦想，但这一任务极其艰巨繁重，光靠中国共产党“千里走单骑”是不行的，必须凝聚各方面智慧和力量共同奋斗。新型政党制度始终坚持团结和民主两大主题，始终致力于大团结大联合，是凝聚各方面智慧和力量的制度设计，能够最大限度地凝聚人心、凝聚共识、凝聚智慧、凝聚力量，汇聚起同心共筑中国梦的磅礴伟力。

4.政党制度发展的中国方案。如果说政党制度是国家政权和民主政治的“操作系统”，那么，我国新型政党制度就是中国特色社会主义政治制度良性运转的重要“操作系统”之一。它的运转过程，是发扬民主、集思广益的过程，是统一思想、凝聚共识的过程，也是科学决策、民主决策的过程。这一制度设计，杜绝了西方“金钱政治”“寡头政治”“政客政治”的乱象，避免了“你方唱罢我登场”、不同政党对着干的闹剧，充分彰显中国智慧，为世界政党制度发展提供了中国方案。

三、新型政党制度的完善需要加强政协协商

人民政协的性质与中国新型政党制度的内在要求高度一致，特别是支撑中国新型政党制度的三个支柱与人民政协密切相关。顾名思义，中国共产党领导的多党合作和政治协商制度有三个核心关键词。其一，中国共产党的领导；其二，多党合作；其三，政治协商。如果说中国新型政党制度是一座精心构筑的政党制度大厦的话，中国共产党的领导、

多党合作和政治协商就是这座政党制度大厦的三个最重要的支柱。[1]加强中国新型政党制度建设，必须充分认识和正确把握人民政协作为中国新型政党制度的重要支撑力量。

（一）人民政协是实现党的领导的重要方式

中国新型政党制度的第一个支柱是坚持中国共产党的领导。协商民主是实现党的领导的重要方式，是我国社会主义民主政治的特有形式和独特优势。人民政协作为社会主义协商民主的重要渠道和专门协商机构，也就必然成为党的领导的重要实现方式。

坚持党的领导，是中国特色社会主义最本质的特征，也是人民政协必须恪守的根本政治原则。习近平总书记在庆祝中国人民政治协商会议成立65周年大会上的讲话中，系统总结了人民政协的历史经验，首要一条就是必须坚持中国共产党的领导。中共中央办公厅印发的《关于加强新时代人民政协党的建设工作的若干意见》指出："中国共产党领导是中国特色社会主义最本质的特征，也是人民政协这一制度安排和政治组织最本质的特征。在政协各级组织和各项活动中，党是居于领导地位的，坚持中国共产党领导是人民政协必须恪守的根本政治原则。"

党的十九大报告指出，"中国特色社会主义最本质的特征是中国共产党的领导，中国特色社会主义制度的最大优势是中国共产党的领导"。在实践中，党的全面领导不是空谈，需要各种有效的途径。人民政协可以直接嵌入党的领导制度体系之中。[2]人民政协作为多党合作和政治协商的专门机构，将协商作为人民政协的中心环节，在实现党的全面领导方面通过搭建政党协商的平台，能够有力发挥政治引领作用，

① 虞崇胜：《人民政协是新型政党制度的重要支撑力量》，《人民政协报》2019年7月31日。

② 许忠明：《人民政协与党的领导的契合机制探讨》，《当代世界社会主义问题》2019年第4期，第76—82页。

成为党的领导的重要实现形式。

新时代坚持党对人民政协的领导，必须准确把握人民政协性质定位，充分发挥好人民政协作为党的领导的重要实现方式的作用，保证党的理论和路线方针政策贯彻落实。在中国新型政党制度中，处于领导核心地位的中国共产党，就事关国计民生的重大问题在决策前和决策执行中，除了同各民主党派、无党派人士直接协商外，还在人民政协这个最广泛的爱国统一战线组织中，同社会各界人士广泛协商，通过制度化、程序化、规范化的运行机制集中各种意见和建议，实现决策的民主化和科学化。

在中国特色社会主义新时代，各级人民政协必须明确政治站位，恪守党的领导的政治原则，积极有为地开展工作，使人民政协真正成为党的领导的重要实现方式。要坚持全面从严治党，落实管党治党责任，把政协党组织和党员队伍建设好；要坚持民主集中制，确保政协党组织的活力和党的团结统一；要坚持政协党组发挥领导核心作用与政协组织依照法律和政协章程履行职责相统一，把党的主张通过民主程序转化为政协组织的决定，更加广泛地凝聚共识、凝聚力量；要坚持从实际出发，突出政协特色，积极探索创新，以党的建设推进新时代人民政协事业发展。

（二）人民政协是多党合作的重要平台

中国新型政党制度的第二个支柱是多党合作。在中国政党制度体系中，除了执政的中国共产党外，还有八个民主党派作为参政党。多党合作是中国新型政党制度的重要优势。

人民政协作为爱国统一战线组织，具有极大的包容性。在长达70多年的岁月中，随着形势和任务的不断发展，人民政协的阵容和规模也相应扩大，一些原来没有参加到人民政协的社会阶层、群体和人士也参加进来，为新型政党制度的发展扩大了群众基础。

改革开放以来，根据形势的发展，人民政协的参加界别已由原来的29个增加到34个。全国政协十三届一次会议通过的政协章程，进一步将爱国统一战线表述为：中国共产党领导的、以工农联盟为基础的，有各民主党派、无党派人士、人民团体、少数民族人士和各界爱国人士参加的，由全体社会主义劳动者、社会主义事业的建设者、拥护社会主义的爱国者、拥护祖国统一和致力于中华民族伟大复兴的爱国者组成的，包括香港特别行政区同胞、澳门特别行政区同胞、台湾同胞和海外侨胞在内的最广泛的爱国统一战线。

在人民当家作主的制度和形式中，人民政协在发展社会主义协商民主、巩固和发展最广泛的爱国统一战线、扩大人民群众有序政治参与、保证人民广泛参加国家治理和社会治理方面发挥着独特作用。在中国特色社会主义新时代，要更加注重借助人民政协制度平台，充分发挥新型政党制度的作用。其一，要高举爱国主义、社会主义旗帜，坚持大团结大联合，正确处理一致性和多样性的关系，在坚持一致性中尊重多样性，在包容多样性中寻求一致性，在参加人民政协的各党派团体和各族各界人士中，不断增进对中国特色社会主义的最大共识度；其二，在人民政协组织中的中共党员要与民主党派人士，多交朋友、交挚友、交诤友，把更多的人紧密团结在中国共产党的周围；其三，要按照习近平总书记“有事多商量、有事好商量、有事会商量”的要求，把协商民主贯穿履职全过程，贯穿在与民主党派人士合作共事全过程；其四，要注意弘扬社会主义协商民主文化，创造协商民主的良好环境和氛围，让各民主党派和无党派人士中的政协委员求真务实的行为受到褒扬，求真务实的意见得到重视，使求真务实在人民政协蔚然成风，使海内外中华儿女都乐于在人民政协的制度平台上为实现中华民族伟大复兴贡献智慧和力量。

（三）人民政协是政治协商的重要载体

中国新型政党制度第三个支柱是政治协商。政治协商既是中国新型政党制度的重要特色，也是区别于以“竞争”为目的的政党制度的重要标志。

政治协商是人民政协三大主要职能之一，不断完善和推动政治协商，既是坚持和完善中国特色社会主义民主政治的要求，也是推进国家治理体系和治理能力现代化的需要。人民政协作为专门协商机构，客观上需要创新政协协商来发挥政治协商的积极作用。这就需要创新政协协商的内容、形式、规则和成果转化，将协商贯穿政协工作的全过程，最大程度地凝聚共识。

做好政治协商，需要有相应的组织载体。人民政协以宪法、政协章程和相关政策为依据，集协商、监督、参与、合作于一体，是各党派团体和各族各界人士发扬民主、参与国是、团结合作的重要平台，是适合中国国情、具有鲜明中国特色的制度安排。

人民政协创建本身，就是各种政治力量用民主协商的办法共同决定国家命运的典范。无论是协商建国、协商经济社会发展，还是协商改革开放和中华民族复兴大业，人民政协都发挥着其他政治组织不可替代的作用。可以说，人民政协为协商而创建，在协商中诞生，在协商中发展。

对中国共产党而言，通过人民政协的平台与民主党派及其他社会各界人士开展广泛协商，以达到吸纳精英、凝聚共识、优化决策、动员社会、协调关系、整合利益的目的。对民主党派而言，人民政协是其制度化参与国家政治生活的重要渠道。中国共产党与各民主党派在人民政协这个平台上开展协商、实施监督、精诚团结、通力合作，共同演奏出中国新型政党制度的华美乐章。

在中国特色社会主义新时代，加强中国新型政党制度建设，必须充分认识和把握人民政协是新型政党制度的重要支撑力量，发挥人民政协作为中国共产党的领导的重要实现方式、多党合作的重要平台、政治协商的重要组织载体的独特作用。同时，要按照新型政党制度发展的要求，切实加强人民政协工作，发挥人民政协作为专门协商机构的作用，从而使人民政协真正成为中国新型政党制度的重要支撑力量。

总之，新型政党制度作为中国特色社会主义基本政治制度构成，在新时代背景下需要不断适应新形势和新情况。新型政党制度的完善，客观上需要政协将协商作为主责主业，不断创新协商的制度，规范协商的行为，发挥政协协商在政治引领和凝聚共识中的作用。

第三节　政协协商是实现国家治理体系和治理能力现代化的基本要求

自鸦片战争以来，建设现代国家是中国仁人志士矢志不渝的梦想。中华人民共和国的成立标志着中国现代化国家建设进入了新的历史征程。经过70多年的社会主义现代化建设，党的十九大提出了建设富强、民主、文明、和谐、美丽的社会主义现代化强国的要求，党的十九届五中全会也提出了“全面建设社会主义现代化国家”的要求。现代化国家建设既包括国家治理体系的现代化，也包括国家治理能力的现代化，党的十九大报告明确指出“全面深化改革总目标是完善和发展中国特色社会主义制度、推进国家治理体系和治理能力现代化”。习近平总书记在庆祝中国人民政治协商会议成立65周年大会上的重要讲话中指出：“人民政协是国家治理体系的重要组成部分。”这一论断明确规定了人民政协在国家治理体系中的地位和作用。因此，我们需要从国家治理体系和治理能力现代化的角度分析和理解新时代人民政协的性质定位和基本职责。从结构—功能理论来说，国家治理体系是从功能角度完善国家组织结构，夯实现代国家的结构基础，优化结构功能，而治理能力则是国家结构的延伸，体现现代化国家治理需要哪些能力。

一、政协协商是国家治理体系现代化的要求

人民政协在国家治理的结构体系中具有独特性。相对于政治权力核心的党委、人大和政府来说，人民政协具有鲜明的社会性；但相对于一般社会组织而言，人民政协又具有鲜明的"权力"特征[①]，比如与党委、人大和政府并称为"四大班子"，每年同期召开的人大和政协会议，并称为"两会"。人民政协作为大团结大联合的组织，是团结凝聚各党派团体和各族各界人士，为实现党的总任务、总目标而服务的政治组织和民主形式，要适应推进国家治理体系和治理能力现代化的要求，应以改革精神推进理论创新、制度创新和工作创新，努力在推进国家治理体系和治理能力现代化中发挥更大作用。[②]

（一）政协协商是完善国家治理体系的需要

从治理功能角度来说，中国共产党在国家治理体系中起着全面领导功能，全国人大具有立法功能，政府是行政功能，而人民政协则是协商功能。从国家治理体系现代化的角度来说，新时代和新形势客观上需要加强协商功能。

1.实现社会整合的需要。人民政协与生俱来的性质定位是统一战线组织。新中国成立后特别是改革开放以来，人民政协始终坚守"统一战线组织"这一固有的性质定位，以此为基点向着中国共产党领导的多党合作和政治协商的重要机构、我国政治生活中发扬社会主义民主

① 郭小聪：《人民政协在国家治理体系中的地位：一项初步的研究》，《广东省社会主义学院学报》2015年第1期，第18—24页。

② 葛慧君：《准确把握人民政协的性质定位》，《人民政协报》2018年3月28日。

的重要形式、国家治理体系的重要组成部分、具有中国特色的制度安排等维度演进和深化。[①]实际上，统一战线是中国共产党在20世纪中国特殊社会政治环境中创造出来的一种政治整合和社会整合形式。统一战线是具有中国特色的群体代表权机制，由此形成了以中国共产党为领导核心的各种社会政治力量团结统一的基本政治结构。[②]中国共产党通过人民政协制度，聚合社会各方面力量广泛参与基层治理。

2.沟通政治体系、经济体系和社会体系桥梁纽带的需要。处理好政府与市场、政府与社会之间的关系，是国家治理体系中多元化治理主体之间的两大核心关系。[③]全国政协主席汪洋在全国地方政协工作经验交流会上指出，人民政协主要工作方式就是“搭台”。人民政协是协商平台，不是协商主体，市县政协要把握住这个定位，调动各协商主体参加协商的积极性，通过加强界别协商，更好地团结和凝聚各界别的群众。可见，由于政协吸收具有不同利益和价值观的多元社会群体，同时被赋予了政治协商、民主监督和参政议政职能，通过政协提案和各类协商会议，在我国的国家治理体系中发挥了沟通政治治理体系和社会治理体系的功能。[④]在人民政协实践中，政协以年度协商计划为龙头，以专题议政性常委会议和专题协商会、协商座谈会、界别协商、提案协商、远程协商为重点的协商平台，有效沟通了社会与政治两个关系。

① 浦兴祖:《人民政协性质定位的坚守与深化》,《统一战线学研究》2019年第5期，第63—69页。

② 景跃进、陈明明、肖滨:《当代中国政府与政治》，中国人民大学出版社2016年版，第86—87页。

③ 陶希东:《国家治理体系应包括五大基本内容》,《理论参考》2014年第2期，第19—20页。

④ 郭小聪:《人民政协在国家治理体系中的地位：一项初步的研究》,《广东省社会主义学院学报》2015年第1期，第18—24页。

3.社会动员功能的需要。良好完备的国家治理体系，能够有效发挥社会动员功能，在经济、政治、文化、社会、生态、党建等各个领域的深化改革中，取得最大的社会共识，凝聚社会合力。[①]人类政治历史表明，人心是最大的政治，而共识是奋进的动力。当前，我国正处于深化改革的深水区，实现社会主义现代化的关键时期，最大程度地动员各界力量形成共识，对于推动全面深化改革，推动党的重大决策、方针的落地具有重要的作用。正如全国政协主席汪洋强调的，在人民政协需要通过其动员功能实现建言资政和凝聚共识双向发力。如前所述，人民政协在协商民主中具有广泛的代表性、专业性，在团结各界人士上具有丰富的经验。

4.发挥党和政府科学决策功能需要。决策是现代国家治理经济社会问题的重要手段之一。合理的国家决策功能体系对国家治理来说非常重要，直接关系着政策的合理性和有效性。

就当代中国国家决策功能体系的设计来说，在决策制度的设计上，政协与人大、政府，一个在决策前协商，一个在协商后表决作决策，一个在决策后执行，三者统一在中国共产党的领导下，依照宪法法律和章程各自负责、协调一致地开展工作，各司其职，相辅相成。把人民政协协商作为重要环节纳入决策程序，坚持协商于决策之前和决策实施之中，为人民政协做好思想引领、协调关系、汇聚力量、建言献策、服务大局的工作，更好发挥专门协商机构作用提供可靠制度保障。[②]

决策信息是整个决策系统的神经系统。准确、全面、及时可靠的

---

① 陶希东:《国家治理体系应包括五大基本内容》,《理论参考》2014年第2期，第19—20页。

② 王艺华:《从国家治理体系看人民政协协商民主的定位及作用发挥》,《中国政协》2019年第13期，第54—55页。

信息是决策和执行的关键。就国家决策信息功能体系来说，党委和政府需要通过各种途径收集信息、分析信息和使用信息。在国家治理功能体系中，人民政协在收集和分析决策信息上具有非常重要的功能。政协以界别优势，通过专委会和双周协商等形式，定期、定点的调研活动，能够及时、准确地掌握第一手资料和动态。然而，当前基层政协基础工作薄弱、人员力量薄弱等问题，影响了人民政协在决策信息功能体系中作用的发挥。因此，人民政协需要聚焦协商主责主业，在基层通过发挥专门协商机构的作用，发挥“搭台”功能，以更好地发挥收集信息、分析信息和向党委、政府传递信息的功能。

综上所述，人民政协作为协商民主的重要渠道和专门机构，必然要求将政协协商作为主责主业，并将政协协商向一线延伸，以优化国家治理功能，为实现国家治理体系现代化作出应有的贡献。在实现国家治理体系现代化过程中，需要不断加强和推进协商功能。

（二）政协协商是克服基层治理难题的客观要求

在大国治理中，纵向治理体系的优化是一个重要问题。国家治理体系包括国家治理、地方治理和基层治理。在大国治理中，始终存在着国家权威与国家能力的不匹配问题。[①]在新时代背景下，国内主要矛盾已经转变为人民日益增长的美好生活需要和不平衡不充分的发展之间的矛盾。这意味着社会治理的重点下移，人民政协也需要与时俱进，将人民政协工作下移，注重人民政协在基层治理中发挥作用。

加强和创新基层社会治理，关乎党长期执政、国家长治久安和人民安居乐业。实践证明，基层治理和服务的能力越强，社会治理的基础就越牢固。这就要求我们着力抓基层、打基础，推动社会治理和服

① 胡萧力、王锡锌：《基础性权力与国家“纵向治理结构”的优化》，《政治与法律》2016年第3期，第54页。

务重心向基层下移，不断提升基层社会治理水平。因此，习近平总书记强调，党的工作最坚实的力量支撑在基层，经济社会发展和民生最突出的矛盾和问题也在基层，必须把抓基层打基础作为长远之计和固本之策，丝毫不能放松。[①]

当前，中国的基层社会矛盾主要集中在农村土地承包纠纷、城市建设征地和拆迁纠纷、消费者权益保护纠纷等方面。中国正处在改革的攻坚期与深水区，各类社会矛盾不断出现，并呈现出“类型多样化、主体多元化、内容复合化、调解疑难化、矛盾易激化”。[②]同时，新时期阶级阶层结构发生了巨大的变化，其具体表现在：

一是产业结构的变动产生了大批新的产业工人，特别是有两亿多的农民转变为工人，在互联网兴起的背景下，在技术赋权的作用下，这些与现代经济相联系的职业群体，无论在人数比重还是社会影响力方面都大为增强。

二是随着经济社会的发展，深刻的职业分化使原有的同一阶层内部，比如农民内部就分化了新型职业农民和农民工，出现了具有不同经济地位和利益特点的社会阶层，这就导致原来相对重合的收入、社会地位、声望三个社会序列发生了分离。

三是改革开放以来，原来的全民所有制和集体所有制结构的变动，使改革后新出现了一个占有一定生产资料的私营业主及管理者阶层。[③]

① 桑玉成：《深入学习贯彻习近平新时代中国特色社会主义思想，着力构建基层社会治理新格局》，《人民日报》2020年2月13日。

② 郭志远：《我国基层社会矛盾预防与化解机制创新研究》，《安徽大学学报（哲学社会科学版）》2012年第2期，第119—129页。

③ 李培林：《中国改革以来阶级阶层结构的变化》，《黑龙江社会科学》2011年第1期，第53—62页。

基层结构的变化，不仅使社会阶层结构发生了深刻变化，也使利益结构和观念结构发生了深刻的变动。面对基层社会阶层结构、利益结构和观念结构的深刻变化，原来基层政府针对棘手的社会矛盾与上访对象，往往采用“拔钉子”“捂盖子”或“花钱买平安”的方式予以解决，这些处理基层矛盾问题的方式不但不能从根本上解决问题，甚至引发并激化一些新矛盾，也存在严重的法律隐患，引发程序正义问题。[①]

在此背景下，新时期主要矛盾客观上要求地方政府治理进行自我革命，转变传统的治理方式。具体来说，地方政府需要打破臣仆化、盲目化、条块式、碎片化的治理习惯，按照“公共服务主导逻辑”这个新的治理逻辑，以开放式的治理框架和参与式的治理格局，逐渐替代政府“一府独大”和“权力俘获”的模式。这就要求地方政府坚决贯彻“以人民为中心”的治理理念，转变成地方治理的“主体”而非“主人”。这种框架需要将中央党政机关、国家性政经组织、地方各级党组织、纵向的各级地方政府、平行的同级地方政府、社会组织、企业、公众等多重主体有序、有别和有逻辑地整合起来。[②]

基层治理的难题客观上需要创新基层治理模式，提倡并重视协商是创新基层治理、破解基层治理难题的有效模式。

首先，用协商破解基层治理难题，具有良好的政治环境和契机。党的十八大以来，我们大力发展社会主义协商民主，构建制度化的纠纷解决机制，畅通诉求表达渠道、加强各方利益协调、提升权益保障水平，从源头上有效减少社会矛盾。社会主义协商民主将日趋多样的

① 卢芳霞：《协商民主化解基层社会矛盾的功能与实现路径》，《中共浙江省委党校学报》2017年第4期，第46—52页。

② 刘雪华：《地方政府治理能力提升的理论逻辑与实践路径》，《社会科学战线》2018年第9期，第276—280页。

利益诉求有序引入社会治理中，有效推动社会治理主体多方互动，从单纯的政府监管向更加注重社会协同治理转变，既维护社会秩序，又激发社会活力，促进社会公平正义，维护社会公共利益，保障广大人民群众合法权益，有效推进社会治理现代化。[①]党的十九大报告提出“现代社会治理格局基本形成，社会充满活力又和谐有序”的目标，明确“共建共治共享”的社会治理创新方向。

其次，用协商破解基层治理难题，具有深厚的理论基础。这个理论基础就是中国特色的政治民主理论。有学者指出，中国特色社会主义民主是全方位民主[②]，这体现在民主代表的广泛性、民主参与的实践性、民主内容的全面性、民主过程的公开性以及民主领域的全面性。也有学者将民主与治理结合起来，提出治理民主的概念。这些理论的创新，为协商提供了理论基础和指导。

最后，用协商破解基层治理难题，具有丰富的历史和实践基础。有学者论证协商民主扎根于中国历史，扎根于中国新民主主义革命，也扎根于中国文化传统。比如，荐举制、廷议制等，与中国和合文化相契合，也与社会主义本质要求的全局性、大局观，以“社会”为中心等理念相契合。

二、政协协商是实现国家治理能力现代化的重要路径

国家治理能力是国家完成各项治理活动所必需的各种能力或者主观条件的总和。从一般意义上讲，国家治理能力是指国家宏观上统筹

① 吕忠梅：《把人民政协制度优势转化为社会治理效能》，《人民日报》2020年5月19日。

② 陈周旺：《全方位民主：中国特色社会主义民主的理论体系与制度选择》，《学术月刊》2020年第2期，第68—75页。

各个领域治理，特别是运用国家制度和法律管理社会各方面事务，使之相互协调、共同发展的能力。[①]杨光斌认为，“体制吸纳力—制度整合力—政策执行力”构成的国家治理能力。[②]当前，社会各界的利益表达诉求与政府的政策供给存在着一定的博弈协调和时间差。从国家治理能力现代化角度来说，人民政协通过独特的协商民主机制，能减轻或降低民众诉求与政府决策之间的张力。可以说，将协商作为人民政协主责主业是实现国家治理能力现代化的必然要求，其作用不可替代，具体而言：

（一）政协协商是提升政治体制吸纳能力的需要

政治体制吸纳能力指的是将社会各阶层有效地纳入体制，让他们自觉地而非被强制地认同并效力这个体制。中国特色社会主义进入新时代以来，改革开放全面深化发展，利益格局发生深刻变革，社会结构不断调整，政治参与的需要日益增长。长期以来，中国共产党的统一战线发挥了政治吸纳的功能，通过统一战线吸纳了大批的社会精英，完成了从革命党到执政党的转变，并保证了长期执政与政治稳定。人民政协作为统一战线组织，是中国共产党进行政治吸纳的延伸和重要渠道，具有强大的政治吸纳能力，对于扩大有序政治参与具有重要意义。人民政协由界别组成，政协吸纳具体表现为界别吸纳。在一定吸纳目标下，政协通过设置界别，对各界社会精英人士进行有选择、有分类的政治吸纳，并随着时代的发展而不断调整。[③]综上所述，人民政

① 丁志刚：《论国家治理能力及其现代化》，《上海行政学院学报》2015年第3期，第60—67页。

② 杨光斌：《衡量国家治理能力的基本指标》，《前线》2019年第12期，第45—48页。

③ 董树彬、董鹏林：《政治吸纳视阈下人民政协界别变迁与优化》，《中州学刊》2019年第8期，第1—8页。

协通过有效发挥协商民主优势，通过界别优势，整合政治、市场和社会三个领域的新阶层，提升了政治吸纳能力，为国家治理能力提升贡献力量。

（二）政协协商是提升科学决策能力的需要

提高科学决策能力，是提高执政能力和领导水平的一个重要方面。[①]中国政府决策模式由过去的“个人决策”“集体决策”转向一种民主化、科学化水平更高的“共识型”决策模式。“中国式共识型决策”模式有两大支柱，即通过“开门”与“磨合”机制实现更大的包容性与参与性。[②]协商决策模式倡导政府与社会等多元利益主体，就公共生活中涉及与人民群众切身利益密切相关的公用事业价格调整、公共交通、房屋拆迁安置、文化教育和医疗卫生、劳动和社会保障、环境保护和城管执法、农业生产和农村建设等问题进行理性协商，形成决策共识。一方面，政府在协商过程中可以倾听到公众心中最真实的利益诉求的声音，从而根据公众现实需求导向来制定公共政策。另一方面，公众通过与政府的沟通与协商，可以更加深入地了解政府决策初衷和面临的各种复杂条件，学会在利益需求表达时超越个人理性，站在增进公共利益的视角来重新审视自己的观点。因此，协商决策模式构建可以改善政府与社会、公民个体间的人际生态关系，实现三者之间良性互动与合作信任体系建设。[③]人民政协聚焦党和国家中心任务，围绕统筹推进“五位一体”总体布局，协调推进“四个全面”战略布局等

① 张春贤：《努力提高科学决策能力》，《求是》2008年第19期，第14—16页。

② 王绍光、樊鹏：《中国式共识型决策：“开门”与“磨合”》，中国人民大学出版社2013年版，第1—12页。

③ 罗依平、周江平：《协商决策模式构建与国家治理能力现代化研究》，《理论探讨》2017年第5期，第157—162页。

国家重大战略决策展开协商。人民政协在重大决策制定之前，通过将思想政治引领、广泛凝聚共识作为履职工作的中心环节，充分发挥建言资政和凝聚共识的职能，有效提升了决策的科学性和民主性，提升了国家科学决策的能力。

（三）政协协商是提升政策执行能力的需要

在政策执行过程中，经常因政策主体和政策利益相关者共识不足，导致政策执行偏差，甚至政策执行失败。《中共中央关于新时代加强和改进人民政协工作的意见》明确提出，要通过政协协商履职，把党的主张转化为社会各界共识，在各界群众中传播共识，为党领导人民有效治理国家厚植政治基础、社会基础。这表明，人民政协通过协商民主承担着达成共识、传播共识的功能。通过广泛的社会共识传播，提升党的重大政策执行能力。

通过从国家治理体系和治理能力两个角度，可以看出，人民政协将协商作为主责主业，是完善国家治理体系协商功能的需要，是克服基层治理难题的需要，也是实现国家治理能力现代化的必然要求。

三、专门协商机构与人民政协的职责相契合

“专门协商机构”这种新定位，既不是对过去人民政协性质职能的照搬，也不是对过去政协性质职能的否定，而是一种继承基础上与时俱进的创新与发展，是中国协商民主进入一个新阶段的重要标志。

（一）专门协商机构展现了人民政协的发展历程和时代进步的历史脉络

人民政协以民主为基础、以协商为核心、因协商民主而兴，在建国以来的历史发展历程中，在协商的伟大实践中逐步发展，从它成立之时，就是一个集社会组织、政党制度和协商民主于一体的政治协商机构。人民政协成立初期，政协还代行全国人民代表大会的职责，所

以它还不是专门的协商机构。中国特色社会主义进入新时代，实现中华民族伟大复兴正处于关键时期。习近平总书记指出，人民政协是社会主义协商民主重要渠道和专门协商机构，强调把发挥好专门协商机构作用作为新时代人民政协的新使命，既体现了人民政协的历史传统和发展逻辑，又反映了新时代的鲜明特征和迫切要求，为人民政协事业与时俱进、高质量发展开辟了广阔前景。

（二）专门协商机构精准表达了人民政协的性质定位和核心要义

专门协商机构深刻揭示了人民政协在协商中坚持党的领导、促进广泛团结、推进多党合作、实践人民民主这一贯穿始终的核心要义，综合承载了人民政协作为统一战线的组织、多党合作和政治协商的机构、人民民主的重要实现形式三位一体的性质定位。人民政协作为统一战线的组织，坚持一致性与多样性的统一，通过深入的协商议政，求同存异、聚同化异，找到最大公约数、画出最大同心圆，实现大团结大联合。人民政协作为中国共产党同各民主党派进行多党合作和政治协商的专门机构，通过专门的制度安排，组织参加政协的各民主党派开展协商议政、促进团结合作，充分发挥各民主党派作为参政党的作用，充分彰显共产党领导、多党派合作，共产党执政、多党派参政这一新型政党制度的特点和优势。人民政协作为人民民主的重要实现形式，以协商民主的形式和专门协商机构的制度安排保障人民当家作主的实现。

（三）专门协商机构深刻揭示了政协职能的本质特征和协商民主的精髓真谛

人民政协作为专门协商机构以实践协商民主为本质特征，以开展民主协商为主责主业，政协的政治协商、民主监督、参政议政三项职能归根到底都是民主协商的表现形式。人民政协作为党领导的专门协商机构，以宪法、政协章程和相关政策为依据，以中国共产党领导的多党合作和政治协商制度为保障，集协商、监督、参与、合作于一体，通过专设的组织体系、专门的协商平台和专有的机制程序，组织人民内部各方面开展有序政治参与广泛政治协商，实行民主决策、民主管理、民主监督，有效保障人民在日常政治生活中享有广泛的知情权、参与权、表达权、监督权，集中体现了人民政协的民主性质、协商特征和专门属性。

（四）专门协商机构是由人民政协定位决定的

习近平总书记指出，人民政协是党领导的专门协商机构，推动人民政协这一具有中国特色的制度安排更加成熟更加定型，发挥好专门协商机构的作用是新时代人民政协的新方位新使命。习近平总书记的这一重要论断深刻阐明了人民政协在国家政治体制中的地位作用，明确了新时代人民政协的方位使命，为我们深刻认识和准确把握政协的性质定位、更好发挥专门协商机构的作用提供了根本遵循。

1.人民政协为专门协商机构在国家治理体系中提供独特政治功能。习近平总书记指出，“人民政协是国家治理体系的重要组成部分”，“协商民主是党领导人民有效治理国家、保证人民当家作主的重要制度设计”。在我国，党是最高政治领导力量，处于总揽全局、协调各方的领导核心地位，对一切工作实行领导，这是治国理政的本根；人大是权力机关、立法机关，通过法定程序、法治形式使党的主张转变为国家意志、使党组织推荐的人选成为国家政权机关的领导人员；政府是执行机关、行政机关，通过贯彻党的大政方针和决策部署、执行人大制定的法律法规，对社会进行行政管理；与党、人大、政府通过行使领导和管理权力进行治理不同，人民政协既不是领导机关，也不是权力机关和行政机关，而是专门协商机构，主要是通过民主协商和有序参与，把发扬民主、科学决策的过程与汇聚共识、凝聚力量的过程有机结合起来，使党的政治主张和路线方针政策成为各党派团体和各族各界人士的政治共识和自觉行动。可见，人民政协在国家治理体系中承担着独特的政治功能，发挥着不可替代的组织作用，突出体现多主体协商、互动和共治的现代治理理念和治理现代化的特征。可以说，专门协商机构是推进国家治理体系和治理能力现代化的重要制度资源和重要着力方向。

2.新时代人民政协为专门协商机构的职责使命指明了方向。专门协商机构的新定位要求人民政协必须适应新时代坚持和完善中国特色社会主义制度、推进国家治理体系和治理能力现代化的迫切需要，把加强专门协商机构建设、发挥好专门协商机构作用作为主责主业和着力重点，切实把人民政协的制度优势转化为国家治理效能。强化职能责任，把开展协商作为主要工作，积极推动政协协商与各类协商有效衔接，更好发挥专门协商机构在国家治理和社会治理中的独特作用。抓住中心环节，紧紧围绕坚持和发展中国特色社会主义这个主轴，把学习贯彻习近平新时代中国特色社会主义思想作为主线，加强思想政治引领，广泛凝聚共识，打牢团结奋斗的共同思想政治基础，努力成为坚持和加强党对各项工作领导的重要阵地、用党的创新理论团结教育引导各族各界代表人士的重要平台、在共同思想政治基础上化解矛盾和凝聚共识的重要渠道。着力提质增效，大力培育协商文化，提高协商能力，紧紧围绕党在新时代的总目标总任务，聚焦党和国家中心工作，深入协商集中议政，强化监督助推落实，把凝聚共识融入履职全过程各方面，不断提升建言资政和凝聚共识双向发力的质量水平。完善制度机制，健全专门协商机构的制度体系和工作机制，完善协商议政的制度程序和参与实践，发挥好人民政协制度体系的整体效能。

3.人民政协为专门协商机构提供了中国特色制度优势。专门协商机构作为协商民主的制度安排，是人民政协这一具有中国特色的制度安排最鲜明的特色和优势。习近平总书记指出，“人民政协制度具有很多方面的独特优势”，实践充分证明，“中国式民主在中国行得通、很管用”。之所以行得通、很管用，根本在于这种以协商民主为代表的中国式民主坚持了党的领导、人民当家作主与协商理政的有机统一，以专门的制度安排保证了人民民主在国家政治生活和社会生活中得到全面贯彻落实。与西方式民主相比，中国式的协商民主，是具有最广泛代表性的民主，能够广泛持久深入地代表、维护和实现全体人民的利益，有效避免利益集团和金钱政治操控；是合作性的民主，能够最大限度形成政治合力、促进社会和谐，有效避免党派政治对抗和社会长期内耗；是建设性的民主，有效避免党派倾轧和社会撕裂；是有序性的民主，能够通过制度化程序化规范化的协商，有效避免政局混乱和社会动荡；是真实性的民主，能够将民主参与深深嵌入日常政治生活实践。可以说，专门协商机构凸显了中国特色社会主义民主与西方式民主相比“我有你没有、我能你不能”的鲜明特色和独特优势。

第三章　政协协商的制度设计和实施

盖协商者，古已有之，上至君臣议事，下至百姓沟通讨论，皆有商量。党的十八大以来，以习近平同志为核心的党中央高度重视人民政协事业发展，习近平总书记就加强和改进人民政协工作发表了一系列重要讲话，作出重要指示，强调人民政协要发挥专门协商机构作用。全国政协主席汪洋也作出协商是政协主责主业的论断。在全国政协的指导下，政协协商的指导思想、制度框架基本建立，协商实践也逐渐开展起来。

第一节　国家层面关于政协协商的制度设计

做好政协协商工作，要把专门协商机构的职能、性质、定位突出出来，寓民主监督、参政议政、凝聚共识于协商之中。突出专门协商机构的作用，既体现了政协性质定位的本质要求，也找到了市县政协履行职能的有效载体和抓手，我们应当为之努力。

一、当前政协协商存在的问题

社会主义协商民主在我国有根、有源、有生命力，是中国共产党人和中国人民的伟大创造，是中国社会主义民主政治的特有形式和独特优势。目前，我国人民政协协商民主在具体实践运行中还存在制度层面的一些弊端和不足。

（一）协商主体方面的问题

1.人民政协协商主体的产生。政协委员是由协商推荐产生的。政协委员是如何协商推荐产生的，推荐的具体条件和具体程序是什么等没有明确的规定，导致实践中存在政协委员推荐程序不规范、推荐条件模糊等问题，为不正当操作谋取私利提供了活动空间和可能性，极有可能把不符合条件的个人推荐上来。另外，近年来也出现了把一些有问题倾向的领导干部安排到政协专委会任职的情形，降低了政协协商的公信力。

2.人民政协代表的界别设置。目前关于人民政协代表的界别设置问题主要有：首先，人民政协代表界别划分不能涵盖社会各界。随着新时代经济社会的不断发展，社会新型阶层不断涌现，现有的界别划分已经不能广泛涵盖社会各界，人民政协协商主体面临着代表性不足的问题。其次，人民政协代表存在界别划分模糊的问题。以多种标准划分各界代表，导致人民政协民主协商中存在界别代表作用发挥不明显、不充分的问题。

3.协商主体的能力素质。目前协商主体的能力素质存在以下问题：首先，从协商意愿来看，部分政协委员的协商意愿不强，缺乏积极进行政治协商的意愿和热情，即使参与了也是被动的、不积极的，缺乏政协委员应有的责任担当意识。其次，从协商动机来看，部分政协委员有时仅仅把担任政协委员当作是一种政治荣誉，而忽视了政协委员应该承担的责任。同时个别政协委员因违法违纪出现腐败问题，影响了政协委员的形象。

4.对政协委员的考核、问责机制不健全。目前对政协委员议政情况进行考核和问责的机制仍不健全，因此对协商主体的协商讨论行为缺乏有效的制度约束及激励措施，2019年政协第十三届全国委员会第十六次主席会议审议通过的《全国政协协商议政质量评价工作办法（试行）》中，对政协议政质量评价的基本原则、评价标准、评价办法等作出了详细的规定，但是有些评价指标还不够具体，仍需要进一步细化完善。

（二）协商议题方面的问题

1. 协商议题的提出。协商议题的提出方面还存在一些问题：首先，提出协商议题的个人、组织对协商议题的提出还不够重视、不够积极，对所提出的议题没有经过深入调研或没有经过充分的协商讨论，导致提出的选题质量普遍不高，有数量而没有质量。其次，提出的协商议题没有紧紧围绕党和政府的重要工作以及人民群众普遍关心的热点问题，因而协商议题的质量较低。再次，目前协商议题的提出机制还不够完善，缺乏程序化的规定，因而在实践中无法获得高质量协商议题。

2. 选题的确定。由于协商能力不足、协商讨论不充分等原因，往往对协商议题“大”与“小”、“多”与“少”、“热”与“冷”关系把握得不精准，影响了协商议题的最终确定。

3. 协商议题与协商形式相匹配的问题。在协商实践中，人们往往对某些协商议题的范围界定不准，因此在对某个协商议题进行讨论时没有选择最适合的协商形式，出现了协商议题与协商形式不相匹配的情况，影响了协商的实际效果。

（三）协商程序方面的问题

1. 协商程序的设计与成效存在偏差。协商程序的设计是决定协商民主是否具有实效性的重要因素，但从目前来看，政治协商的程序过于原则，缺乏具体的制度规范，导致协商过程随意性较大，结果就是不按程序进行协商，把协商当作沟通，导致协商讨论不充分、思想观点交流不深入等。

2. 协商的平等性问题。从制度安排层面，参与政治协商时主体具有平等性，但是在具体协商讨论的过程中却存在协商的不平等现象，表现为协商“形式上的平等而实质上的不平等”。由于每个政协委员的职业、身份、社会地位等不同，因此在协商讨论中的话语权也不同，往往那些社会地位和社会声望高的协商主体主导着协商的话语权，而那些社会地位不高的协商主体的观点不被重视或忽视，这些都体现了协商过程中的不平等性。

3.协商过程中对公共利益的忽视。“人民政协要把不断满足人民对美好生活的需要、促进民生改善作为重要着力点，倾听群众呼声，反映群众愿望。”但是在协商讨论过程中，协商主体往往忽视公共利益而站在自己所代表的党派、团体等的利益上提出意见和建议，导致在协商过程中一些协商主体过多关注个人利益、团体利益而忽视公共利益，远离了协商最初的目标和价值追求。

（四）协商成果运用方面的问题

1.由于制度不健全，在协商会议结束后关于协商成果的报送、协商成果运用情况的反馈、监督、考核等方面的规定仍存在较大规范性空白，导致存在协商成果报送、办理、反馈不及时的情况。

2.协商成果报送有关部门后，对于协商成果是否应该被采纳或者应该采纳哪些意见和建议等仍需要党委、政府及有关部门通过科学民主的方式讨论决定，但由于程序的不完善及相关规定的不明确，导致协商成果运用的随意性较强。

3.党委、政府及有关部门收到政协的协商成果后，是否及时办理、采纳了哪些意见和建议、通过哪些方式落实协商成果等往往没有及时给予反馈，政协也没有及时跟踪了解协商成果的运用情况，也没有及时对没有采纳的意见和建议做更进一步的沟通。

（五）协商结果的监督与反馈问题

1.从制度层面来看，目前关于协商结果监督和反馈的制度规定内容较模糊，在实践中缺乏具体的可操作性，导致协商结果监督与反馈制度没有落实。

2.从工作认识来看，政协委员更重视协商成果的达成或者是协商的过程，而忽视协商结果的监督和反馈工作，存在“重形式、轻落实”

的情况，导致对协商结果落实的监督与反馈工作的重要性认识不足。

3.协商结果监督与反馈的机制还不够健全，导致对协商结果的落实监督不到位，对存在的问题得不到及时反馈。因此，要不断健全和完善协商结果的监督与反馈机制，提高人们对协商结果监督与反馈工作重要性的认识，在实践中切实做好对协商结果的跟踪、监督与反馈工作。

以上问题产生的根源：一是存在惯性思维，还是按照老传统看待、推进新时代的政协工作。二是一些地方党委、政府对政协协商重视不够，没有明确给政协赋予相关协商职能。尤其是市县政协人员编制、经费保障、机构设置等方面支持不够。三是协商相关规定还尚未明确，对协商的结果缺乏应有的落实机制，导致民主协商在实践中难以贯彻，尤其在基层更难以落实。

二、党中央赋予人民政协新的职能

（一）专门协商机构的提出

2014年9月，习近平总书记在庆祝中国人民政治协商会议成立65周年大会上提出，“人民政协要发挥作为专门协商机构的作用，把协商民主贯穿履行职能全过程”。这一科学定位，既秉承了历史传统，又反映了时代特征，是新时代党中央赋予人民政协职能定位的新内涵。这一定位，客观上使国家治理体系形成了“党委是决策、人大是立法、政府是行政、政协是协商”的合理分工，从而使国家治理体系更加系统、治理链条更加完备。在这一制度设计当中，最具中国特色和制度优势的就是政协协商。

习近平总书记的重要讲话，赋予了人民政协新的性质定位。政协章程规定，人民政协的性质有三条：一是中国人民爱国统一战线的组织；二是中国共产党领导的多党合作和政治协商的重要机构；三是我国政治生活中发扬社会主义民主的重要形式。全国政协十三届一次会议新修订的政协章程总纲，在这三条之后又增加了两条，一是国家治理体系的重要组成部分，这句话是从国家治理体系角度来确定的政协定位；二是具有中国特色的制度安排，这句话是从制度的独有性来定位的，是我党的伟大政治创造。

同时，新修订的政协章程从原章程的三句话又延伸出来一些关于政协定位的表述，散见于新章程的不同地方。比如，增写了人民政协是“实行中国共产党领导的多党合作和政治协商制度的重要政治形式和组织形式”，是“社会主义协商民主的重要渠道和专门协商机构”。

党中央关于人民政协作为专门协商机构的性质定位，决定了政协协商具有三个特点：一是政协不是权力机关，不是决策机构，也不是反对党发出不同声音的地方，是中国共产党基于我国国情和马克思主义国家学说作出的重大设计，它不同于西方三权分立中的上议院或参议院，不同于前苏联实行的一党制，也不同于“越老朝古”等社会主义国家。二是政协是协商载体，不是协商主体，是以中国共产党领导的多党合作和政治协商制度为保障，各党派团体和各族各界人士发扬民主、参与国事、团结合作的重要平台。党委政府到政协来是通过政协这个协商平台和各党派团体、各族各界人士协商，是“在”政协协商，而不是“和”政协协商。三是政协民主监督是协商式监督，不是靠强制约束力，而是靠政治影响力，不是靠说了算，而是靠说得对。

（二）全国政协对开展协商作出了战略性安排

全国政协认真贯彻习近平总书记关于加强和改进人民政协工作的重要思想。2019年5月，全国地方政协工作经验交流会上，全国政协主席汪洋就人民政协如何开展协商发表了讲话。这次会议明确要求地方政协要把协商作为主责主业。

1.明确了地方政协的主要工作是协商。从全国政协调研的情况看，前两年市县政协工作存在的突出问题，就是对于“干什么”缺乏必要的规范，有的认为上协商不了国家大事，中协商不了党政要事，自己也不想没事找事。结果在一些地方，市县政协工作可有可无，逐步被边缘化。市县政协的工作状况，常常取决于党委主要负责同志的重视和政协主席的本事。一些市县政协的自我定位、工作内容、工作方式差别很大，甚至是一个市县一个样，影响了人民政协作为一种制度在国家治理体系中发挥作用。政协作为专门协商机构，是一个从中央、省到市县的四级制度体系。各种形式、不同内容的协商应当是主要工作，但据全国政协对26个省区市摸底，不少市县政协2018年没有召开一次专题议政性常委会，有3个省这一比例超过了40%，政协协商履职大多是年初开会安排工作，年底开会总结工作，平时组织调研、视察，反映社情民意，与专门协商机构的要求相差甚远，有些名不副实。为此，只有明确新时代市县政协协商的特点、重点、着力点，才能抓住破解市县政协工作难题的“牛鼻子”，才能有效发挥市县政协作为专门协商机构的作用。

2.明确了地方政协主要工作方式是“搭台”。政协是协商平台，不是协商主体。市县政协人手不多，把准这个定位，对于做好工作十分重要。市县政协的主要任务就是搭好台，调动各协商主体参加协商的积极性。要注意突出界别特色，通过加强界别协商，更好团结和凝聚各界别群众。同时，市县政协可以通过“不建机构建机制”和“请上来、走下去”的工作思路，创设委员履职小组、各种协商平台等载体，推动政协协商与基层协商有效衔接，拓展基层群众参与政协协商渠道，把各方面人员有序参与纳入整个基层治理的结构之中。

3.明确了地方政协工作主旨是双向发力。协商过程中既要积极建言资政，又要广泛凝聚共识，做到双向发力，改变过去偏向于注重建言资政的状况，切实把党中央决策部署和对政协工作的要求落实下去，把各方面智慧和力量凝聚起来。专门协商机构的工作方式，应该发挥

"团结—批评—团结"的优良传统，体现协商民主的特点和优势。习近平总书记在讲话中提出"讨论原则"问题，这是过去文件没有的内容。总结近年来政协协商民主的实践，我们觉得要坚持平等对话议事；坦率交流意见，不居高临下、不颐指气使；广开言路、集思广益；"不打棍子、不扣帽子、不抓辫子"；有效表达，注重效果，发言直奔主题、切中要害，力戒官话套话，不作一般性工作汇报、评论，不搞无谓争执争论；坚持原则、守住底线；注意内外有别；积极有序发挥建设性作用。

三、全国政协推进政协协商的有益探索与实践

全国政协坚持发扬民主与增进团结相互贯通、建言资政和凝聚共识双向发力，发挥专门协商机构作用。

（一）拓宽协商平台，协商形式更加丰富

首次在全体会议期间举行界别协商会议，对远程协商会作出机制性安排，打造人口资源环境发展态势分析会、"三农"工作协商座谈会、国际形势分析会等对口协商品牌。把协商从会场延伸到网上，拓展委员参与面、增强履职便利度，在打造不受时空限制的协商平台方面取得成效。比如，中央政协工作会议以来，全国政协在委员移动履职平台推出主题议政群35个，1629名全国政协委员登录使用，2020年全国"两会"期间463名政协委员围绕政府工作报告等发言634次、20多万字。通过丰富和拓展协商平台，形成了全体会议、专题议政性常委会会议、专题协商会、双周协商座谈会、网络议政远程协商会、网络讨论会、对口协商会、提案办理协商会等常态化、多层次、各方面有序参与的协商议政格局。

十三届全国政协高度重视提案工作，创新提案督办方式，完善督办协商规则，强化督办质量导向。2020年8月，汪洋主席在甘肃临夏主持

召开的重点提案督办协商会，把协商延伸到了地方。这是全国政协主要领导首次带队到地方督办重点提案，协商前分专题开展深度调研，协商中鼓励政协委员和各方面积极互动发言，推动协商问题在一线得以解决，这对如何更好开展政协协商的内容、方式和机制作出了创新和示范。

（二）注重提质增效，协商实效更加明显

双周协商座谈会等协商活动，着眼共商解决问题的办法，实现了委员反映意见建议和党政部门解疑释惑良性互动、民主氛围和协商效果有机统一。全国政协面向全体政协委员、政协各参加单位、各人民团体公开征集协商议题，委员参与程度高、调查研究深、协商意愿强。比如，围绕实施健康中国战略，就完善公立医院运行新机制、加强基层医疗卫生服务和全科医生队伍建设、完善养老服务体系、推动全民健身等议题深入协商，提出了一批建设性的意见建议，促进完善了国民健康政策。通过广泛征求意见，科学确定议题，周密制订协商计划，精心组织协商活动，转化运用调查研究成果，在交流中完善建议，在共商中集思广益，增强了议政建言实效。

（三）发挥渠道优势，凝聚共识更加有力

注重互动性协商，在协商中深化认识，寓建言、支持、监督于协商之中，使协商议政的过程成为思想引领、宣传政策、释疑增信的过程，成为沟通情况、换位思考、交换看法的过程，凝聚起对党和国家大政方针的共识，形成同心同德贯彻落实党和国家决策部署的强大合力。比如，全国政协坚持党组成员同党外委员谈心谈话、举办“委员讲堂”、召开港澳地区政协委员情况通报会和座谈会、召开少数民族界和宗教界主题协商座谈会、组织党外委员专题视察、邀请相关部委通报情况并互动交流等，通过阐释党和国家重大决策部署、感受改革发展新成就、多层次协商交流，在协商中强化了思想政治引领、广泛凝聚共识。

（四）加强协商沟通，成果转化更加高效

加强同党政部门沟通联系，有关方面更加重视政协协商平台作用，认真研究委员意见、批评和建议，完善政策举措，协商成果得到有效转化运用。比如，2019年，全国政协聚焦关于建立返贫监测预警和应急救助机制、推进乡村振兴、农产品质量安全追溯体系建设等一批务实管用的建议得到党中央和有关方面的重视，转化成为国家的相关重要文件和政策措施。

第二节　甘肃省政协的协商实践

政协甘肃省第十二届委员会深入贯彻落实习近平总书记关于加强和改进人民政协工作的重要思想，深入贯彻习近平总书记在2019年全国“两会”期间参加民盟、致公党、无党派人士、侨联界委员联组会时提出的“决胜全面建成小康社会，打赢防范化解重大风险、精准脱贫、污染防治三大攻坚战，有许多重大任务和举措需要合力推进，有许多问题需要深入研究”的重要指示，想党委政府之所想、急党委政府之所急，紧紧围绕全省改革发展大局，瞄准抓重点、补短板、强弱项的重点问题，深入协商集中议政，强化监督助推落实，以思想自觉和务实行动，为党委政府建言献策、排忧解难。

一、围绕全面建成小康社会协商建言

（一）聚焦高质量发展建言献策

深入贯彻落实习近平总书记对甘肃重要讲话和指示精神，立足做好“黄河之滨也很美”的文章，先后就黄河流域生态保护和高质量发展、兰州黄河风情线规划建设等问题，赴省内外调研协商，报送的多份建议和提案得到省委省政府重视，相关建议已转化为工作方案。围

绕民营经济和中小微企业发展、优化营商环境、制定“十四五”规划，召开常委会议专题协商，提出了一批务实管用的意见。紧盯推动经济转型升级，就旅游强省、建立国家优质食用油和肉类生产储备基地、开放型经济、城乡协调发展、科技创新等问题，深入调查研究，开展专题协商，提出了一批有分量、有见地的意见建议，得到了省委省政府领导批示，相关建议已转化为省上的发展政策和工作举措。着眼生态保护和构建生态产业体系，就十大生态产业发展、绿色金融、清洁能源、生态保护补偿机制、重点生态工程建设、中医药产业发展等开展调研协商，为推动绿色发展献计献策。围绕用好人才资源和激发企业、社会的创新活力，召开职业教育发展、各类专业人才引进使用等协商座谈会，同政府相关部门和有关方面的代表面对面交流，积极促进了有关问题的解决。

（二）紧盯民生问题调研议政

对绿色食品安全、高层建筑消防安全、农村高价彩礼、法院执行难、城市幼儿入园难入园贵、防汛和道路下沉、公共立体停车场以及农业保险、残疾人就业保障、扫黑除恶等问题，深入基层调研协商，提出了一批务实管用的对策建议，推动一批老百姓关心的民生实事得到了解决。

（三）利用参加全国政协会议等活动为甘肃改革发展积极争取支持

全国“两会”期间，认真组织住甘全国政协委员提交提案，参加分组讨论，接受中央媒体采访，多角度讲述甘肃故事，宣传甘肃改革发展、脱贫攻坚取得的重大成就，2019年提出的意见建议数量比上年增加了40%以上，2020年住甘全国政协委员提交的89件提案全部立案。就建设国家级核心产业园区、缓解区域发展不平衡不充分、推进西部大开发、破解发展不平衡不充分矛盾、加快“立体丝路”交通网和大通道建设等建议，赢得兄弟省份的积极响应，成为全国政协重点督办提案。

（四）积极承办全国政协举办的协商研讨活动

持续发挥好政协独特优势，承办了沿黄九省（区）政协黄河流域生态保护和高质量发展协商研讨会，全国政协副主席兼秘书长李斌应邀出席会议并作了讲话；倡议并举办了西北五省（区）政协助推协同向西开放协商座谈会，全国政协副主席、台盟中央主席苏辉到会指导，联合相关省（区）政协向国家层面打包争取政策、项目、资金支持。

二、紧扣决战脱贫攻坚议政建言

（一）深入开展脱贫攻坚监督性调研

第一次组织省市县三级政协组织、委员和民主党派、工商联，围绕“打赢打好脱贫攻坚战”，在全省30个县开展监督性调研，督促省委省政府有关脱贫攻坚的决策部署落地见效。与此同时，坚持问题导向，针对发现的突出问题，提出了34条工作建议，省委常委会专题听取调研情况，省政府有关部门采纳了有关内容。围绕促进产业扶贫政策落实情况，组织省市县三级政协委员和各民主党派、工商联，深入10多个深度贫困县开展专题调研，经常委会议充分协商后，向省委省政府提出了14条工作建议。

（二）认真组织开展脱贫攻坚专项督查

按照省委部署，组织机关各部门和市县政协，每个县聘任2名监督员，就全省脱贫攻坚帮扶工作开展常态化专项监督，向省委省政府上报了2期督查报告。围绕贫困村产业发展、专业合作社、扶贫车间存在的问题开展督查，向省扶贫领导小组提出了相关的建议。

（三）借助各类平台为甘肃脱贫攻坚鼓与呼

组织参加六盘山片区政协精准扶贫工作推进会，联合陕西、宁夏、青海等省区政协，就共同关注的区域扶贫重大问题，向国家层面提出的建议被全国政协转送相关部委办理。主动在全国政协重要会议上积极发声，在国家级报刊上发表文章，多方面宣传介绍了省委省政府脱贫攻坚的创新做法和巨大成效。2020年全国“两会”期间，甘肃省政协在接受人民网、《经济日报》和《中国政协》、《中国扶贫》杂志等媒体采访时，所刊发的《甘肃贫困面貌发生翻天覆地变化，脱贫攻坚得益于“五个前所未有”》等署名文章社会反响强烈。省政协主要负责同志先后在中央党校、兰州大学、省委党校作扶贫专题报告，主动宣传省委脱贫攻坚的决策部署，为甘肃如期全面完成脱贫任务寻求共识、凝聚力量。

三、进一步完善丰富协商民主实践

（一）创新丰富协商方式途径

在做好全体会议、常委会议、月协商会的基础上，把提案办理协商、界别协商、对口协商做得更加富有成效。政协甘肃省第十二届委员会成立以来，召开各类协商会议50多次，报送建议案和专题报告60多份，提出有分量的意见建议700多条，省委省政府领导作出批示150多次，在多个场合对政协工作给予充分肯定。

（二）健全协商机制，完善协商活动的流程和规则

坚持协商前必须深入调研，发现问题、找准对策，形成高质量的调研报告。协商时不仅邀请省委省政府领导、省直相关部门和界别委员、专家学者参加，还邀请基层群众和利益攸关方代表参与进来。协商中让大家紧扣调研报告发表意见、协商讨论，使协商的主题更加聚焦，参与的主体更具代表性，所提出的意见更有实效性。近年来，甘肃省政协分层次推进政协协商向一线延伸，政协协商在基层治理中发挥了独特作用。2020年10月，全国政协副主席刘奇葆在甘肃视察期间，专程到兰州市安宁区培黎街道调研政协协商工作，对甘肃省三级政协开展的协商工作给予了充分肯定。

（三）以改革的办法推进政协协商与基层治理相结合

1.在省级层面：为推进政协协商参与基层治理，省委组成专门调研组，抽调政协、统战、组织、政策研究等部门对全省协商民主工作进行了调研，并先后出台了《关于加强社会主义协商民主建设的实施意见》（甘发〔2016〕5号）、《关于进一步加强政协工作推进人民政协协商民主的意见》（甘发〔2016〕31号）、《关于加强和改进人民政协民主监督工作的实施意见》（甘办发〔2018〕3号）、《关于新时代加强人民政协党的建设的实施意见》（甘办发〔2018〕81号）、《关于新时代加强和改进人民政协工作的实施意见》（甘发〔2019〕36号）；甘肃省政协先后出台了《关于推进政协协商向基层延伸试点工作实施方案》（甘政协办发〔2020〕28号）、《关于推进政协协商向基层延伸的工作方案》（甘政协办发〔2020〕31号）等一系列文件，成立了政协协商民主工作推进领导小组，由各位副主席牵头包抓开展协商工作。领导小组下设办公室，省政协秘书长兼任办公室主任。省政协主要负责同志先后主持召开全省市县政协工作经验交流会、基层政协协商工作推进会，总结推广有益经验，部署下一阶段的协商工作；牵头开展了“政协协商与基层治理”课题研究，形成了阶段性研究成果。

2.在市级层面：成立了市委主要负责同志任第一组长，市政协主席任组长，有关部门主要负责人为成员的市委基层协商民主工作领导小组。领导小组下设办公室，办公室设在市政协，负责政协协商的日常工作。同时，市政协建立主席、副主席指导督促政协协商联系点工作机制。截至2020年12月底，在兰州、白银、金昌、天水、庆阳、平凉、临夏7个市州全面展开，其他市州试点正在有条不紊地推进。

3.在县级层面：比照市上，结合实际情况成立相应的组织领导机构，确保协商民主规范有序开展。每个市州确定1~2个试点县（市、区），围绕推进政协协商向一线延伸，在明确协商主体、规范协商内容、丰富协商形式、健全协商规则等方面进行探索。比如，2020年8月，定西市安定区政协率先在社区开展政协协商向一线延伸试点工作，按照居住和工作地点的不同，以网格化的形式，将500余名各级政协委员“分配”到不同的社区，让每个社区的协商议事会来解决群众关心的难心事、烦心事，探索出了一条以政协协商服务基层群众、破解发展难题、促进基层社会治理的新路子。截至目前，累计召开居民协商议事会议60多场次，参与的全国及省、市、区各级政协委员达230多人次，协商解决社区居民切身利益问题860余件，得到了广大基层干部群众一致认可和普遍赞誉。

4.在乡镇（街道）层面：建立委员工作站。甘肃省已明文要求各乡镇要成立便于开展协商工作的委员工作站，站长由乡镇、街道党委（党工委）副书记兼任，不是政协委员的，要积极创造条件增选为政协委员；副站长由辖区内1~2名政协委员担任。委员工作站接受市县政协工作指导和乡镇、街道党委（党工委）领导，负责辖区内委员的联络和协商的组织。目前，甘肃省已在200多个乡镇成立了委员工作站（联络小组）。

依托委员工作站成立协商议事会。甘肃省在有条件的乡镇（街道）均成立了协商议事会，议事会主席由委员工作站站长或副站长兼任，固定成员以辖区内省市县政协委员为主，同时吸收德高望重的群众代表和专业人士参加。

建立协商议事室。甘肃省在有条件的乡镇（街道）建立政协协商议事室，作为乡镇（街道）开展协商活动的场所。

5.在有条件、有意愿的村（社区）：建立村（社区）协商议事会和协商议事室，接受市县政协及乡镇（街道）委员工作站的指导。由村（社区）党组织书记兼任协商议事会主席，使党的领导地位充分体现在协商的各个程序、环节当中，并将政协委员吸纳到村（社区）协商议事会成员当中，积极参与并指导政协协商工作。

四、以改革思维和创新精神提升协商能力水平

（一）健全民主党派和工商联参加政协协商的机制

坚持和发展新型政党制度，进一步健全了各民主党派和社会团体列席各类会议、联合调研和监督等机制，为他们更好地参政议政提供直接通道和便利条件。主席会议成员定期走访省级各民主党派、工商联，先后召开3次沟通协调会，支持和鼓励他们以集体名义参加大会发言、提交提案，邀请相关负责同志列席省政协的一些会议。三年来，各民主党派、工商联参加省政协的各类调研、视察、协商活动200余次，形成了合作共事的良好局面。

（二）进一步发挥委员在协商中的主体作用

1.通过各类培训提高协商能力。制定《加强和改进委员学习工作的意见》，举办了4期培训班，省政协主要负责同志围绕“进好政协门、当好政协人、做好政协事”，新时代人民政协“是什么”“干什么”“怎么干”“谁来干”，“强化时代、政治、责任、主业、能力意识”等作了专题辅导，要求政协委员努力干出新样子、树立好形象，有针对性地增强委员的履职自觉和本领。

2.对履职作业进行公开评议。建立了委员报告履职作业和常委公开述职等制度，倒逼委员认真履职尽责。对甘肃政协成立70年来有影响力的30件提案进行表彰。两年来，住甘全国政协委员在“两会”期间提交了205件提案，立案172件，立案率达到84%，比之前提高了13个百分点。

3.强化对委员的服务和管理。健全走访看望委员制度，建立委员履职档案、履职考核评价等制度，对委员的履职进行量化管理。联合省委组织部、统战部，制定了《委员退出和暂停履职办法》，对工作不积

极、履职不到位的委员及时进行诫勉谈话，进一步激励委员更好地担当作为。

（三）充分发挥专委会在协商中的基础性作用

1.高度重视专委会工作和班子建设。2018年，在9个专委会均设立了分党组；对到政协任职的党员领导干部，在转接行政关系的同时，转接组织关系。加强对专委会工作的指导，实行专委会主任向主席会议报告工作制度，为所有专委会副主任均配备了办公室，增强了专委会办公室工作力量，让专委会工作有场地、有人员。支持专委会多做协调、组织、搭台的工作，鼓励他们加强与对口界别委员的联系。专委会的重要纽带、重要载体作用进一步显现。

2.持续推进专委会工作提质增效。省政协主要负责同志先后主持召开专委会年终工作评议会、专委会主任座谈会、全省政协专委会工作会，把协商事项、任务细化分解到各专委会，确保各项工作有部署、有落实。修订《专委会工作细则》，出台加强和改进专委会工作的《实施意见》，健全专委会履职考核评价体系，让专委会事事有分工、人人有事干，着力解决部分专委会副主任“到岗不履职、挂名不出征”的问题，有关工作得到了全国政协的肯定。

第三节　政协协商规则的构建

习近平总书记反复强调规矩、规律在治国理政中的重要性。政协协商工作是有规律可循的，人民政协作为专门协商机构，只有对协商活动的讨论原则、参加范围、交流方式等进行规范，构建程序合理、环节完整的制度体系，才能确保人民政协协商民主有制可依、有规可守、有序可遵。

一、制定政协协商工作规则的必要性

（一）制定完善政协协商工作规则，是落实党的十九大关于协商民主精神的具体行动

习近平总书记在十九大报告中指出，人民政协是具有中国特色的制度安排，是社会主义协商民主的重要渠道和专门协商机构，是国家治理体系的重要组成部分。要把协商民主贯穿政治协商、民主监督、参政议政全过程，完善协商议政内容和形式，着力增进共识、促进团结。习近平总书记的这些论述，历史性地明确了新时代人民政协协商民主的地位和功能。制定政协协商民主工作规则，构建行之有效的制度机制，是推进人民政协协商民主建设、发挥人民政协协商民主重要渠道和专门协商机构作用、完善协商议政内容和形式的具体行动，对提高国家治理体系和治理能力现代化水平具有重要意义。

（二）制定完善政协协商工作规则，是推进协商民主制度更加成熟、更加定型的现实需要

对“协商什么”“谁来协商”“如何协商”等进行规范。党的十八大以来，围绕协商民主和政协工作，中央出台了一些纲领性文件，习近平总书记和全国政协主席汪洋也先后发表了一系列重要讲话，从宏观层面对协商民主作了安排部署，但在具体实践上，“协商什么”“谁来协商”“如何协商”等问题还缺乏具体的标准依据和制度保障，以致各级政协协商选题、协商过程不科学不规范等现象屡见不鲜。特别是一些地方政府处理改革发展稳定和群众切身利益的重大事项，在决策前和决策实施过程中未经充分协商，盲目决策，造成了社会不稳定、干群关系紧张甚至群体性事件等严重后果。比如，2012年某地大规模强制“平坟复耕”风波，2018年一些地方强制“收缴棺木，一律火葬”、2019年某地盲目合并村庄等，用行政命令、暴力执法，引发群众强烈

抵制，干群关系十分紧张。某地修建“世界最大”关公雕像、某地的“鲤鱼跳龙门”、某地“仿古城门”等人造景观的建与拆，折射出的是政府决策跑偏走样，带来的是劳民伤财，发酵的是极坏的社会影响。近日，某地大型批发市场因为涨租金引发商户游行抗议，就是因为开发商与商户之间缺乏协商，也无人来为他们组织协商而造成的。某地传染病事件处置中，由于信息披露不透明、确诊说法不统一，引起了市民恐慌，就是相关部门在处置时没有顾及利益攸关方的感受而造成的。如果协商在前，就能增加政府的公信力，也能最大程度地减少民众的恐慌。

人民政协要发挥好重要渠道和专门协商机构的作用，提高履职能力和水平，就必须从微观操作层面构建一套完善的规则体系，为“协商什么”“谁来协商”“如何协商”等提供行为规范和刚性约束，使协商于决策之前和决策实施之中成为常态，使“有事好商量，众人的事情由众人商量，并找到最大公约数”成为国家治理的重要法宝。

（三）制定完善政协协商工作规则，是确保协商工作提质增效、行稳致远的必然要求

将基层在协商民主中探索的有益做法进行规范，上升为制度，有利于提高协商民主的科学性、规范性和可操作性。近年来，人民政协协商民主实践蓬勃发展，运作模式不断创新，协商格局日趋稳定。比如，全国政协的“双周协商座谈会”，省级政协普遍开展的“月协商座谈会”，部分地市、县级政协的“季度协商座谈会”，政协协商的影响力逐步增强，各界群众代表的参与度不断提高，政协协商民主的品牌效应日趋彰显。但从全国政协和地方各级政协的具体实践看，不得不承认，因为缺乏有效的协商规则，许多协商沦为了“走形式，走过场”。政协系统常用的协商模式为“党政职能部门通报情况—协商代表发表意见建议—职能部门简单回应—政协领导总结讲话”。协商过程听不到辩论博弈，缺乏火花碰撞，不同声音和意见似乎已在会前被过滤，协商会变成了“通报会”“汇报会”。协商民主应有的讨论辩论环节因特定的议程设置而被人为地弱化和控制。部分协商成果质量不高，可操作性不强，且难以转化落地。政协协商对党委政府的决策影响不大，导致政协委员、利益攸关方、群众代表参与的积极性不断递减，甚至认为政协解决不了实际问题，政协协商没有多大价值。因此，制定政协协商工作规则，让协商内容、程序、议事规则、成果运用等更加明确，对提高协商成果的质量和政协协商民主的有效性、权威性具有重要意义。

二、政协协商应遵循的工作原则

（一）始终坚持党的领导

“中国特色社会主义最本质的特征是中国共产党的领导，中国特色社会主义制度的最大优势是中国共产党的领导。”[①]“人大、政府、政协、法院、检察院、军队、各民主党派和无党派人士、各企事业单位，都要坚持中国共产党的领导。”[②]做好人民政协协商民主最根本的就是要全面加强党对政协协商的领导，增强“四个意识”、坚定“四个自信”、做到“两个维护”，充分发挥政协党组在政协协商中的政治领导作用，着力突出分党组和各支部在政协协商中的战斗堡垒作用，有效彰显党员领导干部在政协协商中的“关键少数”作用，更加注重党员委员和党员干部在政协协商中的先锋模范作用，更加自觉地把政协协商摆到党委全局当中，始终在党委领导下开展各项工作，让党赋予使命职能，

① 习近平：《在庆祝中国共产党成立九十五周年大会上的讲话》，人民出版社单行本，2016年7月1日，第22页。

② 习近平：《习近平关于社会主义政治建设论述摘编》，中央文献出版社2017年版，第34页。

提供后盾保障，只有这样才能搭建政协稳定权威的协商平台，制定有序、高效的运行机制，推进政协协商民主深入开展。

（二）依法依政协章程协商

“要准确理解和把握人民政协的性质、地位、职能、作用，坚持在宪法法律和政协章程范围内履行职能、开展工作，确保人民政协事业的正确政治方向。”①依法协商要求一切协商活动必须在宪法法律框架内进行，必须在党委的领导下，有组织、依法依规地进行协商，不能是自发的、无领导的和无组织、无原则的协商。各方协商代表要理性表达利益诉求，以法律法规为准绳，既不漫天要价，无理取闹，也不以势压人，独断专行。同时，协商结果不得与国家法律法规相抵触，不得违背国家大政方针。

（三）明确指导性而非约束性的要求

1.保证协商频次。作为专门的协商机构，要有一定的协商活动来体现其作用，市县政协每年至少安排3~4次各种形式的专题协商活动，这应当是一个基本要求。各地经济社会发展水平不同，各界别工作任务不同，政协人员编制、经费保障不同，工作条件好的可以多做一些，条件差一些的也应保基本。

2.完善协商机制。制订协商计划和协商活动的工作要求，做到协商前有调研，协商中有党政部门与委员、界别群众的互动，协商后有成果的报送和跟踪，确保协商活动有章可循、有规可依。

3.丰富协商形式。可以采取专题议政性常委会、专题协商会、对口协商会、界别协商会、提案办理协商会、网络协商会等多种方式开展。有的市县政协搞“商量”平台，有的搞“月商会”，有的邀请党委政府主

① 习近平总书记在2018年参加全国“两会”审议宪法修正案和政协章程修正案时的讲话。

要负责同志与委员“面对面”协商，有的搞“问题清单”协商，有的搞“网络问政会”，这些都是很好的探索。要因地制宜，从各地的实际出发。

4.完善组织保障。根据实际优化专委会设置，整合力量，推动全体委员分别进入专委会，充分发挥专委会在协商中的基础性作用、委员的主体作用。

（四）坚持协商于决策之前和决策实施之中

坚持协商于决策之前，政治协商才能避免流于形式，从而发挥应有的作用；在决策执行过程中加强协商，才能根据实践的发展不断修正和完善决策。要围绕改革发展稳定重大问题和涉及群众切身利益的实际问题，在决策之前和决策之中广泛协商，把党的主张通过民主程序转化为各方面的共同意志。[①]坚持“不协商，不决策，不实施”，充分听取各方意见建议，寻求最大公约数，提高决策的前瞻性、科学性和可行性。尤其是涉及当地广大人民群众切身利益的公共决策时，必须在决策前让人民群众和利益攸关方参与进来，进行充分的论证、协商，并防止协商的随意性和选择性。[②]

（五）由政协来牵头协商

习近平总书记指出：“深入开展政治协商、立法协商、行政协商、民主协商、社会协商、基层协商等多种协商，建立健全提案、会议、座谈、论证、听证、公示、评估、咨询、网络等多种协商方式，不断提高协商民主的科学性和实效性。”[③]而政协协商是由各级政协组织牵头开

① 刘佳义：《新时代人民政协理论和实践研究》，中国文史出版社2020年版，第233页。

② 欧阳坚：《发挥政协协商在基层治理中的积极作用》，《学习与研究》2020年第9期，第37页。

③ 习近平：《在庆祝中国人民政治协商会议成立65周年大会上的讲话》，《人民日报》2014年9月22日。

展的协商，是邀请相关方面在政协平台协商，而不是与政协协商，方式可以选择提案协商、界别协商、对口协商、会议协商、座谈会协商、调研视察协商、网络协商、书面协商等。

三、政协协商的程序

在协商的程序上，要把“提议、告知、协商、决策、反馈、监督、评估”作为基本环节，事前进行充分协商，力求取得广泛的共识；事中有监督，确保执行不出偏差；事后有评估，让利益攸关方代表或第三方对执行结果进行评估，分析利弊，总结经验，从而使民众参与协商不仅成为公共决策的必备环节，而且是一个完整的民主决策的闭合过程。

（一）协商议题的提出和确定

1.议题来源。协商议题征集渠道广泛通畅是政协协商民主广开言路，集思广益的前提和基础。近年来，甘肃省政协在议题征集方面进行了探索完善，形成了一套行之有效的议题征集渠道：一是由党委政府“点题”；二是由政协“选题”；三是由委员和群众“出题”；四是向下级政协机构征集议题；五是政协社情民意信息反映比较集中的社会热点焦点议题；六是政协官方网站征集到的议题。政协将议题汇总，征求党委、政府的意见，形成协商计划，报党委审定实施。未列入计划但需要协商的事项，可以临时安排。①

2.选题标准。协商内容应包括经济、政治、文化、社会、生态文明建设等国家和社会生活中所涉及的各方面内容。政协协商民主的选题要从实际出发，以政协可利用资源、优势、能力为考量，尽力而为，量

①欧阳坚:《关于完善政协协商制度机制的思考》,《中国政协》2020年第4期，第46页。

力而行，尽量选择委员熟悉领域的议题，切实提高协商的专业性、权威性。一般来讲，应紧扣党委政府的中心工作、群众生产生活的难点和社会治理中的焦点问题，来确定协商的主要内容。同时，也应根据形势变化，把一些即期实现的重大问题纳入协商内容。当前，亟需加强的是，怎样收集和确定广大群众关心关注、涉及切身利益、确需通过协商来妥善解决的公共决策问题，地方政府如何依法依规让利益攸关方参与到这些决策的论证、制定和实施中来。[①]具体来说，一是应完善省级协商，省级协商应更多地关注事关全省改革发展的全局性、战略性、前瞻性问题。二是应加强市级协商，市级层面应更多地关注本地区经济社会发展的政策和规划。三是应拓展县级协商，县级层面应更多地关注老百姓普遍关心的难点焦点堵点问题。据此原则标准，在收集汇总议题的基础上，首选确定哪些议题需要协商，哪些议题无须协商。需要协商的，要建立议题库，把议题按重要性、涉及面等指标进行分级，可分为特别重大、重大、一般三个等级，以此确定协商选题的优先次序。

3.议题确定。根据汇总分级后的议题，协商领导小组综合相关方面意见后，提出选题建议，报政协主席会议审定，不涉及保密信息的议题，应于专题调研前30日在政协官方网站或其他媒介公示公布。

4.议题批准。对经过公布无异议的协商议题，应报同级党委批准同意后正式确定为协商议题，并纳入协商计划。

（二）协商主体范围的选择和确定

1.协商主体的选择。协商主体的口碑、能力和价值偏好等因素，直接关系着政协协商的开展、成效和最终的兑现。首先，协商民主的根本属性要求参与协商的各方代表具有充分的、合法的代表性，在群众中

① 欧阳坚：《发挥政协协商在基层治理中的积极作用》，《学习与研究》2020年第9期，第37页。

口碑好、认可度高，能够真正代表群众的切身利益，这是协商主体必须具备的基本条件。其次，协商主体要公道正派，具有较强的社会责任感，能够保持公共理性，表达诉求合情合理不极端，反驳他人有理有据不傲慢。再次，协商主体要有良好的表达、论证和沟通能力，能够清晰地表达自己的主张，辨析各方的观点，并提供强有力的法律法规或政策依据。在充分讨论协商的基础上，协商主体要有包容妥协精神，自愿接受协商结果。另外，协商主体要愿意付出时间精力，保证全程参与专题调研、座谈、正式会议等协商活动，切实维护政协协商民主的严肃性、完整性、权威性。

2. 协商主体的构成。协商主体的选择应根据议题需要，坚持人民当家作主、多元化、利益相关、政协特色的原则，保证协商的正当性、合法性。一是党政及司法机构代表。一般情况下，政协协商议题都围绕党政中心工作，邀请党政相关职能部门参与协商，让其直接与利益攸关方面对面讨论，并吸收政协委员、群众代表的意见建议，有助于推动问题尽快解决。二是政协委员。政协委员是政协协商的主体力量，也是政协协商活动的组织者、主导者，在协商活动中发挥着化解分歧，凝聚共识，推动解决问题的关键作用。三是利益攸关方代表。协商议题一般都会牵涉到一个或多个群体的利益，部分问题的解决关系到利益格局的调整，利益攸关方代表是协商的当事人和不可或缺的参与者。四是群众代表。协商民主要体现人民当家作主，就要给予普通群众参与协商的权利和机会，要特别重视专家学者、新兴阶层人士、“网络意见领袖”的参与，重点把群众中威望高、口碑好、有影响力的“关键少数”吸纳进来。①

① 欧阳坚：《把协商民主贯穿公共决策全过程》，中共中央党校《研究报告》2019年第42期（2019年7月12日）。

3.协商主体的产生流程。协商主体的选择要严格按照能力素质等资格要求，根据议题需要，确定代表数量，严格筛选，宁缺毋滥，以保证协商质量和成效。党政职能机构代表，由相关单位直接委派。政协委员代表可以根据议题内容提前指定或征集委员报名参与。利益攸关方代表主要由利益群体协商推荐产生。群众代表可以报名自荐，还可根据议题需要，主动邀请相关人员参与，引导他们客观公正表达意见，正面引导社会舆论。

4.协商主体的职责和权利。协商主体要围绕议题，深入调研，听取群众意见，吃透情况，厘清缘由，思考对策。在会议协商时，应不受其他压力影响，自由独立发表意见，认真研究与议题相关的材料信息。同时，协商主体也必须遵守会场秩序，实事求是，客观公正、有理有据地陈述事实和理由，听从主持人或召集人的意见，尊重并倾听其他代表的发言，按照规则提出反驳、回应质询，并负有遵守保密制度的义务，不得随意泄露涉密内容和信息。

5.协商主体的确定应在一定范围内公示。参加政协协商的代表初步名单产生后，由协商领导小组审定，原则上可由10~15人组成，有需求的可放宽至20人以内，并在专题调研前20天在政协官方网站或其他媒介公示。

（三）协商时间和地点的确定

尽管协商议事会有固定的协商场所，但要以方便群众和更多的利益攸关方为原则，既可以在市县政协机关、乡镇（街道）协商议事室开展协商，也可以在村组、社区、厂矿、楼宇、田间地头等开展协商。

（四）协商形式的选择

协商形式应服从协商内容和协商目的，可以是会议形式，也可以是网络协商、上门协商、书面协商。

具体究竟采取何种协商形式，要灵活、便捷、多样，不机械刻板，需要什么形式，就选择什么形式。

（五）协商事项的告知

1.告知的时机。在协商议题、协商主体、协商形式确定后，协商组织者应择机将协商有关的内容、材料等及时告知协商主体。

2.告知的方式。协商一般应发出专门的协商告知函，将协商的议题、形式、时间、地点等相关内容告知协商主体。对于简单的协商事项还可以通过电子邮件、电话或口头告知。

3.告知事项的反馈。协商组织者在告知函件发出规定时间内，没有收到确认信息的，应及时通过其他途径联系确认。对通过口头或电话告知的，协商主体承诺参加的，即为成功告知。

（六）协商事项调研

没有调查，就没有发言权。要明确所有的协商在之前都要有深入的调查研究。要坚持问题导向，深入基层一线扎实调研，可通过问卷调查、实地访谈、召开座谈会、查阅资料等方式，把情况摸清、问题找准、对策建议提好，这样才能保证协商是专业的、有质量的。①

每次协商前都要深入调研，唯有对调研掌握的材料和发现的情况，认真研究分析，由此及彼，由表及里，把双方产生分歧的症结找准、挖深、弄通，才能很好地引导双方达成共识。

（七）协商主持人或召集人的确定

对县级以上政协的各类协商会议，主持人或召集人，可由政协负责同志或专委会负责同志等担任。对于市县政协在基层搭建的各类协商平台，协商议题不同，协商会议主持人不固定。每次由协商议事会，根据协商议题难易程度和专业背景等因素，集体商议随机确定，尽量让有相关专业背景的政协委员担任。

涉及群众利益、矛盾尖锐的协商议题，一般应由协商经验丰富的

① 欧阳坚：《推进政协协商向基层延伸的思考》，《民主协商报》2020年11月13日。

协商议事会主席担任。对社会影响较大的议题，应邀请市县政协领导担任协商会议主持人。

（八）协商活动的开展

1.会场布置。会场尽量以圆桌会议方式布置，以体现政协协商的平等性、开放性。没有条件的，可方可圆，但尽量要让协商主体感受到地位平等。应在协商会议场所设置协商文化专栏，宣传“和合”传统文化理念，张贴协商议事口诀、协商议事歌谣等，营造相互尊重、平等协商的良好协商氛围。

2.平等协商。首先由主持人宣读议事规则，然后按照议事规则进行发言讨论。主持人要秉持中立原则，做到客观公正、实事求是、不偏不倚。既要把握协商方向，确保不跑题；又要引导各方遵循协商规则有序发言、平等交流。

3.达成共识。工作人员要随时记录代表们的发言内容，及时归纳提炼发言要点，经代表签字确认无异议后形成书面意见，汇总整理后，提交协商代表表决，最终达成共识。不追求每次协商都能达成一致的意见。对协商过程中分歧较大的议题，要在深度调研的基础上，开展多形式、多层次的协商。一次协商不成的，可多次协商。经过多次协商，仍然难以达成共识的议题，经协商议事会商定可以中止。协商力求实现达成最大共识的目标，让协商的过程变成凝聚共识的过程。

（九）协商成果的报送、批示、督办、反馈与评价

协商不能议完事了，重在落实协商成果。要完善促进协商成果转化运用的办法，明确对政协协商形成的建议案、专题报告的报送、受理、批示、办理等程序，使协商真正形成一个民主决策的闭合过程，从而确保相关建议转化为党委政府的工作举措和实效。

1.畅通报送渠道。协商事项完成后，政协要以建议案、专题报告等形式，报送党委、政府决策参考。政协全体会议、常委会议、主席会议及重要专题协商会形成的协商成果，一般报送党委政府主要领导阅示，其他专题协商成果，一般报送党委政府分管领导阅示。对于市县政协在基层搭建的各类协商平台，形成共识的协商成果也要及时向党委政府报送，需要公示的应及时公示。坚持谁批准协商议题，就向谁报告。

2.落实领导批示。党委政府有关领导应及时对政协建议案给予批示，批示内容应提出具体办理意见，明确承办部门和办理时限。对政协全体会议、常委会议审议通过的建议案，党委和政府要及时研究，推动相关建议得以落实。对政协协商后形成的建议案、专题报告以及委员提交的提案、社情民意信息等，党政领导同志作出批示的，相关方面必须抓好落实，并将落实情况反馈政协办公厅（室）。政协协商领导小组要及时督促并掌握批示落实进展情况。

3.参与跟踪督办。对党政领导同志要求落实的重要事项，相关部门应及时跟踪督办，确保相关建议转化为工作举措和实效。特别是一些涉及改革发展稳定和群众切身利益重大问题的建议案，要成为党委、政府决策时的重要参考。政协协商领导小组要加强与党政有关部门的联系，及时跟进协商建议的采纳和任务分解情况。会同党政督查部门加强督办检查，及时了解职能部门的转化落实程序、步骤和进展，根据事项的轻重缓急，分别以电话督办、书面督办和会议督办的形式促进落实，防止“重答复、轻落实”，力求成果转化最大化。

4.及时反馈问题。对于成果转化落实过程中遇到的各种新情况、新问题，要建立问题反馈机制，及时分析问题原因，针对新情况新问题，可以进行再沟通，再协商，形成补充建议案，直到问题得以解决。

5.强化评价考核。应建立完善的评价考核制度，政协协商领导小组根据协商过程中政协委员和其他协商代表的参与情况、发挥作用情况，给予代表们中肯的评价。其中对委员的评价要作为政协委员年度考核的重要依据。另外，党委政府要把政协对职能部门参与政协协商民主的评价情况纳入职能部门和相关干部绩效考核的重要内容，作为衡量干部能力水平的重要参考。应让利益攸关方代表或第三方对执行结果进行评估，分析利弊，总结经验。从而使人民群众参与协商不仅成为公共决策的必备环节，而且是一个完整的民主决策的闭合过程。①

总之，良好的议事规则是保障民主，实现公平，让各方意见有条不紊地进行表达的必要条件。制定政协协商工作规则，把协商互动列为必要环节，对协商的参加范围、讨论原则、基本程序、交流方式等作出规定。②就全国政协层面来说，应尽快研究制定《协商工作规则》，对谁来设定议题、谁来组织协商、按什么程序协商、协商成果如何运用等予以明确。③为此，应形成一个从协商议题提出和确定、范围选择、地点和形式确定、过程严格规范，到成果跟踪办理、向相关方面反馈的完整、规范、闭环的协商流程。

四、政协协商的平台与机制

协商作为民主政治制度，是中国人民政治协商会议成立后才应运而生的。新中国成立以来，中国共产党从发展新型民主政治需要出发，探索完善人民政协制度体系，在国家、省级、市级、县级层面，都建立了人民政协组织。

进入新时代，我们党着眼于中华民族伟大复兴的战略全局和世界百年未有之大变局，准确识变、科学应变、主动求变，要求把社会主义

① 欧阳坚：《把协商民主作为公共决策的重要程序》，《人民政协报》2019年7月17日。

② 汪洋：《在中央政协工作会议上的总结讲话》人民网2019年9月21日。

③ 欧阳坚：《发挥政协协商在基层治理中的积极作用》，《学习与研究》2020年第9期，第37页。

协商民主作为全局性战略任务全方位广泛多层制度化推进。国家和省级政协积极探索实践社会主义协商民主，不断拓展协商民主形式，探索搭建了各层次专题协商、对口协商、界别协商、提案办理协商等协商平台，协商的密度、成效日益显现。

与此同时，市县政协工作则不同程度存在定性模糊、职能模糊、责任模糊、工作方式模糊等问题，加之民主党派、界别、专家学者不多，高水平的专题协商活动既搞不起来，也难做好。反过来，基层群众在国家政治生活和社会治理中无法表达、难以参与的弊端尚未有效克服。将政协协商有效嵌入国家治理体系，既可以为民主党派、工商联和无党派人士发挥作用创造有利条件，又可以广泛形成人民群众参与各层次管理和治理的机制，有效保证人民依法有效管理国家事务、管理经济和文化事业、管理社会事务的权力。

为此，全国政协从健全完善社会主义协商民主体系、更好发挥人民政协专门协商机构作用出发，明确市县政协的主要工作是协商、主要工作方式是搭台、工作主旨是双向发力，要求市县政协可以通过“不建机构建机制”和“请上来、走下去”的工作思路，创设委员履职小组、各种协商平台等载体，推动政协协商与基层协商有效衔接。近年来，各地政协务实灵活地组织开展了一系列协商探索，让政协协商跨出大院、走出会堂、深入基层，进一步拓展了协商领域、提高了协商成效。比如，甘肃金昌的协商议事厅、江苏徐州的协商议事会、浙江的委员会客厅、湖南的委员工作室、云南边寨小协商、四川绵竹院坝协商等实践，使市县政协的工作有了抓手、有了落点，更加富有成效，让社会主义协商民主在全国各地蓬勃发展起来。

甘肃省政协从政协协商文化、协商理论、协商实践、协商制度等多个层面探索创新，形成了更能发挥专门协商机构作用、更利于健全完善人民政协制度的平台和机制。

1.搭建“三位一体”协商平台。市县党委主动压担子、交任务，把乡镇（街道）协商平台的搭建交由政协来抓。按照统一名称、统一标准、统一机制搭建“三位一体”协商平台。一是在有条件的乡镇（街道）建立委员工作站。工作站是机制性的，不增设机构，不增加编制，负责辖区内委员的联络协调和协商活动的组织工作。二是依托委员工作站成立协商议事会。乡镇（街道）应成立协商议事会，议事会主席由委员工作站站长或副站长兼任，固定成员以辖区内省市县政协委员为主，同时吸收德高望重的群众代表和专业人士等参加。三是建立乡镇（街道）协商议事室。协商议事室应有相对固定的场所、统一的标志、必要的设施、明确的规则、详细的协商记录、固定的成员等。比如，甘肃省金昌市为每个乡镇（街道）搭建协商平台给予适当经费补助，全市18个乡镇（街道）协商议事室均按统一标准集中打造。四是有条件、有意愿的村（社区），可建立村（社区）协商议事会和协商议事室，接受上级政协及乡镇（街道）委员工作站的指导。

2.政协领导力量、政协委员、专委会工作“三个下沉”。推动省市县政协协商工作和力量向一线延伸，通过“三个下沉”，实现“三个覆盖”。一是政协领导力量下沉，省政协领导下沉指导市（州）政协，市（州）政协领导下沉指导县（区）政协。县级政协领导向一线下沉，实现对一线协商工作指导全覆盖。二是辖区内的省市县政协委员要向一线下沉，编入乡镇（街道）协商议事会，参加协商议事等活动，力争实现各级政协委员加入乡镇（街道）协商议事会全覆盖。三是省市县三级政协专委会工作向乡镇（街道）协商工作下沉，乡镇（街道）协商活动可根据议题与省市县政协专委会对接争取支持与指导，增强一线协商能力，实现对一线协商工作指导全覆盖。通过“三个下沉”，既集成整合了政协系统资源，又充实了基层政协的力量，打通政协协商向一线延伸“最后一公里”。

3. 建立分层联动的协商工作机制。各级政协组织根据协商议题，既可以提请上交，也可以指定下放。对事关全省普遍共性问题，可提交纳入省政协协商议题。通过这样的机制安排，既实现政协协商与基层协商能够有效衔接起来，又可做到什么范围的事情，就在什么范围内协商，让任何经过批准的协商议题都有始有终，形成闭环协商流程。比如，甘肃省兰州市安宁区培黎街道协商议事会探索的四级联动协商，网格协商不了的，转交社区协商；社区协商不了的，转交街道协商；街道协商不了的，转交区政协协商。

第四节　培育政协协商文化

任何制度的选择与实践，都是以文化为土壤的，协商民主也不例外。协商文化在我国有根、有源、有生命力，具有深厚的文化积淀。在几千年的历史长河中，协商文化孕育于中华优秀传统文化的母体之中，得益于中华优秀传统文化的精神滋养，是中国人民和中华民族重要的思维方式和民族特征。发挥专门协商机构作用，需要与之相适应的协商文化来涵养和支撑。[①]协商民主的健康发展与协商文化培育，已经成为政协协商的一体两面，缺一不可，培育协商文化是推进政协协商的应有之义。

一、政协协商文化的内涵

协商文化是一种采取理性的对话、沟通方式化解分歧、达成共识、解决问题的理念，是人们在对话、沟通过程中所遵守的行为规范、价值

① 欧阳坚：《关于完善政协协商制度机制的思考》，《中国政协》2020年第4期，第47页。

观念等。协商文化与协商制度相辅相成，使制度的运行具有了文化涵养和氛围。新时代背景下，协商文化作为与中国特色社会主义协商民主制度相适应的一种政治文化，是“有事好商量、众人的事情由众人商量”和协商民主广泛多层制度化发展的必然要求。协商民主是一种参与型、协商式的政治文化，其本质属性就是一种协商文化。协商文化是协商民主的“魂”，推动着协商民主更加规范、有序、有效地发展。

具体而言，政协协商在文化价值层面，要积极培育三种内涵。

（一）培育平等文化

习近平总书记明确指出，在协商工作中要“做到相互尊重、平等协商，而不强加于人”[①]，这一重要论断反映出平等在协商工作中的重要性。通过协商民主达成共识与最大公约数，其最根本的保障在于协商主体在政治人格与参与权利上的平等，在于协商中争议解决的规则对所有协商主体的平等。只有做到在政协协商民主平台上各参与主体的真正平等，协商民主的过程才能最大限度和最充分地吸收各利益相关方的建议与诉求，才能最终达成对各方都有约束力的共识。反之，平等作为一种价值又能引导和促进政协协商民主的良性运行。推进政协层面的协商民主，必须摆脱等级观念、官僚文化的束缚，让各类社会组织、利益相关者及其公民以平等的地位参与到经济社会发展和公共事务决策的民主协商之中。

（二）倡导参与文化

习近平总书记强调，“协商就要真协商，真协商就要协商于决策之前和决策之中，根据各方面的意见和建议来决定和调整我们的决策和工作，从制度上保障协商成果落地，使我们的决策和工作更好顺乎民

① 习近平：《在中央政协工作会议暨庆祝中国人民政治协商会议成立70周年大会上的讲话》（2019年9月20日）。

意、合乎实际。”[①]这就强调在协商工作中，应让相关方面都全部参与进来。协商民主是社会主义民主的重要实现形式，协商民主的良性运作不仅仅依赖参与主体间的平等与协商规则的平等，更依赖于广大协商民主参与主体理性和积极的政治参与。政协协商民主的有效实施，需要培育组织内部理性、积极地参与文化。

一方面，要教育广大政协委员和各个协商主体认同和支持党的决策，学习和掌握国家的法律制度和政策，合理交往与理性参与，克服政治文化中政治冷漠的影响。

另一方面，要完善政协层面各种协商民主的规程与细则，积极拓展参与政协协商民主的途径。现代政治发展史早已经证明，理性和积极的政治参与是对民主政治机制最好的支撑。人民政协内部，要积极培养政协委员规范、理性、积极的政治参与能力，使得各协商主体能够真正参与到协商民主的过程之中，充分发挥自身政治角色对于协商民主过程的重要作用。

（三）体现宽容文化

习近平总书记指出，在协商工作中要“体谅包容、真诚协商，而不偏激偏执”，这实际上是强调我们的协商工作要宽容对待各方面的批评意见，甚至“刺耳、尖锐一些”的意见。协商民主之所以能够克服选举民主的缺陷，精髓在于其对不同意见的宽容与妥协，这种宽容与妥协克服了选举民主可能带来的“少数人的暴政”，兼容和整合了多方利益相关者的诉求，真正做到了既尊重了多数，又保护了少数人的利益。协商民主中的宽容精神，要求协商者设身处地为彼此着想，做到真正的尊重与妥协。在政协协商民主过程中，要极力培养政协委员的

① 习近平：《在庆祝中国人民政治协商会议成立65周年大会上的讲话》，《人民日报》2014年9月22日。

宽广胸襟，允许并尊重各种不同意见，在理性和谐的协商中形成共识，实现共赢，这才是保证政协协商富有生机与活力的根本所在。

二、培育政协协商文化的意义和作用

（一）为协商民主发展提供内生动力

近年来，以甘肃金昌等地的“协商议事厅”、浙江的“请你来协商”、江苏徐州的“协商议事室”等为代表的协商民主实践，初步探索出了一条政协协商与基层治理有机结合的路子，把政协协商在基层社会治理中的积极作用发挥了出来。这些协商之所以能良性持续发展，并显示出强大的生命力，关键是在抓好协商制度建设的同时，让协商文化以润物细无声的方式传递出去，成为各级各界的普遍价值认同。[①]经过长期的实践完善，这些地方的协商氛围日渐浓厚，人们的协商意愿不断增强，协商能力不断提升，从而演化为一种文化习俗和社会规范。这样潜移默化形成的协商文化，因其扎根于民情和社会的土壤，为协商民主有序发展提供了源源不断的内生动力。

（二）激发和增强协商主体的积极性、责任感、获得感

协商主体来自不同领域不同阶层，他们有着不同的阅历、不同的认知，协商主体的多元必然导致协商民主认识各不相同。因此，需要用共同的协商文化对“碎片化”的价值观进行整合和引领，以提高协商主体对协商民主的理解和认知，引导每个协商主体认识到参与协商的重要意义，激发和增强他们在协商过程中的积极性、责任感，以及通过参与协商解决问题的成就感、荣誉感。

1.提高积极性。协商主体来自不同领域、不同阶层，他们有着不同的认知、不同的诉求，通过政协协商平台，可以让各个协商主体特别

① 欧阳坚：《关于完善政协协商制度机制的思考》，《中国政协》2020年第4期，第47页。

是利益攸关方广泛平等地参与到决策的制定和实施中来，让各自的意愿和诉求得到反映和满足，同时通过说理说服、增信释疑，可以让各自的“思想疙瘩”得到有效的化解，从而激发他们参与政协协商和社会治理的积极性。

2.增强责任感。将政协协商向一线延伸，搭建适合基层社会治理特点的协商载体，让基层群众与政协委员共同参与基层社会治理，把各界利益诉求表达引导到协商平台之中，让群众充分表达诉求，形成顺民心、合民意的政策措施。这样既可以让群众真正回归到“治理主体”本位，又能增强群众参与基层治理的责任感。

3.提升获得感。通过对协商主体参与协商履职活动，化解利益攸关方分歧、达成共识、解决实际问题，给予客观中肯的评价，对于贡献突出的要给予充分肯定，并大力宣传，从而提高社会对政协协商的认可度、信任感，增强协商主体的获得感，激发他们参与政协协商的内在动力。

（三）协商文化具有导向作用

协商民主的运行离不开协商主体——个人的活动。而人的活动因受社会生产方式、生活方式、思维方式、价值观念等因素的影响而各不相同。没有系统协商文化引领，这些利益协调起来就会非常困难，甚至遭受多方面的抵制，协商民主将难以有效推进。协商文化是一种无形的“软约束”和“软规范”，它使协商主体自觉接受协商文化的规范和约束，它是每一位协商主体行动的最高准则，它潜移默化地影响着个体的价值观念和行为取向，促使个体自觉地改变原有的观念，将理性公正的价值观、道德观、利益观渗透到个体中。协商文化不仅从协商民主的长远发展着眼，教育协商主体正确处理个人利益与公共利益的关系，而且加强对个体道德品质和行为规范的教育，使协商主体更加包容、友善、和谐，达到事半功倍的效果。

因此，培育积极向上的政协协商文化，可以规范协商主体的不当言行，减少个体的不合理要求，减少无理取闹，从而提高协商效率，降低沟通、协调、达成共识的成本；可以激发协商主体的主动性、创造性，使协商主体愿意多花时间和精力，充分发挥沟通协调化解分歧的潜能，提高协商效率。

三、培育协商文化的路径与方式

（一）提高协商意识，养成理性平和的协商习惯

1.应让公民想协商、愿协商、敢协商。协商就是不同思想观点相互碰撞、相互融合的过程。社会公共事务既是社会的，又是个人的，它关系到个人群体和个人利益。因此，应提高公民的参与意识、主体意识、责任意识。

第一，各级党委政府要增强协商的意识，愿意协商、主动协商，提高对重大决策的协商自觉。同时，要秉持提高决策制定的科学性、增强民众和利益攸关方对决策实施的认同感的理念，对协商的参加范围、讨论原则、基本程序、交流方式等规定清楚，扩大参与各方的代表性，增强协商的广泛性、实效性。

第二，各级政协要更加学会协商、善于协商，增强为协商服务保障的本领，确保协商平等、有序、真诚地开展，让参与方切实感受到这是自己的民主权利得到真正落实的参与式民主。

第三，广大政协委员、各党派团体要懂政治、讲政治，遵守协商规则，掌握协商的方式，不各说各话、不偏激不偏执，讲新话、讲有用的话、讲有质量的话，真正提出专业性的意见建议。

第四，要培育社会组织和广大民众“有事好商量、众人的事情由众人商量”的意识，遇到问题和利益冲突时愿意通过协商来解决分歧。[①]

① 欧阳坚：《关于完善政协协商制度机制的思考》，《中国政协》2020年第4期，第47页。

2.应让群众养成理性平和的协商习惯。理性是人们交流交往必须遵守的基本行为规范，也是人们合作共事的基本条件。

第一，应培养理性协商的习惯。协商民主的本质特征是理性协商，理性是缩减分歧、达成共识的关键条件。理性协商需要以社会主义核心价值观为引领，使协商主体客观中肯地分析判断，换位思考，尊重差异，包容分歧，从而形成理性品质。

第二，应保持平和协商的心态。引导各方坚持心平气和地协商，逐渐使遇事多商量、众人的事情由众人商量常态化。平和协商不但能缓解矛盾，大事化小、小事化了，使问题得到解决，而且增进各方的了解，甚至建立友好和谐的关系。

第三，应避免情绪化和过激行为。避免语言挑衅和激化矛盾，让协商主体认识到，合理合法的主张和逻辑才能在协商过程中发挥作用，情绪化的、不切实际的诉求只会加剧矛盾、扩大分歧，无助于解决问题。

（二）增强法治观念，保障公民权利、地位和机会平等

依法协商是协商民主必须坚持的基本原则，没有法律权威和法治信仰，就没有协商主体的有序参与。因此，应提高公民的法治意识，增强公民的法治观念。法治观念有助于形成一种自发的秩序，对协商民主的运行起到一种约束调和的作用。

一是应持续开展法治宣传教育，让所有公民真正信法、遵法、守法。法律的权威源自人民的内心拥护和真诚信仰。培育法治信仰需要持之以恒、久久为功。

二是健全公益普法制度，界定相关机构普法责任，举办普法活动，传播普法广告，引导社会法治风尚。

三是深化基层部门和社会组织治理功能，发挥市民公约、乡规民约、行业规章等基层规范的作用，培育公民遵纪守法、依法办事的意识和观念。

四是协商应该在平等和谅解的基础上进行，不但要保证想发言的人有机会发言，而且要保证他们不受外来压力独立真实地发表意见。协商地位平等是表达机会平等的前提，只有这样，平等协商、互相尊重的协商氛围才能形成，达成的协商结果才能顺利实施。

（三）发挥好榜样的引领示范作用，营造和合、包容的协商氛围

榜样的力量是无穷的，其正确向上向善的价值取向、强烈的社会责任感和理性法治包容的行为习惯为公众树立了标杆和参照，具有较强的示范作用。这样的标杆一旦被社会大众所熟悉和认可，就会起到良好的导向作用，从而引领公众竞相学习和模仿。因此，要对榜样在协商民主过程中表现出的优秀品格和典型事迹加以宣扬和倡导，从而培养理性法治包容的协商文化。

和合文化源远流长、博大精深，是中国传统文化的精髓。中华民族历来倡导以谅解、包容的方式化解矛盾。尤其在民间，和合文化影响深远。这一共同的文化基因为构建新时代的协商文化奠定了基础。一方面，应引导各利益主体从公共利益、社会大局出发，正确处理个人利益与公共利益的辩证关系，使个人利益与公共利益和谐共生、相互包容、相互协调。另一方面，应把和合、包容理念贯穿协商的各个环节和全过程。和合、包容是公民公共理性的重要体现，也是协商民主长足发展的关键要素。

第四章　政协协商的保障体系

2019年9月20日，在庆祝中国人民政治协商会议成立70周年大会上，习近平总书记明确指出，“各级党委要把人民政协工作纳入重要议事日程”，“要为政协组织开展工作创造有利条件，选优配强政协领导班子，重点解决市县政协基础工作薄弱、人员力量薄弱的问题”。这一重要论断，对如何保障政协协商参与国家治理作出了顶层设计。按照中央顶层设计的要求，各省、市政协陆续推出具体跟进和保障措施，就涉及人民群众利益的诸多问题，根据各自实际在基层展开种类多元、形式多样的协商措施，并出台了相关保障措施。同时，近年来学术界也开始探讨政协参与基层治理的路径、方法与机制等内容。

第一节　政协协商的组织保障

加强党对政协协商的领导，是保证政协参与基层治理方向正确、效果显著的根本前提。应建立党对政协工作全面领导的工作机制，完善同级党委领导下的委员提名机制，优化基层（主要为市、县）政协委员构成，加强基层政协领导班子和干部队伍建设，增加基层政协协商能力与协商水平。其中，发挥好组织优势是充分发挥人民政协作为协商民主重要渠道和专门协商机构作用的基本保障。

一、完善党对人民政协工作全面领导的制度

坚持党的全面领导是人民政协必须恪守的根本政治原则，也是新时代做好人民政协工作、发挥好专门协商机构作用的根本政治保障。

（一）完善党对政协组织实施领导的制度

新时代落实党对人民政协的领导，需要健全人民政协党的建设制度体系，建立协调党的组织体系与人民政协党的组织体系关系的领导制度规范，建立政协党的组织自身开展工作的领导制度规范，建立政协各层次党的组织机构发挥作用的领导制度规范，建立政协党员委员发挥作用的领导制度规范。重点包括：党委常委会会议定期听取政协党组工作、政协常务委员会工作汇报制度；严格执行重大问题向党委请示报告制度；每届党委至少召开一次政协工作会议制度；党委主要负责同志参加政协重要会议，带头做党的统战工作，带头广交深交党外朋友等制度。

党对人民政协的具体领导，主要是通过政协党组来实现。加强党对人民政协的领导，确保政协协商参与基层治理的正确方向，就是要通过政协的各级党组织，将党的基本理论、基本路线、基本方略贯穿政协协商始终，确保把党中央大政方针和决策部署不折不扣贯彻落实到政协全部工作之中。政协协商参与基层治理，应紧密围绕党中央的大政方针和决策部署，发挥自身优势，配合同级党委、政府解决基层治理中的难题。

第一，健全党对政协工作领导的责任机制是落实党对政协工作领导的关键。一方面，需要健全并充分落实党委的领导责任，建立领导小组和领导包抓制度，把政协工作纳入党委重要议事日程，建立各级党委横向到边、纵向到底的责任体系，为政协组织开展工作创造有利条件。另一方面，政协党组要发挥核心作用，切实承担党建工作主体责任，通过全面推进政治、思想、组织、作风、纪律建设，为人民政协事业创新发展提供坚强的政治保证和组织保证。

第二，应完善政协党组对协商工作的领导制度。政协党组要全面落实管党、管总的领导责任，健全政协党组、机关党组和专门委员会分党组工作规则。按照《中共中央办公厅关于加强新时代人民政协党的建设工作的若干意见》的要求，加强党组、党组成员、专委会分党组对协商工作的领导，探索党组成员联系界别、市州开展协商工作的机制，坚持政协党组、专委会分党组定期听取基层政协协商工作情况汇报的制度等。

第三，党委或党组要对政协协商工作进行考核。考核具有很强的“指挥棒”和“风向标”作用，健全的考核机制、完善的考核内容、适当的考核方式，必将指引协商工作沿着正确方向发展。

此外，应建立地方政协就协商工作向上级政协报告工作制度，上级政协应及时对地方政协协商开展工作进行纠偏，并加大对先进典型、成熟案例的推介力度。

（二）加强能力建设，提高政协协商专业化水平

协商能力是人民政协发挥专门协商机构作用的看家本领。人民政协作为专门协商机构，一定要“专”出特色，彰显专门优势、专业能力、专业水准，着力提高专门协商机构协商议政的质量和水平。近年来，特别是党的十八大以来，协商民主取得很大发展，同时必须客观地看到，当前政协组织在推进协商民主的过程中仍然面临能力不足的问题，体现在协商意识不够强、协商方式不够活、协商质量不够高等，制约和影响了政协协商民主作用的发挥。这些问题的产生，与协商本领不够有直接关系。为此，应大力加强政协自身协商能力建设，勇于探索实践，把握内在规律，提高政协协商履职的工作实效。

1.提高协商意识，增强协商的主动性。习近平总书记指出，“对中国共产党来讲，要加强对政党协商的领导，增强协商意识，更加善于协商”[①]。我们要增加主动协商意识，变“要我协商”为“我要协商”，积

① 习近平：《在参加中共中央党外人士座谈会上的讲话》（2015年10月14日）。

极拓展协商议政的广度和深度。要更加主动地融入党委、政府的战略部署，把政协协商工作放在本地区经济社会发展大局中去安排和推进，努力创建“党委高度重视、政府积极支持、政协主动开展、各方协调配合”的协商民主新格局。

2.深入调查研究，加强协商的针对性。全国政协主席汪洋指出：“做好调查研究是提高协商议政质量的前提和基础。要不断改进调查研究的方式方法，提高调研质量和实效，增强研究问题的能力。”[①]面对当前严峻复杂的国内外形势，如果不进行深入的调查研究，就无法开展有效的协商，也就提不出有价值、有深度、有见地的意见和建议，协商就会流于表面、流于形式。要围绕党委政府确定的重大决策部署，有针对性地进行调研，使协商议政有前瞻性；要紧扣人民群众关心和社会关注的热点难点问题，深入基层和群众问计问政，在协商建言中为党委政府解决民生问题出谋献策，使协商议政有建设性。

3.善于借助外力，提升协商的专业性。提升政协协商工作专业化水平，除了充分发挥政协系统力量之外，还应该创新社会化研究机制，把政协内外优秀研究人员吸纳到研究会中，切实用好内力、借助外力、形成合力。政协虽然人才聚集、精英荟萃，但毕竟人数有限、资源有限。因此，提高协商能力，还要用好政协内外两种人才资源，建立具有政协特色的应用型智库和参政议政人才库制度，依托相关高校、研究机构、专业协会组织等，开展履职协作，形成有益补充。应积极探索人民群众列席和参与政协协商的有效途径，广泛汇聚社会各界人士为经济社会科学发展协商建言的力量。应建立协商联动机制，联合上下级政协组织，关联区域兄弟地区政协组织，各民主党派和工商联，就

① 汪洋：《在十三届全国政协第十九次主席会议上的讲话》，《人民日报》2019年3月29日。

共同关心关注的课题进行联合协商议政。

4.讲究方法艺术，提高协商的实效性。协商是一种工作方式，也是一种智慧艺术。“声一无听，色一无文，味一无果，物一不讲。”一致性和多样性共同存在并相互作用，是自然法则，也是社会规律。只有妥善处理好二者关系，善于在复杂多元中加以正确引领，才能更好地激发社会的活力，形成致力于共同事业的合力。为此，应大力发展和推进包容性协商，提高协商实效。

第一，要敢于说真话、新话和管用的话。摒弃讲官话、讲套话、讲客气话等不切实际的做法和作风，直面问题建诤言，务实独到献良策。

第二，坚持平等、有序、理性协商。平等是民主的基本要求，有序是确保协商正常开展的前提，理性是确保协商有成效的关键。全面体现协商地位、协商机会、获得信息和资源、提出自己理由、倾听他人意见、影响协商结果等方面的平等。

第三，要包容体谅而不偏激偏执。允许和尊重不同的意见表达，通过同志般的、没有成见的交流和沟通，促进团结、凝聚人心、达成共识。

（三）创新协商形式，扩大覆盖面、提升参与度

当前，大量的政策落实靠基层，各种利益诉求来自基层，各类矛盾分歧也主要集中在基层。而基层协商恰恰是政协协商容易忽略的薄弱环节，要发挥好政协协商在基层治理中的作用，就要通过政策激励和制度规范，探索将政协协商向一线延伸，推动政协协商与基层协商有效衔接，提升基层政协委员和人民群众在协商工作中的参与度。

1.加强基层政协工作力量，着力破解基础工作薄弱、人员力量薄弱的“两个薄弱”问题。应帮助指导乡镇、社区搭建委员工作站或协商议事室，采取灵活多样、简便易行的方式就群众切身利益开展充分的协商，把协商送到车间厂矿、田间地头。

2.发挥好社情民意联络站、委员工作站、协商议事室的作用，推进协商平台向一线延伸，使政协工作更接“地气”、政协协商更有“底气”，政协建言更具民意。

3.协商中应把群众代表、利益攸关方邀请进来、参与其中，尽量扩大协商的参与面和代表性。这样做，既拓宽了政府与群众直接对话的渠道，可以把群众正确的意见纳入决策之中，提高决策的科学性、合理性，也可以让群众的诉求愿望得以表达，有利于化解矛盾、理顺情绪、形成共识。

二、改革政协委员的推选及管理机制

人民政协参与基层治理，在具体的实践中，这种参与表现为政协委员对于基层公共事务的介入。所以，政协委员队伍政治素质、业务素质、协商能力的高下，直接决定着政协参与基层治理的实际效果。在党的领导下，不断完善委员提名机制，进一步优化委员构成，是保障政协协商参与基层治理取得良好绩效的组织基础。

当前我国各级政协委员主要是通过协商推荐产生的。基层政协委员产生的具体操作过程是：首先是初期酝酿。各级政协委员的推荐工作分为两部分，党内政协委员的推荐由同级党委组织部门负责，党外政协委员人选的推荐由同级党委统战部门负责。其次是协商推荐。组织和统战部门汇总各单位推荐的人选，按照一定比例进行资格审核并进入最后建议名单。最后是讨论表决。组织和统战部门将建议人选名单报送同级党委，党委经过讨论，最终确定政协委员人选名单。

通过对以上过程的梳理，不难发现，与人大代表的产生相比，政协委员不像人大代表那样在某个选区选举产生，而是由有关部门物色、遴选，根据《政协章程》有关规定和程序产生。如果政协委员不履职尽责，那么从其产生程序上，仅仅是向推荐其成为政协委员的部门负责，对于群众，则没有明确的权利义务责任。这种产生方式，使政协委员的“荣誉”色彩更浓，但由于不是选举产生，在组织机构内部的提名，往往更加偏重于部门的价值偏好，而容易忽略这一身份本身的权利与责任范畴，并最终制约政协协商参与基层治理的实际效果。因而，必须进一步完善政协委员推选制度，把好政协委员“入口关”，同时尽可能优化政协委员的社会构成，以符合基层社会结构变动的实际状况。具体而言，要做到以下几点：

（一）制定政协委员产生的实施细则

就当前政协委员产生的机制与流程而言，其规范性与程序性与人大代表的产生相比，明显较弱。人大代表的选举产生的程序、权利和义务，由《全国人民代表大会组织法》《地方各级人民代表大会和地方各级人民政府组织法》《全国人民代表大会和各级人民代表大会选举法》等法律规定做出明确而详尽的规定，这一规范与严格的程序，赋予了人大代表庄严与神圣的使命感，同时依据这一选举过程，人大代表是代表广大人民群众依法行使权力，若不积极履职，则是辜负选民的信任。新时代的人民政协，作为国家治理体系的重要组成部分，肩负着重要的使命与政治功能。政协委员的产生必须更加严肃与规范，在现有政协委员产生机制基础之上，应该从更高层面制定《政协委员产生实施细则》，对各界别、组织和统战部门、政协党组，在政协委员产生过程中，分别承担的具体职能、运作程序等，做出明确、具体、统一的规定，把政协委员的产生机制纳入制度化、规范化、程序化的轨道，使政协委员的产生有规可依、有章可循。

（二）完善政协委员提名考察和公示机制

考察和推荐政协委员提名人选，是确保政协委员整体素质的关键环节。政协换届工作小组可以采取单位介绍、个别走访、小型座谈等多种方法对提名人选进行考察，并形成书面文字材料进行存档，作为协商决定政协委员的重要依据。考察中，要把履行政协委员职责能力列为重要方面。要把那些政治意识强、大局意识强，又具备较高文化水平、良好群众基础的优秀人士纳入考察范围。对确因种种原因难以参加政协活动，难以承担政协工作的人选，应慎重考虑，以确保政协委员能够有效履行职责、发挥作用。审定提名的委员人选名单，不仅要听取所代表的民主党派、人民团体、各界别和政协相关部门的意见，更要听取所在单位和群众及本人的意见，并在产生单位或党派系统进行公示（特邀委员除外），接受社会监督。

（三）严格推选标准，适当扩展人员推选结构

根据政协章程，政协委员必须具备的基本条件是热爱祖国，拥护中国共产党的领导和社会主义事业，维护民族团结和国家统一，遵守国家宪法和法律，在本界别中有代表性，有社会影响和参政议政能力。因而必须进一步严格推选，完善推选机制，推荐遵守宪法和法律，热爱政协事业，自觉遵守社会公德、品行合一，勇于奉献，善调查、能建言的人加入政协组织。

基层政协中各大企业负责人占很大权重，应加大一线委员的比例，在一线普通群众中推荐提名政协委员，把那些德才兼备、协商意愿高、协商能力强、敢于讲真话实话、能代表界别群众的人选推荐成政协委员。要适应社会阶层的新变化和新发展，在努力把民主党派、工商联、人民团体和社会各界中的优秀分子和代表人物吸纳到政协委员队伍中来的同时，对中介机构、新兴产业，中央、省直单位和在本区域投资兴业的工商科技界人士，包括归国侨台胞、外资企业负责人、律师、自由职业者等，都应在政协委员中考虑占有适当比例，以确保政协委员队伍具有广泛的社会性和代表性。

（四）适当引入委员推荐竞争机制与责任追究机制

协商推荐政协委员时可以将类似“差额选举”重点竞争机制引入政协委员产生流程，实行“二次协商”的形式，即第一次协商按照实际委员数多20%或更多比例差额推荐人选，以备下阶段考察、公示、协商决定等过程筛选。第二次协商时，再从中确定实际人数，从而能够以适度的竞争机制确保政协委员优中选优，推动政协委员整体队伍素质的不断提高。这样可以防止“被政协”“被委员”“挂名委员”的产生。人选较多时，可探索借鉴竞聘上岗的办法，在界别或适当范围内采取竞聘演说、投票选举等形式产生提名人选，使热爱政协工作，热衷政协事业，懂政协、会协商、善议政，守纪律、讲规矩、重品行的各界精英进入政协组织。应建立委员推荐责任追究机制，对带病进入的政协委员除撤销其资格外，推荐的界别或团体、单位要承担相应的责任，向对应的党委常委会做出书面说明和检查，对负面影响较大的，应追究相关部门和人员的责任。

（五）建立政协委员中期考核与调整机制

为改变政协委员“荣誉化”“形式化”及部分政协委员履职能力较弱的现状，应在政协委员任期中实行中期考核，并根据考核情况，对相关政协委员进行届中调整，从而改变一旦当选为政协委员，不管合格不合格，都得在五年任期结束才能进行调整的现状。通过这一机制，让政协委员更加意识到这一身份的严肃性和积极履职的重要性。充分利用届中调整机制，对那些不积极履职的委员及时进行协商调整，把有限的名额给予那些有履职愿望和能力却没有机会的人。对那些因长期在外工作或工作调动离开本区域范围等原因难以履行委员职责，或因个人主观因素不愿参加政协会议和活动的在任政协委员，要及时劝其辞去委员职务；因犯罪或亡故等情况出现委员名额空缺时，应及时按程序增补相应名额，使政协委员始终处于动态管理之中，进一步增强政协组织活力。

三、提升政协协商的能力和水平

习近平总书记指出，“人民政协要坚持改革创新，着力增强政治把握能力、调查研究能力、联系群众能力、合作共事能力”[①]。这为我们提高协商能力，提供了思想遵循和行动指南。协商民主是党领导人民有效治理国家、保证人民当家作主的重要制度设计，同选举民主相互补充、相得益彰，是我国社会主义民主政治的特有形式和独特优势。新时代做好人民政协工作，就要发挥好人民政协专门协商机构作用，把协商民主贯穿履行职能全过程。

“难得是诤友，当面敢批评。”能听意见、敢听意见特别是勇于接受批评、改进工作，是有信心、有定力的表现。发展社会主义协商民主，要把民主集中制的优势运用好，发扬“团结—批评—团结”的优良传统，广开言路，集思广益，促进不同思想观点的充分表达和深入交流。对各种意见和批评，只要坚持党的基本理论、基本路线、基本方略，就要让大家讲，哪怕刺耳、尖锐一些，也要采取闻过则喜的态度，做到有则改之、无则加勉。

“一花独放不是春，百花齐放春满园。”党的十九大报告强调，“要推动协商民主广泛、多层、制度化发展”，这是新时代中国特色社会主义协商民主建设的战略任务和基本路径。更好地发挥人民政协专门协商机构作用，就要按照习近平总书记的要求，不断完善制度机制。要坚持党委会同政府、政协制定年度协商计划制度，完善协商于决策之前和决策实施之中的落实机制，对明确规定需要政协协商的事项必须经协商后提交决策实施，对协商的参加范围、讨论原则、基本程序、

① 习近平：《在中央政协工作会议暨庆祝中国人民政治协商会议成立70周年大会上的讲话》（2019年9月20日）。

交流方式等作出规定，确保协商民主有制可依、有规可守、有章可循、有序可遵。

人民政协作为协商民主重要渠道和专门协商机构，必须全面适应社会主义协商民主建设新要求，强化紧迫意识、危机意识，以只争朝夕的态度和改革创新的精神，切实加强履职能力建设，着力提高政治把握、调查研究、联系群众、合作共事“四个能力”，努力在全面深化改革和推进社会主义协商民主的伟大进程中发挥人民政协的独特作用。

（一）提高政治把握能力，坚定正确履职方向

人民政协作为多党合作和政治协商的重要机构，各项工作政治性、政策性很强。要切实增强政治意识、大局意识、核心意识、看齐意识，把坚持和发展中国特色社会主义作为巩固人民政协共同思想政治基础的主轴，准确把握政协工作的底线，把握政协的性质定位，确保政协事业沿着正确政治方向不断前进。

1.准确把握政协工作的底线。把握政协工作底线，就是要坚持中国特色社会主义，坚持中国共产党的领导，这是人民政协事业发展必须遵循的重要原则，也是政协履行职能、开展工作必须坚守的底线。

2.准确把握政协的性质定位。坚持人民政协性质定位，是重大原则问题，也是做好政协工作的关键问题。人民政协不是权力机关，也不是决策机构，而是各党派团体和各族各界人士发扬民主、参与国是、团结合作的重要平台，具有话语权、影响力，是不可替代的。政协工作要在宪法法律和政协章程规定的框架内开展，既要围绕中心服务大局，又要注意履职的着力点与党委政府的工作重点互补，视野要宽、聚焦要准、切口要小，努力做到到位不越位、帮忙不添乱。

（二）提高调查研究能力，提升建言资政实效

调查研究是政协履行职能的重要基础性工作。要把搞好调查研究作为政协一切工作的基点，贯穿于履行职能全过程，夯实人民政协协商民主发展的基础。

1.科学选题，问题导向。始终紧扣党委政府的重大决策部署和涉及人民群众利益的相关问题，把选题重点放在对经济社会发展趋势的研判上，放在对改革发展稳定深层次矛盾的分析上，放在党政关心和群众关注的热点、难点、痛点、堵点问题的解决上，增强选题的科学性。坚持履职着力点与党委政府的工作重点互补，精心选择党委政府关注但尚待深入研究的领域和方面，实事求是提出问题、研究问题，努力做到“人无我有、人有我新、人新我特、人特我专”。围绕中心精选议题，是推进政协协商成果转化的基础。比如，近年来甘肃省政协始终坚持把党政所需、群众所盼、政协所能的问题作为协商选题的总体要求，紧紧围绕中心，倾力服务大局，真情想着群众，始终做到与省委省政府在思想上同心同德、在目标上同心同向、在行动上同心同行。每年初在制订协商计划之前，都要分别召开常委会议、主席会议和专委会议，认真研究党委政府有关会议精神，从党委政府的工作部署中“淘金”，使政协协商议题恰如其分地做到与党委政府的思路合拍，行动一致。围绕经济社会发展中的重点精选议题促发展，围绕群众关注的热点精选议题促民生，围绕社会各界关注的难点精选议题促和谐。做到全局的有关重点、热点课题与拾遗补缺的有关难点、疑点问题相匹配，接受党政主要领导点题与自身主动找题相结合，适度前瞻思考与切实推进实际问题的解决相统一。

2.蹲点调研，解剖麻雀。坚持求真务实的工作作风，深入实际，深入基层，深入一线，充分掌握第一手真材实料。优化调研队伍构成，积极凝聚系统内外的智慧力量参与调研，努力提高调查研究质量水平。衡量调查研究搞得好不好，不仅要看调查是否深入，掌握的第一手材料是否全面，更关键的是要加强研究，透过现象看本质，把问题的本质和规律把握准确，把解决问题的思路和对策研究透彻。不仅要花大力气了解实际，还要花更多时间研究，加强定性定量分析，力求调研靠事实和数据说话，使提出的对策建议符合客观实际、符合群众意愿，具有可操作性。政协调查研究，只有吃透上情、摸清下情，方能做到有的放矢。这就要求吃透与调研课题相关的法律法规和政策方针，尽可能多地掌握本地基层的实际情况，努力了解周边政协的相关做法和经验。在充分准备的基础上，召开好各种类型的座谈会，实地考察具有代表性的相关典型，走访群众听取意见反映，带着问题去先进地方学习，借他山之石攻己之玉。

（三）提高联系群众能力，发挥桥梁纽带作用

群众路线是党的生命线，也是人民政协的生命线。人民政协一头连着党委政府，一头连着人民群众。政协既可以做党委政府的连心桥，也可以做群众的代言人。要牢固树立群众观点，坚持履职为民理念，推进政协协商与基层协商的有机结合，着力提高联系群众能力，充分发挥联系群众、团结各界的桥梁纽带作用。

1.探索拓宽政协界别作为各界群众利益表达的渠道。建立健全社情民意表达和汇集分析机制，重视发挥政协界别组织的结构优势，把反映界别民意民智、协调各界利益关系放在重要位置，主动做好体察界别民情、倾听界别民声、了解界别民意的工作，更好地反映各界群众的集体声音和利益诉求。充分运用政协会议、发言、提案、社情民意信息、调研报告等履职形式，及时向党委政府反映界别民情，积极为实现和维护界别群众最关心、最直接、最现实的利益问题鼓与呼，真正使各界群众的愿望要求、意见建议在人民政协这个平台上得到充分反映和表达，为党委政府科学民主决策提供更为广泛的民意和民智基础。

2.探索推进政协协商与基层民主的有机结合。认真贯彻落实《中共中央关于加强社会主义协商民主建设的意见》《中共中央办公厅关于加强人民政协协商民主建设的实施意见》和省市关于加强政协协商民主建设有关文件精神，探索延伸政协履职触角，鼓励委员公开微博、微信或电子信箱，鼓励在有条件的地方推广委员联系点、委员工作站，密切政协与人民群众的联系，更加广泛地了解和收集社情民意。比如，甘肃省兰州市西固区在全区13个乡镇街道设立政协工作联络组，明确乡镇街道政协工作联络组工作职责，积极开展协商工作，从而将政协协商民主建设的触角延伸至最基层，打通了政协工作的“最后一公里”，有效探索和实践让基层群众更多地参与政协工作的路径，围绕基层群众自治、社会治理、共驻共建、党的基层组织建设等课题，开展符合实际的协商活动，促进了政协协商与基层协商的有效衔接，互相融合、相得益彰，使政协工作更接地气。

（四）提高合作共事能力，凝聚各方智慧力量

合作共事是人民政协的优良传统。要大力弘扬统一战线优良传统，坚持求同存异、民主协商，发挥民主党派在政协工作中的重要作用，尊重委员主体地位，加强政协协商与党委政府工作的有效衔接，努力寻求最大公约数，增进最大共识度，形成最大凝聚力。

1.充分尊重委员在协商中的主体地位。习近平总书记反复强调，政协委员是政协工作的主体。政协委员要走到政协协商的第一线和最前沿。为此，相关方面要制定委员履职工作规则，规范委员履职服务管理，建立委员履职档案，健全委员联络机构，完善委员联络制度，改进委员提案、大会发言、社情民意信息等工作，努力为委员履职尽责创造条件，充分调动委员履行职责的主动性创造性积极性。应维护委员合法权益，支持委员依法依政协章程履职，营造畅所欲言、各抒己见、理性有度、合法依章的良好协商氛围。

2.充分加强政协协商与党委政府工作的有效衔接。人民政协是中国共产党领导的多党合作和政治协商机构，在推进社会主义民主发展和重要工作部署落实中，发挥着重要作用。为此，应探索建立政协履职活动与党政决策有效衔接的运行机制，加强政协的政治协商与党委议事规则、政府工作规则的有机衔接，推动政协协商纳入党委政府重要议事日程统一部署。认真落实由党委、人大、政府、民主党派、人民团体等提出议题的规定，建立党委同政府、政协重点协商议题会商机制，增强协商计划的权威性、可行性。建立完善政协各专委会与党委政府有关部门的对口联系制度，更加有序地组织专题协商、对口协商、界别协商和提案办理协商，加强对人民政协协商民主建设落实情况的监督检查，形成畅通的外部沟通协调机制，营造履行职能的良好氛围。

第二节　政协协商的制度保障

习近平总书记在十八届中央政治局第一次集体学习时指出，“构建系统完备、科学规范、运行有效的制度体系，使各方面制度更加成熟更加定型，为夺取中国特色社会主义新胜利提供更加有效的制度保障”。政协协商只有建立完善、规范、有效的制度体系，才能够从根本上解决形式化、走过场、被协商、假协商等问题，使政协协商真正解决群众的实际问题。

一、建立健全科学的协商议题确定制度

在我国公共政策的制定过程中，政协协商是决策程序中不可或缺的一环，人民政协可就一些重要的议题经协商途径提出意见和建议。这是对人民政协在顶层设计中的全新定位，其最大的突破与贡献就是将政协协商纳入了我国的公共政策制定过程，从而为政协经由协商民主路径，参与基层社会治理给予了制度保障。

（一）对议题的提出和确定进行规范

具体而言，分为三个步骤：

1.议题的酝酿。这一阶段是对“提出什么”进行明确。通过每年年底政协组织召开由党委、政府、人大、党政机关各部门负责人、各民主党派、社会团体、各界别代表，常务委员会代表等参加的座谈会，对下一年度工作重点进行研讨并形成计划。

2.议题的提出与征集。主要包括议题提出主体的明确化、提出方式的具体化、议题收集的分类化。根据主体的不同，对议题可分为必须协商的重点议题、待确定议题、临时提出议题等。

3.议题的遴选。重点议题的确定需要明确组织者、协商参与者、具体讨论时限、议题确定方式、批准公示形式，完成议题初步协商，提出选题建议。

（二）对议题的内容进行清单式管理

习近平总书记指出，“完善协商于决策之前和决策实施之中的落实机制，对明确规定需要政协协商的事项必须经协商后提交决策实施。”[①]对明确规定需要政协协商的事项应建立清单式管理制度。所谓清单式管理，是指针对某项职能范围内的管理活动，分析流程，建立台账，并对流程内容进行细化量化，形成清单，检查考核按清单执行。结合将政协协商纳入决策程序的顶层设计理念，对纳入政协协商范畴的事项，以清单的方式进一步明确化、清晰化、具体化，增强政协协商的可操作性。

须经政协协商的公共事务，已有超过20个省级和副省级城市对协商内容作出了尽可能明确的规定，但尚不全面和规范。这一制度须从顶层设计的角度，建立自上而下的清单式管理制度，赋予基层政协在参与社会治理中更加具体和更具操作性的工作事项权限。唯有如此，才

① 习近平：《在中央政协工作会议暨庆祝中国人民政治协商会议成立70周年大会上的讲话》（2019年9月20日）。

能真正将人民政协的制度优势转化为国家治理效能。

二、健全政协协商的程序

不同的协商民主类型具有不同的功能，不同的功能决定了不同的结构，与之相匹配的程序也就各有不同。因此，要重视协商程序普遍规律与特殊规律间的辩证关系，准确把握政协协商的具体功能与特点，规范政协协商的基本内容和方式，具体包括协商议题提出、协商主体、活动组织、成果采纳落实、反馈机制等。

人民政协从政治协商制度的重要机构，演变为今天协商民主的重要渠道与专门协商机构，这种变化本身意味着面对日益复杂多元的社会现实，传统的政治协商渠道已经无法完全吸纳来自各个方面的利益诉求，广大人民群众无法通过原有的政治协商渠道参与到社会治理的决策、管理和监督过程中。这就需要用内涵、渠道和形式丰富的协商民主制度来实现。只有进一步规范和完善政协协商的程序与规则，才有可能将更多利益攸关方纳入协商民主的范围，才能用更加灵活与弹性的议事规则达成共识。

当前，各级政协应尽快制定完善《协商民主规程》及其实施细则，用完善的制度和规则为基层政协开展协商奠定良好的基础。就政协协商规程制定的原则而言，应把握好几个关系：

第一，坚持政治性与人民性相结合。坚持党的全面领导，在政协党组的领导下开展协商，增强“四个意识”，坚定“四个自信”，做到“两个维护”；同时，聚焦事关群众切身利益的公共事务，围绕老百姓普遍关注的热点问题和难点问题，协商于民，协商为民。

第二，坚持开放性与平等性相结合。坚持开门协商、开放协商，邀请社会各界群众代表参与协商议题征集或参加协商活动。涉及老百姓切身利益的协商议题，要邀请尽可能多的利益攸关方代表参与协商；

同时，在扩大有序协商的基础上，进一步平等对话、理性沟通，坚决破除政协内部的形式主义、官僚主义等不良作风，真正让参与协商者感到协商主体间的平等。

第三，坚持创新性与实效性相结合。坚持因地制宜、因时制宜，尊重群众的首创精神，吸收采纳人民群众在现实生活中创造的各种行之有效的协商方式；同时坚持把提质增效贯穿协商议政全过程、各方面，切实做到协商有实招、落实有成效。

三、完善协商结果的监督与反馈机制

（一）建立群众监督机制

这一机制运行的平台可分为线上线下多种渠道，充分利用互联网、大数据，以网络、媒体等线上形式和报刊等线下形式为群众监督提供平台，充分收集监督意见、建议，并反馈到相关部门。

（二）建立监督运行合作机制

鉴于民主监督的“柔性”特点，保证协商结果监督的实效性，应当着力形成与党内监督、司法监督、行政监督、社会监督、舆论监督等“刚柔并济”的联合机制，或者将力不能及的监督事项报送其他监督渠道进行监督，在有效克服政协民主监督缺陷的同时，保证自身机制的高效与有度。

（三）建立人民政协质询机制

政协民主监督的质询权利是民主的天然权利，决策主体和执行主体根据监督主体的质询，给予正当解释与合理解决，是其义务所在。执行权发挥得是否充分，决定了决策主体和执行主体解决问题是否彻底。

（四）建立协商结果反馈机制

政协对最终协商结果进行整理后，应以书面形式报送至党委、政府，党委、政府应及时对协商意见作出批示，督促相关部门具体处理，并在规定时间内将处理情况向政协进行反馈。

四、完善政务信息发布、共享制度

信息公开是社会主义民主政治题中应有之义。在大数据背景下，互联网技术迅猛发展，信息传播方式发生深刻变革，社会公众对政府工作知情、参与和监督意识不断增强。对各级行政机关依法公开信息、及时回应公众关切和正确引导舆情，提出了更高要求。政协要完善信息的发布、共享制度，做到政协协商各环节的公开、透明，满足人民群众参与政协协商的诉求。

（一）建立地方政协信息公开平台

1.探索建立政协新闻发言人制度。改变过去基层治理中政协“发声不够”“存在感不强”的缺陷。新闻发言人是国家、政党、社会团体任命或指定的专职新闻发布人员，其职责是在一定时间内就某一重大事件或时事，约见记者或举办新闻发布会、记者招待会，针对有关问题阐述本部门的观点立场，并代表有关部门回答记者的提问。基层政协建立新闻发言人制度，要以主动做好重要协商议题解读，妥善回应公众对于重大民生问题协商流程中的质疑，及时发布基层政协重要调研与协商主题，征集民众对于年度协商议题的意见等，切实加强政协新闻发言人制度建设，提升政协在基层政治生态中的地位。

2.发挥地方政协新媒体的平台作用。地方政协应进一步加强政协网站、微信公众号等的建设和管理，将其打造成更加及时、公开、透明的协商民主信息发布平台，在基层传播主流声音。加强政协信息上网发布工作，对各类协商信息，依照公众关注热度加以梳理，以数字化、图表、音频、视频等方式予以展现，使政协协商参与基层治理的信息传播更加可视、可读、可感，进一步增强基层政协新媒体平台的吸引力、亲和力。将协商计划、协商议题和内容、协商人员、协商活动（时间、地点、参与途径等）、协商成果的运用和反馈等一系列信息及时发布；对涉及人民群众切身利益的重要舆情和公众关注的社会热点问题，要积极予以回应，及时通过政协协商平台向相关治理主体发起协商诉求，通过强化自身信息公开、主动发声，让群众知道“政协就在身边”。

3.确保协商主体信息对称。把“开放、透明”贯穿政协协商全过程，从而保证所有协商主体能够及时、畅通地获取相关资料，确保信息对称，实现充分交流，做到广泛、多层次地“问计于民、问需于民、问政于民”，保证“在决策之前和决策实施之中开展广泛协商”的实效性，力求实现最大限度的透明与公开，实现科学协商、民主协商。

（二）强化地方政协信息平台运行机制建设

1.地方政协应建立舆情收集和回应机制。作为基层治理中的专门协商机构，协商什么、怎样协商，是基层政协参与基层治理的重要切入点。地方政协应建立健全舆情收集、研判和回应机制，密切关注基层社会相关舆情，及时敏锐捕捉人民群众对于社会热点、难点问题的协商诉求。

2.完善地方政协对重大事项的主动发布机制。地方政协要围绕党和政府中心工作，针对公众关切的利益诉求，主动、及时、全面、准确地发布与相关治理主体的协商信息，特别是要将地方政协的重点工作、重要调研视察、重要协商活动等，向社会各界及时公布，以增强群众对政协在基层治理中作用与角色的认知与认同。同时，充分利用政协内部资源，建立委员、专家解读协商的机制。特别是要发挥政协内部各界别代表广泛、素质过硬的优势，就重大协商议题在各类媒体向群众作出全面系统的解读。

五、建立政协协商参与基层治理的效能评价体系

只有对政协参与基层治理的效能作出全面、客观、准确的评价，才能促进政协协商参与基层治理效能的持续改进，切实将协商作为人民政协的主责主业，推进国家治理体系和治理能力现代化。

（一）效能评价的目标与原则

1.评价目标。构建政协协商参与基层治理效能评价体系，旨在运用第三方评价方式，客观诊断政协参与基层治理的效能问题，促进人民政协专门协商机构作用的发挥，并在丰富和拓展政协委员履职尽责的基础上，切实解决市县政协“两个薄弱”问题，提高政协协商的实效。

2.评价原则。

（1）导向性原则。导向性原则是指评价体系的设计要以实现协商是人民政协的主责主业为目标导向，指引政协最大程度地参与基层治理实践，提升基层治理效果，完成自身在新时代的角色重塑和功能定位，从而助力国家治理体系和治理能力现代化。

（2）客观公正原则。客观公正原则是指评价必须严格按照标准，实事求是、公平合理地确定评价结果。为保障评价结果的客观性，必须以第三方的身份组织整个评价过程，运用科学的评价方法，以及深入实地的第一手数据搜集，以此避免主观性因素对评价结果的影响。与此同时，需要设计统一的评价指标和评价标准，做到一把尺子量到底，并且采用匿名评价的方式，以保障评价的公正性。

（3）可操作性原则。可操作性原则是指要能将抽象的效能概念转化为可测量的、可检验的指标，基本要求是指标可用、数据可得，目的在于保障评价的可行性。具体而言，既要筛选出效能承载能力强的关键指标，又要保证指标数据来源的可靠性与判断标准的科学性。

（4）可比较性原则。可比较性原则是指进行评价时，采用同一套

指标体系测度所有的评价对象，目的在于保证评价结果的可比性。但是，可比较性原则并不意味着不同市县的政协组织按照统一的模式参与基层治理，而是在对本地基层治理实践和问题研判的基础上，发展出适合自己的参与路径与方式，即突出亮点，获得参与效能的实际提升。

（5）现实性原则。现实性原则是指纳入政协协商参与基层治理效能评价体系的指标，必须属于市县政协的权力与职责可及范围，是通过自身努力能够达成的目标。因此，评价指标的遴选不仅需要吸纳市县政协的主要领导参与其中，而且需要深入实地开展调研。

（二）效能评价的思路与技术方法

1.评价思路。立足宪法和《人民政协章程》，立足党中央对人民政协的定位、人民政协参政权的具体内容以及人民政协参与基层治理的相关法理依据，以社会主义协商民主理论、新公共治理理论为框架，以“效”和“能”为主要内容，以促进人民政协专门协商机构作用的发挥和切实解决市县政协“两个薄弱”问题为目标，确定党的领导、民主协商、创新发展、人民满意四个评价维度。

（1）党的领导是保证政协协商参与基层治理方向正确、效果显著的根本前提，同时也是政协协商参与基层治理的根本政治保证。在组织层面，党的领导旨在考核市县政协的思想理论建设以及内控机制的构建情况。在个体层面，党的领导旨在考核政协委员能否严格遵守政协章程，在参与基层治理的实践中践行党的路线、方针和政策。

（2）协商是新时代政协工作的中心环节——建言资政和凝聚共识双向发力的关键实现形式。将协商落实到市县政协的各个工作环节中，就能发挥市县政协优势，提高政协协商参与基层治理效能。在组织层面，协商旨在考核市县政协是否建立健全了参与基层治理的协商制度、协商机制以及组织机构，如乡镇（街道）建立委员工作站、协商议事会和协商议事室。在个体层面，民主协商旨在考核政协委员基于自身界别及其代表性参与基层治理的履职情况，包括提案、调查研究、联系群众和建言献策。

（3）创新发展是新时期党对政协组织工作的进一步要求，也是政协协商参与基层治理推陈出新、与时俱进，应对不确定性和复杂性的重要因素。在组织层面，创新发展旨在考核市县政协在参与基层治理的制度构建、机制完善、机构设置等方面的工作亮点与特色。在个体层面，创新发展旨在考核政协委员参与基层治理的提案、调查研究、联系群众和建言献策等方面的工作理念及方式的创新。

（4）人民满意是政协协商参与基层治理的落脚点，是协商效果的集中体现。在组织层面，旨在考核市县政协参与基层治理的群众满意度，从而不断提升群众对政协组织的知晓度、认可度和信任度。在个体层面，旨在考核政协委员参与基层治理的群众满意度。

对各级政协展开上述四个维度的评价，可以全面考核政协参与基层治理的效能情况。在此基础上，为每个维度分别设置一级和二级指标。其中一级指标是以专家意见与逻辑推理为依据进行设计，兼顾理论效度和专家效度；二级指标的开发遵循标准化、易量化和精练化的原则，并用专家评定法检验其内容效度。整体而言，以适应第三方评价为前提，以满足评价目的为基础，本着动态调整的原则，努力实现数据可得性与评价科学性的统一。

2.评价技术。

（1）关键绩效指标法（KPI）。KPI方法是通过对组织内部流程的输入端、输出端的关键参数进行设置、取样、计算、分析，衡量流程绩效的一种目标式量化管理指标。采用KPI方法，厘清市县两级政协组织及其政协委员参与基层治理的关键职责和重点工作内容，建立政协协商参与基层治理效能评价的KPI指标体系，最后确定KPI的权重。

（2）360度评价法。360度评价法是一种从不同层面的组织或人员中收集评价信息，从多个视角对被评估对象进行综合反馈评估的方法。运用360度评价法确定政协协商参与基层治理效能评价的评价主体，具体包括同级党委、与治理问题相关的界别代表者及群众、其他六类协商主体、政协委员以及市县政协自身。

（3）问卷调查法。问卷调查法是指研究者用问卷这种为统计和调查所用的、以设问的方式表述问题的表格，作为一种控制式的测量，对所研究的问题进行度量，从而搜集到可靠资料的一种方法。使用问卷调查法获取市县两级政协组织及其政协委员参与基层治理的相关数据，以此作为评价的依据。

（4）德尔菲法。德尔菲法是采用匿名征询专家小组成员的预测意见的方法。将最初设计的评价指标，通过问卷形式向专家发放，征求专家对于评价指标有效性、理论性的主观判断，经过两轮，形成较为一致的评价指标体系。

（5）主成分分析法。主成分分析法旨在利用降维的思想，把多指标转化为少数几个综合指标，其中每个主成分都能够反映原始变量的大部分信息，且所含信息互不重复。将征求过专家主观意见的评价指标体系，利用主成分分析法再次进行客观遴选，使得到的指标更加科学有效。

（6）层次分析法。层次分析法是一种将定性和定量结合的处理方法，它依次通过构造递阶层次结构、比较判断矩阵、层次单排序、一致性检验以及层次总排序等步骤最终形成评价指标权重。因此，利用层次分析法可进行评价指标权重的确定。

3.评价方式。委托第三方评价是指政府委托或邀请第三方组织开展政府绩效的评价活动。为了保证整个评价的客观、公正，采用委托第三方评价方式，对政协协商参与基层治理效能开展评价。具体可委托有关绩效管理研究中心作为组织者，负责评价指标的遴选、评价办法的设计、评价数据的搜集和评价结果报告等工作。

（三）效能评价的主体与对象

1.评价主体。基于360度评价法，确定政协协商参与基层治理效能评价体系的评价主体，具体包括：市县同级党委、与基层治理问题相关的界别代表者及群众、其他六类协商主体、市县政协内部的政协委员以及市、县政协自身。如图1所示：

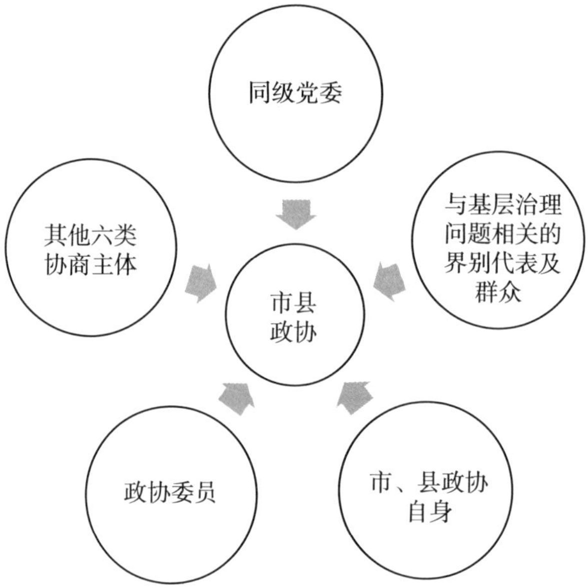

图1　五大评价主体

2.评价对象。将评价对象划分为组织和个体两个层面，突出整体性效能评价。组织层面为一定范围内的政协组织；个体层面则是政协委员。

（四）效能评价指标体系构建

1.评价指标遴选。基于确定的党的领导、民主协商、创新发展、人民满意四个维度，采取德尔菲法完成评价指标的主观筛选，再用主成分分析法完成评价指标的客观筛选，从而发展出政协协商参与基层治理效能评价的指标体系。

2.评价指标赋权。在确定评价指标的基础上，通过层次分析法确定评价指标的权重。

（五）效能评价结果运用与改进

1.评价结果运用。为了通过评价促进政协协商参与基层治理效能的持续改进，切实将协商作为人民政协的主责主业，从而推进国家治理体系和治理能力现代化。按照“以评促建”的原则，强化评价结果应用，突出奖惩相结合、整体排名和分类排名相结合，设计评价结果运用方式：

（1）报经党委同意、由政协对评价结果进行通报，在相关媒体上向社会公布评价结果和排名；

（2）设立创新奖、进位奖、优秀奖、最佳成效奖等奖项，将评价结果作为参评上述奖项的依据；

（3）将评价结果与问责相挂钩，对连续三年评价排名最后的政协组织和政协委员进行问责，严格按照奖优、治庸、罚劣的原则，充分发挥评价的导向作用和激励约束作用。

2.效能改进机制。为保障政协协商参与基层治理的持续推进，应建立“评价—反馈—整改”的循环改进机制（见图2）。

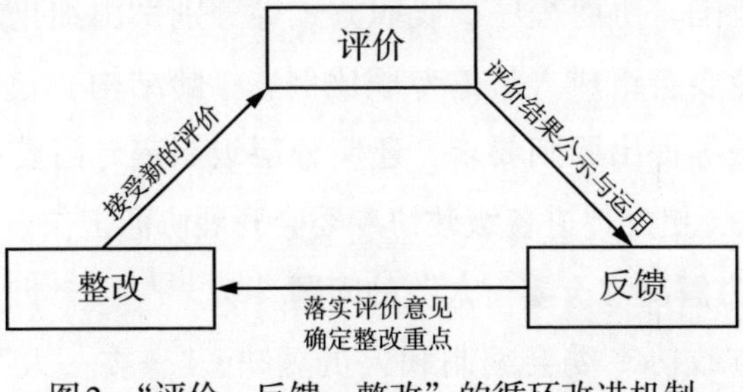

图2 “评价—反馈—整改”的循环改进机制

（1）在每年的评价中，评价的组织者邀请各评价主体对政协协商参与基层治理的效能进行评价，并提出意见和建议，形成评价结果。

（2）评价的组织者在党委、政协审阅的基础上，将评价结果在媒体上进行公示，并将收集、整理的评价意见和建议，提交给被评价者。

（3）被评价者基于反馈的评价结果和评价意见，制订整改计划、明确整改目标和重点，并在下一年度纳入评价目标中，接受新的评价。至此，形成一个“评价—反馈—整改”的循环改进机制。

第三节　政协协商的条件保障

政协协商要持续深入参与基层治理，需要健全的组织机构、充实的工作力量、足够的经费保障，并运用互联网、大数据等现代化信息技术，提高政协协商的效率和质量。

一、完善政协组织的机构机制

（一）健全专门委员会组织

虽然各地情况和政协专委会作用有所差别，但个性中仍有共性。为便于上下级政协协商工作顺畅衔接，应保持各级专委会设置适当一致。对应全国政协专委会设置情况，对省市县三级政协专委会的名称、数量、职责范围、协商程序、履职方式等分别做出细化规范；对省市县三级政协专委会组成人员的专职比例、年龄结构、专业结构以及工作力量的配备等提出原则要求。还应分层级制定专门委员会的工作规则和有关办法，更好促进各级政协专委会开展协商工作。

（二）着力解决“一委一人”的问题

一些地方政协专委会编制和人员短缺，“一委一人”现象普遍存在，相当一部分专委会工作人员年龄偏大，无法适应政协协商工作的需要。对此，要把配齐配强专门委员会工作人员作为重点，各专门委员会除负责人外，应配备专职工作人员开展工作，从根本上解决“一委一人”和工作人员偏少的问题。

（三）加强委员工作站、协商委员会建设

乡镇街道的委员工作站主要负责协商工作的组织、服务和指导；协商委员会主要负责协商议题的确定和协商工作的组织等事项。

二、加强政协干部队伍建设

（一）配齐配强政协领导班子

积极适应新时代人民政协新方位新使命新要求，从政协工作性质、业务工作需要出发，配好配齐政协各层次领导干部，提高领导班子整体素质，增强领导班子工作活力。充分考虑不同年龄段领导干部的有机组合，优化领导班子成员的年龄结构和知识结构，在领导班子中配备年富力强的班子成员，形成新老交替的良性循环，实现不同年龄段的最佳组合。全面落实各级统战部部长兼任政协党组副书记要求，已担任政协党组副书记的统战部部长要全面介入政协工作。按要求设立不同层次党组织，配强党组织班子，形成组织健全、齐抓共管的工作格局。

（二）及时补充工作人员

拓宽视野，改革创新，全域选拔培养干部进入政协队伍，打破“二线”人员进政协、年纪“老”了进政协、提拔“难”了进政协、身体“差”了进政协的做法，将年轻干部、工作经验丰富的干部、多个岗位历练的干部，选拔进入政协机关、专委会。通过遴选等方式，把热爱政协工作的年轻干部补充到空缺岗位，政协干部的使用可以尝试打破常规，让政协干部在多岗位锻炼成长、熟悉政协机关工作，形成老中青梯次配备、工作有序衔接的干部队伍。

（三）加强干部培训

把政协机关干部培养、交流和使用纳入各级干部队伍建设总体规划和年度工作计划，通过党校学习、挂职锻炼、内外交流、学习考察等多种途径、各种形式、各种平台，以及多渠道、多地域、多层次，采取上挂下派、纵横交流、驻点学习等形式，对政协干部开展政策法律法规、政协业务知识、调查研究方式方法等全方位、综合性的学习培训，提高政协机关干部的思想政治素质、全局观念、服务意识、政策水平和业务能力。

（四）建立干部合理流动机制

加强政协机关和乡镇、其他部门的沟通联系，做好政协干部的培养、推荐工作，建立完善政协干部合理流动、能进能出、良性循环的机制，加大政协机关干部培养、选拔、挂职锻炼的力度，加大政协机关和党政机关之间的干部交流力度，有计划地推动政协机关干部与党委、政府干部双向交流、上下交流。

打破进入政协就直到退休的惯例，根据新时期干部路线和政策的调整，要加大政协组织内与政协组织外的干部交流使用力度，加大乡镇与乡镇政协组织之间干部交流使用力度，加大政协机关与基层政协组织干部交流锻炼力度，不断增强政协组织活力。

加大对优秀中青年干部的培养选拔力度。改善政协干部队伍结构，重视非中共、妇女和少数民族干部的培养和使用，尤其是政协干部的老、中、青梯次结构、年龄上的新老交替、工作上的重点配置、业务上的骨干保留等方面，注重换届中的“一刀切”现象，以防止工作断层和业务骨干的流失。

（五）用好政协智库

各级政协应立足本地实际，普遍成立政协理论研究会，充分利用大中专院校和科研机构的人才优势，建立覆盖面广、履职能力强的政协智库。在调研、视察活动中，将智库专家、相关技术人才吸收进来，共同开展课题调研，既解决紧缺人才不足的问题，也提高建言献策的质量。

三、加强经费保障

为确保协商工作正常开展，按照“不建机构建机制”的要求，应加大对政协开展协商工作的经费投入。政府对政协的预算支出中，应有开展政协协商的计划。应对参加政协协商的经费支出、场地建设和维护费用、人员培训、补贴等有明确的规定，确保财政支出公开透明。

四、加强对下级政协工作的指导

（一）加强对各级政协的联系指导

从地方政协看，省级政协工作总体相对规范，市县政协工作则不同程度存在定性模糊、职能模糊、责任模糊、工作方式模糊等问题。发挥市县政协专门协商机构作用，省级政协必须负起联系指导责任。健全上下联系指导机制，建立省市县政协秘书长联席会议制度，定期召开省市县政协工作交流会，强化对市县政协的联系指导。把市县两级资源力量串联整合起来，注重省市县政协组织的协同配合，共同参与重大监督性视察、监督性调研和协商议政活动。

（二）帮助下级政协解决协商过程中遇到的实际困难

政协主席会议成员要下沉一级指导协商工作，对于下级政协难以达成协商共识的事项、或者需要上级政协出面协调的事项，应积极帮助解决。政协专委会根据协商的议题指导相应的专委会和界别，对于协商议题涉及的法律、经济、科技、环保等问题，相关政协专委会应邀请所联系界别的专家、学者给予指导。

五、加强对“互联网+”、大数据等信息技术手段的运用

习近平总书记指出，人民政协要探索网络议政、远程协商等新形式，提高协商实效。在2020年新冠肺炎疫情发生的背景下，网络议政、远程协商已成为有效推动政协协商的新途径，参与全国政协协商议政活动，开创了民主协商的新途径。应把政协协商与远程协商对接起来，深入研究如何运用互联网开展政协协商工作，通过设立政协网站、建立协商议事微信群或钉钉群、设立网上委员工作室，广泛收集协商议题。在交通条件受限、利益攸关方外出务工等情况下，采取“云直播”“微直播”等形式，使协商主体能够“点对点”“面对面”地参与政协活动的讨论，围绕议题发表见解，提出意见建议，实现协商活动、政协委员与群众的“零距离”接触。

第五章　典型案例比较分析

人民政协是国家治理体系的重要组成部分，其核心价值在于有助于充分发挥协商民主的功能，这体现在政协参与基层治理的具体路径方式上。在我国，各地基层治理情况不一，因此人民政协究竟如何有效发挥其协商民主的功能，在最大程度上适应当地治理环境，协调多元主体之间的利益和需求，提升基层治理效能，也会因各自的实际情况而有所差异。

尽管不同省份、市区人民政协参与基层治理的路径方式不一，但追求的目的是相同的。我们不能因为路径的不同而直接评判出高低优劣，也不能盲目推广某一省市政协的成功做法，因为各地的具体路径都有值得学习借鉴之处。为了更好地理解不同地区人民政协参与基层治理的具体模式，选取具有代表性的政协协商案例，分别来自甘肃金昌市、永昌县、庆阳市华池县、兰州市安宁区以及浙江杭州市、湖南长沙市、广东珠海市，进行多案例的呈现。通过不同案例的对比与分析，展示出政协协商参与基层治理的丰富形式。

第一节　成功案例

一、甘肃省金昌市：通过政协协商推进基层治理

2018年以来，甘肃省政协在金昌市部署开展了政协协商参与基层治理的试点。金昌市充分发挥政协专门协商机构在基层社会治理中的作用，不断完善协商内容，丰富协商形式，健全协商规则，探索出了一条政协协商推进基层社会治理的新路径。

（一）具体做法

1.强化政治引领，把牢政协协商的政治方向。市委成立由市委书记任第一组长，市政协主席任组长，有关部门主要负责人为成员的市委基层协商民主工作领导小组。领导小组下设办公室，办公室设在市政协，负责基层协商民主的日常工作。县（区）也成立了相应的组织领导机构，确保基层协商民主规范有序开展。市政协建立了主席、副主席指导督促基层协商民主联系点工作机制；制定下发了《关于政协委员深入基层进行履职实践的通知》，在各乡镇（街道）成立委员履职实践联络小组，由乡镇党委（街道党工委）副书记兼任组长，从市政协委员和县（区）政协委员中分别选派1名同志担任副组长，将政协委员吸纳到乡镇（街道）、村（社区）协商议事会成员当中，积极参与并指导协商工作。各村（社区）均组建了协商议事会，由党组织书记兼任协商议事会主席，使党的领导地位充分体现在协商的各个程序、环节当中，确保了协商民主的正确政治方向。

2.突出重点内容，确保政协协商规范有序开展。注重在协商的规范性、操作性、针对性上下功夫，对协商主体、内容、程序以及保障措施等提出了具体要求。一是探索出“六条”原则，制定了“坚持党的领导、坚持群众自治制度、坚持依法协商、坚持民主集中制、坚持协商于决策之前和决策实施之中、坚持因地制宜”六条基本原则，确保协商的方向不偏离。二是形成“1+7+X”协商主体，解决“谁来协商”的问题。“1”即村（社区）党组织书记；“7”即七类固定成员，具体包括村（社区）党组织班子代表、村（居）委会班子代表、村（居）监委会班子代表、两代表一委员、法律工作者、辖区内经济组织和社会组织代表以及村（社区）德高望重、公道正派的村（居）民代表，每个村（社区）确定20~30名议事会固定成员，其中村（居）民代表由村民小组（社区网格）推荐，经村（社区）党组织研究确定，其他固定成员由村（社区）党组织推荐。“X”包括协商事项涉及的利益代表、政府相关职能部门代表等，根据协商议事需要确定，不限人数和范围，尽量让协商议题中涉及的群众都参与进来。同时，对专业性强的协商内容，邀请相关专家和专业技术人员参加，提高了协商的科学化水平。三是明确了协商内容，解决“协商什么”的问题。坚持广泛协商，针对不同渠道、不同层次、不同地域的特点，列出了5个方面的具体内容，主要包括：党和政府的方针政策、重点工作部署在村（社区）的落实；城乡经济社会发展中涉及当地村（居）民切身利益的公共事务、公益事业；当地居民反映强烈、迫切要求解决的实际困难问题和矛盾纠纷；法律法规和政策明确要求协商的事项；各类协商主体提出协商需求的事项。同时，对于违反党的政策、国家相关法律法规的事项，上级党委、政府有明确要求、明文规定必须执行的事项，带有歧视性、不公平的事项不予协商，确保了协商内容合理合法。四是拓宽协商形式，破解“怎么协商”的问题。提出“大事大商量、小事小商量”的原则，对于群众利益密切相关、关注度较高的重要事项，按照会议协商形式进行，具体包括收集议题、确定议题、议前调研、协商议事、公开公示、研究落实“六步议事”程序，充分吸纳各方意见，最终达成各方都能接受的“最佳方案”共识，提交村（社区）党组织和村（居）民委员会研究决定是否实施，形成了协商议事的完整“闭环”。对于一些临时性事务和涉及面较小的事项，采用沟通协商、对话协商、书面协商、网络协商等形式，不固定场所、人员，在田间地头、农户庭院、楼宇门前、项目现场开展协商，使协商更加直观有效。

3.注重成果转化，以政协协商促进社会治理。各村（社区）在形成议事决议后，将协商结果以村规民约、居民公约、会议决议、计划方案等形式，通过村公务公开栏、村（社区）微信平台等渠道进行公示，体现了公开透明。通过一线协商工作实践，全市各村社区共开展协商议事586次，协商落实具体问题478件，得到了基层干部群众的普遍认可。

（二）取得的成效

1.强化了党组织的核心引领作用。在推进协商民主工作中，村社始终把党的领导体现贯穿到协商工作全过程，最大限度地回应群众诉求，为群众办实事解难题，使村社群众对党组织工作更加理解支持，党群关系更加密切，进一步增强了基层党组织的凝聚力和向心力。

2.提升了村（社区）决策的科学化水平。群众参与村（社区）公共事务决策实施的全过程，并充分发表意见和建议，使决策事项论证更充分、更科学，有效地预防了干部用权的随意性和办事不公、以权谋私、暗箱操作等问题的发生。

3.增强了群众参与村（社区）事务的积极性。通过搭建协商平台、开展协商对话，改变了过去群众在重大公共事务管理中想参与又参与不了，想提意见又无处提的情况，有效增强了群众参与公共事务、共建家园的责任感和积极性，做到了“有事多商量、遇事多商量、做事多商量”。

4.解决了群众关注期盼的一些热点难点问题。通过协商民主平台，解决了一些长期以来想解决却未能解决的老大难问题，发现和化解了一些苗头性、倾向性矛盾和问题，避免了问题扩大化，促进了社会和谐稳定。

（三）思考

金昌市政协协商推进基层社会治理之所以能取得较好成效，主要原因有：一是党委的高度重视和坚强领导。市委成立了市基层协商民主工作领导小组，市委书记任第一组长，市政协主席任组长，领导小组办公室设在市政协，市政协是实质牵头单位，这样的安排赋予了政协协商民主平台的合法性、权威性和可操作性，标志着协商真正成了政协的主责主业。二是协商民主平台保持了较强的公信力。从村社协商民主运行情况看，由多数人协商决策而非个别村社领导干部拍板定夺的制度设计，迎合了群众的民主期望，客观上降低或规避了设租寻租空间和利益交换的可能，与传统信访司法途径相比，协商民主平台更加透明、扁平、便捷、高效。村社普遍反映，开展协商民主工作以来，上访事件大幅减少，邻里关系更加和谐，治理成效前后对比变化明显。这表明基层社会治理途径渠道多元后，协商民主与信访诉讼具有较强的替代效应和互补效应。三是化解矛盾达成共识综合成本低。协商民主平台主要费用是给予第三方参与者适当误工补助，与庞大的信访维稳资金相比，可谓微乎其微。另外，矛盾当事人、利益攸关方就地解决问题，节省了到县市省上访的大量差旅和误工成本。2018年4月开展协商民主以来，至2019年11月金昌全市各村社协商议事586次，解决具体问题478件，这些问题中，不少都是时间长难度大的陈年旧案。可以说，金昌市村社层面协商民主实现了小成本、大成效。

金昌的政协协商实践具有重要意义，让党委政府决策前多了一个了解社情民意的渠道，民生项目实施多了一个能商量的平台，人民群众的愿望和诉求多了一个能表达的场合，得到广大党外人士和人民群众的欢迎。一是协商民主以小切口介入基层治理这一事关群众切身利益的难题，可以把党和政府从烦琐的信访维稳中解脱出来，让党和政府更加集中精力抓改革抓发展抓民生。二是协商民主是化解矛盾达成共识的有效渠道和工具，与官方调解为主的传统信访相比，这一渠道工具的优势、公信力和生命力日渐凸显，完全可以成为基层社会治理的重要渠道和有益补充。三是协商民主在密切干群关系、缓解社会矛盾、凝聚人心、引导群众听党话、跟党走方面可以发挥更加重要的作用。

二、浙江省杭州市下城区：构建一线协商多元体系[①]

（一）具体做法

杭州市下城区从2015年年初以来，作为杭州市推进社区治理和服务创新的试点城区，积极探索以社区党委为核心、居委会为主导、社会力量广泛参与的社区治理模式。构建基层协商民主框架下的多元善治现代社区治理体系和社区良性社会生态，以社区治理创新引领社会治理新常态。在社区改革具体工作中，下城区把“三严三实”要求融入工作，牢固树立信念意识、学习意识、服务意识、法治意识、担当意识、使命意识、时代意识、奉献意识，凝心聚力克难攻坚；还以该区首个具有“城市范儿”的《街道社区基层党建基本制度》为指引，发挥基层党组织的战斗堡垒作用，发挥基层党员在社区改革中的先锋模范作用。下城区委九届八次全体（扩大）会议审议通过了《中共下城区委关于全面推进社区治理和服务创新的决定》，全面推进社区治理和服务创新，积极构建“党建引领、多元参与、协商治理、智慧服务”社区治理格局。

1.深化协商治理，全面激发社区共治活力。通过整合统战资源，成立了由区各民主党派、工商联、新联会、知联会负责人以及有专业特长的党外人士组成的“同心·商议团”；通过街道层面，依托“66810”为民服务体系，成立由辖区党员群众、党外代表人士和统战性社会组织及群众自治组织成员等热心人士组成的“百姓议事团”[②]；通过社区层面，成立了由居委会成员、统战“和事佬”及热心公益的社区居民组

①《下城：创新打造3.0版社区治理模式》，《杭州日报》2015年7月7日。

② 杭州市下城区委统战部：《“三化”民主协商举措助力基层治理》，中央统战部网2020年6月28日、2020年10月27日。

成的“同心协商圆桌会”。由此形成了上下联动、多方参与的立体协商平台。

2.健全完善协商机制。围绕消除分歧达成共识的目标，全方位构建社区治理大协商机制。完善社区居民会议、“百姓议事团”制度，健全民情恳谈、社区听证、社区论坛、社区评议等对话机制。坚持问需、问计、问策于民的工作导向。由区委统战部牵头，分别组织“同心·商议团”“百姓议事团”和“同心协商圆桌会”成员以及有关职能部门，围绕民营企业转型升级、“五水共治”、智慧经济发展、商圈能级提升等中心工作，召开专题商议会，集思广益，建言献策，多条意见建议被吸纳并采用，为地方经济发展提供了智慧力量。聚焦老旧小区停车、居家养老服务、亲情车位设置、小区垃圾分类等人民群众关心的难点热点等民生问题，提出了很多实用的、管用的、可用的“金点子”，促进了问题快速有效解决，切实解决群众的现实问题，得到群众的夸奖点赞。常态化的协商议事活动，营造了“有事多商量”的浓厚氛围，有效破解了一批城市治理中的难题，夯实了基层治理的民意基础，为提升基层治理体系和治理能力发挥了积极作用。

3.严格规范协商程序。不断拓展协商内容的涵盖范围，对涉及社区治理的各个重要事务开展广泛协商。通过网络、微博、微信和实地调查走访等形式，畅通各类社区治理主体意见建议诉求渠道，实现协商过程前置。下城区委统战部充分发挥统揽全局、协调各方的作用，对开展协商议事作了一系列的制度规定。积极推动各民主党派与街道党工委，党派所属支部（支社）与社区、楼宇建立了合作共建和结对共建机制，组织协调不同层面、不同利益群体广泛参与基层民主协商活动。建立“同心商议团”日常联系制度、调研走访制度、协商议事制度等基本制度，制定“百姓议事团”每月一商议、每季一审议和每年一评议的协商议事规则。明确“同心协商圆桌会”有事共商、实事共做、难事共解的协商原则，提出了“一对一”“面对面”多层多方结合的组织方法，构建“有事好商量”的常态化协商制度，确保长效化落实基层民主协商活动。及时公示协商议事结果，自觉接受各类社区治理参与主体的评价。牢固树立“有结果就应用”的理念，严格按照协商结果办理相关事项，推动协商结果落实落地。

（二）主要成效

从目前的情况来看，一方面，推进社区治理中的行政化色彩依然过浓，很多事情仍停留在“我怎么说，你怎么做”，缺少民主协商的氛围；另一方面，一些辖区单位、社区居民也缺乏参与政治生活、争取自身利益的内生动力和能力，多数时候往往只把社区当成单位的驻点或居住场所，缺乏归属感和认同感。《中共下城区委关于全面推进社区治理和服务创新的决定》从健全完善协商机制、严格规范协商程序、真正落实协商结果3个方面，对深化协商治理进行了具体阐述和规范，积极引导社区各方力量按照规范的程序对社区事务进行科学评判、民主决策，全方位构建大协商机制，有效激活基层自治功能。

杭州市下城区在基层治理中积极探索建立街道、部门与社区组织、社会组织、统战代表人士、居民群众间的对话机制，社会组织内部治理机制，社区商户间自律机制和驻社区单位共驻共建机制。建立健全“两代表一委员”联系社区制度，充分发挥民主党派、无党派人士、工商联各界人士在社区民主协商中的积极作用。强化对相关协商意见建议的评估测定、分析研判，确保协商议题的广泛性、针对性、合理性。坚持公开、平等、效率原则，组织各类主体以理性的态度参与协商，防止将协商讨论会开成“情况通报会”或“诉苦会”“抱怨会”。值得一提的是，在基层治理中发挥协商民主的作用，能够适时公布协商事项的办理结果，让参与者从中体会到协商的价值和意义，进而不断提高各类主体参与社区治理的积极性，更好地为社区治理贡献力量。

除此之外，基层协商民主有助于居民自治社区减负。过去10年，社区从最初的“简单模式”升级成了现在社区党委、居委会、公共服务站三位一体的“复合模式”，这样的模式最初解决了不少基层问题，但随着“行政化”的加剧，不仅行政事务不断涌向基层，而且老百姓的需求也越来越旺盛和多变，社区饱受压力。因此，发挥居委会自治功能，“还权”“赋能”“归位”，让本地居民来参与自治，将自我管理的权利还给居民，共同推进新型社区治理模式成为破题“良方”。目前，杭州市社区工作者待遇由市、区两级财政保障，越来越多的大学毕业生青睐社区岗位。社区工作者实现知识化、年轻化的同时，问题也随之而来，那就是大部分人都不是本社区居民，影响了社区居委会“四自”功能的发挥。为此，下城区从完善居委会选举制度入手，在全区开展社区居委会成员补选工作，通过依法选举的本地居民在社区居委会班子成员中的比例将达到50%以上，切实保障工作有序开展。

三、湖南省长沙市天心区：政协协商与网格化治理相结合

（一）具体做法

长沙市天心区政协牢牢把握“专门协商机构”的定位，按照“无调研不协商”的工作思路与要求，着力做实常规协商、创新协商形式，构建了多层次、多渠道的协商格局，切实让政治协商在基层社会治理中发挥积极作用。①

1.构建网格小区议事体系，将多方力量下沉到网格参与平台建设。首先，发动领导干部“驻家”议事。依托网格化综合治理，实行区“四

① 陈明、黄雅玲：《长沙天心区：创新“协商+基层治理”新模式释放基层治理新力量》，人民网2020年5月29日。

大家”班子成员中的党员领导干部联点社区党组织、区属各党工委班子成员和全区科级党员领导干部联点网格小区和院落楼栋党组织，建立定期联系、定期议事、定期考评等3项“家规”，听实话、摸实情、出实招、亮身份、践承诺、比奉献等6条“家训”，蹲点调研、谈心谈话、讲习授课、创设品牌、选树典型、解决问题等9项“家务”，全区711名党员领导干部在格中走、议格中事、履格中责。其次，汇聚多方力量“建家”议事。利用辖区单位、街道社区、商务楼宇、商圈市场、社团组织、民间投建以及居民共享的党性教育资源，建立100个“社区—网格—邻里”党群服务中心（站），打造100个标准化的“有事好商量”议事场所。在条件相对成熟的北部9个街道试行网上智慧化议事平台，打造线上线下互联互通的网格小区居民“议事圈”。最后，呼唤网格党员“回家”议事。按照精准摸底、志趣组团、因事设岗、人尽其用、就地就近的原则，引导9501名社区直管党员，辖区单位8881名在职党员、474名流动党员和3050名离退休党员“进网入格”、发挥作用；采取积分式激励、关怀式管理、课题式组队、跟踪式服务、即刻式教育等方式，在兜底管理各类党员中，激发党员知“家事”、说“家事”、议“家事”、评“家事”。

2.统筹调配各方资源参与议事，实现四级治理力量融合。首先，部门大联席驱动行业联盟“合议”。在14个街道建设委员工作室（站），向82个社区派驻法律顾问，加快在355个封闭式小区、70个社区物业小区筹建业委会、监事会，率先在部分试点街道组建了有“两代表一委员”、律师、业委会成员等参与的网格小区“合议庭”。街道大工委协调区域共建“协议”。街道构建“1+4+N”党建引领社会治理体系，即成立1个社区党组织组成的街道区域化党建工作协调委员会，设立党群共建、平安共创、社会共助、环境共育4个专业委员会，组建N个专委会下设支部、社会组织和志愿团队。其次，社区大党委引领网格自治“商议”。由社区大党委牵头，成立网格小区党组织，负责组织网格小区“合议庭”、物业公司、社会组织相关负责人和网格小区居民代表等进行集中“商议”，协商解决网格小区中的各种民生问题。最后，网格大融合激活意见领袖“众议”。充分调动网格小区的居民群众参与网格小区事务的积极性，坚持把优秀党员骨干培养成为意见领袖，把具有党员身份的优秀业委会主任、监事会主任、物业公司负责人、社团组织负责人等培养成为社区兼职委员，把网格小区建成“人才智囊库”和“先锋志愿营”，通过意见领袖、兼职委员为网格小区发声代言，最大限度地调动网格小区群众的智慧和力量。

3.打造网格小区共同体，形成共建共治共享格局。首先，“五位一体”多元议。实行网格小区党组织、业主委员会、业主监事会、物业服务企业、专业社会组织“五位一体”为主体，驻点党员领导干部、驻地单位代表、社会组织代表、“两代表一委员”、统战人士、在职党员、律师、意见领袖及其他利益相关方为补充，多方参与的网格小区联席会议制度，推进封闭式小区议事，促治理水平提升。其次，“五项机制”规范议。出台《天心区推进基层协商民主建设实施办法》《天心区加强社区民主协商的实施方案》，规范“有事好商量”的协商议事范围、形式、规则、流程、制度等，推行网格小区组织员委派制及“四级互动”“五不议”“五步协商”“自治议事六步走”等5项工作机制，确保小事不出网格小区、大事不出社区、难事不出街道，建立各方愿议事、敢议事、善议事的“正循环”。最后，“五微互动”创新议。结合新型智慧城市建设，推行网络微观摩、视频微协商、政事微点评、公众号微表决、小程序微互动，探索线上提供公共产品和公共服务以及线上与线下同步协商议事的新途径和新方式，实现与公众良性互动，增强群众参与感、获得感，打造开放、透明、智慧式小区，为老中青各类群体参与议事搭建舞台，收到了凝心聚力的良好效果。

（二）主要成效

天心区实施“有事好商量”基层协商议事机制以来，累计开展各类议事活动200多次，参加人数达4000余人次，解决网格小区热点难点问题630多件。

1.“议高”了共建美好家园愿景，增强了基层党组织亲和力。组织开展基层议事活动，千方百计帮助群众排忧解难，让群众享有自我管理、平等协商的尊严，让群众享受党组织和党员干部的亲切服务，广大群众普遍感受到党心与民意相互激荡的温馨。老街坊说以前不知网格小区党支部能干些啥，现在聊聊天就知道了，还把自己想办的事给办了，轻轻松松就当了家做了主。“有事好商量”协商议事机制实施以来，党员群众积极发挥聪明才智，为网格小区的管理与发展贡献自己的力量。比如，桂花坪街道九峰苑社区华天苑小区就邻里党群服务中心的开放管理进行讨论，在小区党组织负责人、物业公司代表、居民群众代表共同商议下，最终确定了开放时间、开放制度和值班安排。自从有了“有事好商量”协商议事机制，昔日不愿亮身份的党员主动亮出身份关注身边的人和事务，昔日街坊邻里亲密无间其乐融融的景象重焕光彩，昔日游手好闲的失业青年在网格小区大家庭氛围熏陶下转型为志愿者，在帮助他人的同时提升个人价值。

2.“议顺”了党员群众诉求之道，增强了党组织公信力。议事机制坚持群众诉求就是执政力量的原则，每个参与议事会人员平等交流、共享信息、相互支持，会前居民可根据公告提前报名、自由参加，通过民主讨论、民主决议作出安排和决定，使群众感觉有说话的地方和表达的机会，乐意来议事现场参加讨论、畅所欲言、积极献策。社区党组织与网格小区“议事会”之间相互支持又互不干涉，更多地充当组织、协调和想办法落实的角色，从倾听民众诉求中改善治理，在及时回应中引导公众参与，在良性互动中促成社会共识，实现了党组织公信力的保值增值，筑牢了长治久安的执政根基。

3.“议来”了和谐稳定大好局面，增强了党组织战斗力。通过“有事好商量”基层协商议事机制，将居民各种诉求及时反映到社区、街道，将矛盾化解在基层，解决在萌芽状态。对不能在街道社区层面解决的问题，一方面由街道争取上级部门解决，一方面通过辖区内议事成员单位或“两代表一委员”协助向上反映，使问题和矛盾得到有效解决。区委、区政府以及区有关职能部门领导也定期深入网格小区旁听居民议事，现场了解群众的利益需求、评价态度，为改进工作、做好服务掌握第一手资料。

四、广东省珠海市南村社区：社区多元协商治理新模式

（一）具体做法

珠海市南村社区作为其所在区县首个社区协商的试点，在探索社区民主协商的道路上一直走在前面，形成了“一核（党的领导）一线（议事规则）、四点（协商主体、协商内容、协商形式、协商机制）两面（制度建设、活力建设）”的多元协商治理模式。[①]

1.坚持以党建为核心，由社区党委（党总支）把握社区协商方向。经过社区党委（党总支）审议符合社区自治范围的议题才交由社区议事会展开协商；社区党委（党总支）通过合理设定议事范围，厘清社区自治的边界，引导居民在党组织的领导下依法、有序开展协商；动员社区党员成为社区业委会成员、社区自组织负责人社区领袖、议事代表，让党员在服务居民中体现先进性，成为引领社区居民的先锋模范。

① 蒋欣陈、刘艳婷、刘梓欣：《“规则+”社区协商：“我的社区我做主”》，《南方日报》2020年9月3日。

2.以议事规则为主线。树立规则意识，在“南村议事规则十三条”的指导下衍生出其他规则体系，利用规则协商议事，具体有《社区参与激励机制》《议事代表选举办法》《南村社区居民自治章程》《议事会提案制度》《评议小组选举办法》与《议事协商财务管理制度》等议事规则文本做保障。

3.找准社区协商四个支点。包括选举协商主体，一户一票直选代表，做好候选人征集、选票发放和公开唱票的工作；明确协商内容，围绕规划建设、社区服务、公共安全、选举监督和自愿组织培育五类议题展开协商议事；丰富协商形式，通过社区、小区两级议事会的平台，化解邻里纠纷，改善居民关系；健全协商机制，实现居民建议、代表提议、小区商议、社区两委审议、议事会决议和群众评议的“六议”，以及办理结果公开、提案内容公开、协商过程公开、协商结果公开、实施方案公开和项目资金公开的“六公开”。

4.制度与活力建设相辅相成。其中制度建设包含开例会、建制度、定规则、划边界和选代表；活力建设包含搞活动、建组织、推公益、做项目和搭平台。

（二）主要成效

南村社区协商治理模式的建立，带来的是整个社区治理生态的变化，是社区人文环境整体的提升与改变。具体产生了以下八个方面的成效：第一，社区邻里关系改善。通过插花活动、公益集市、电影义工队等活动项目的展开，将个体居民凝聚为一个社区共同体。第二，居民与社区关系改善。从指责到理解，从怀疑到信任，社区微信群氛围其乐融融。第三，党群关系改善。平时积极开展“两学一做”学习教育活动，党委与群众关系从隔阂到融合，从松散到团结。第四，居民规则意识提升。《罗伯特议事规则》的应用使居民规则意识从没有到坚守，从人治到法治。规则深入人心，按照规则规范办事并解决问题。

第五，居民公共参与能力的提升。各类社区公益活动的开展，自愿组织的组成，使得社区居民在协商民主的过程中从冷眼旁观到积极主动，从置身事外到热心参与。第六，居民主人翁责任感的提升。公共资金和自筹资金的涌入意味着社区资源全面参与，社区居民对社区事务从事不关己到主动承担，从被服务到自我提升。第七，社区环境卫生显著提升。社区环境从脏乱差变为整洁有序。第八，居民与物业关系改善。在小区议事小组成立后，召集物业和协商展开同步推行，真正实现居民与物业之间从对立到对话，从对抗到协作。

五、甘肃省华池县：推进政协协商向一线延伸

华池县政协认真贯彻中央和省委政协工作会议精神，按照协商于民、协商为民的要求，紧贴协商民主主线，主动担起专门协商机构之责，积极探索完善协商形式、协商内容、协商机制，将政协协商的“触角”下沉到一线，为强化基层社会治理增助力添合力。

（一）具体做法

1.加强组织保障，用机制规范协商工作。一方面，始终把加强党的领导作为根本政治保证，县委办公室印发了专门《实施方案》，成立了由县政协主席任组长，各副主席、办公室主任为成员的工作指导小组，并下设了由县政协办公室主任任组长，各专委会主任为成员的指导小组办公室。另一方面，充分发挥基层党组织领导作用，各乡镇、村（社区）分别建立了政协协商议事会，由乡镇政协委员工作站站长、村（社区）党支部书记担任协商议事会主席，并积极鼓励支持党员群众参与协商活动，发挥基层党组织战斗堡垒和党员先锋模范作用，确保基层政协协商活动的正确方向。

2.搭好协商平台，推行“三个下沉”全覆盖。一是按照“不增设机构，不增加编制”的原则，在乡镇建立委员工作站，委员工作站站

长由乡镇党委副书记兼任，选派2名政协委员担任副组长，具体指导乡村两级开展协商议事活动。二是在乡镇、村（社区）分别成立协商议事会，建立协商议事室，搭建“有事好商量”的议事平台，畅通协商议事渠道，构建了“党委领导、政协搭台、部门联动、多方参与、服务群众”的一线协商大格局。三是建立政协主席会议成员包抓指导，政协各专委会负责人指导基层协商工作、参与协商活动，政协委员纳入乡镇、村（社区）协商议事会成员的制度，推行政协全部力量下沉到一线。

3.规范协商机制，确保协商取得实效。一是明确协商主体。建立了“专委会+委员+协商议事会+群众”多元化协商联合体，分层分级代表乡镇、村（社区）开展协商议事活动。乡镇协商议事会由乡镇政协委员工作站站长担任协商议事会主席，协商议事会成员由“两代表一委员”、驻乡镇单位代表、法律工作者、各村（社区）党组织书记、村（社区）群众代表、辖区内经济组织和社会组织代表等组成。村（社区）协商议事会由村（社区）党支部书记担任协商议事会主席，协商议事会成员基本构成为固定成员+流动成员+特邀成员。固定成员，即村（社区）党组织班子代表、村（居）委会班子代表、村（居）监委会班子代表、政协委员、经济组织和社会组织代表；流动成员，即部分村民代表、专职网格员、村民小组长、涉及利益的群众代表等；特邀成员，即老干部、老党员、乡贤能人，相关职能部门人员，协商议题有关专业人士及法律顾问，县乡党代表、人大代表等。协商议事会成员原则上为10~15人。二是确定协商内容。结合乡镇、村（社区）实际，乡镇重点协商发展规划、重大矛盾纠纷化解、公共服务事项、群众反映强烈的民生问题、跨行政村或跨社区的重要决策事项。村（社区）重点协商村（社区）规章制度制定修订、产业发展重要事项、民生保障事项、公共设施管理使用以及群众反映强烈、迫切需要解决的实际困难和矛盾纠纷等。同时，明确对违反国家相关法律法规、政策以及超出职能权限、缺乏协商基础、不具备实施条件等事项不予协商，保证了协商议题合法合理合规合情。三是丰富协商形式。建立了“开门协商”机制，采取会议协商、对话协商、书面协商、网络协商等灵活多样的协商议事方式，方便利益攸关方面对面协商。四是规范协商程序。协商程序主要由收集议题、确定议题、议前调研、协商议事、公开公示、研究落实等环节组成。议题收集，由党员、群众和村干部、包村干部、驻村工作队员收集。议题确定，由乡镇党委、村（社区）党支部委员对提出的议题进行甄别，剔除不符合法律法规和政策规定的议题，对符合政策要求的提交议事会进行协商。议前调研，议事前协商议事会组织议事会固定成员进行实地调研和深入分析论证，对议题的可行性、具体实施措施以及实施过程中潜在的问题等提前进行分析研判，为协商议事做充分准备。协商议事，实行“一事一议”，三分之二以上协商议事会固定成员到场方能开展协商议事活动。公开公示，对形成的协商意见，由党员和村民代表共同表决，再次审核后公示公开，公示无异议后，提交同级党组织审核研究决定。研究落实，形成的协商决议，报同级党组织同意后，确定责任单位和具体责任人办理实施。为防止协商结果“不了了之”，建立了“交、督、复”一体落实机制，着力推进协商成果转化落实。对交办的协商成果，由专委会组织委员以视察调研、走访座谈、民主评议等方式进行跟进监督，做到事事有回音、件件有落实。办理结案后，承办单位及时将办理结果向议事会报送答复，并通过党务、政务公开等方式进行公示，接受群众监督。对于村（社区）通过协商无法解决或存在较大争议的事项，提交本乡镇协商议事会进行协商处理。乡镇无法解决的事项，通过政协委员以委员提案或社情民意信息形式向上级反映予以解决。

（二）主要成效

1.解决了老区群众议事难的问题。华池县在推行政协协商向一线延伸工作过程中，积极借鉴吸收“四议两公开”工作法，探索出了一套行之有效的基层社会治理新模式，破解了老区农村群众集中议事难的问题，激活了农村发展新动能，群众参与面更广、积极性较高，决议能体现大多数群众的意愿，一定程度上实现了“我的村庄我做主”。

2.畅通了干部群众交流的渠道。推行政协协商向一线延伸工作，最关键的是保障了群众的知情权，把话语权交给了群众，有效避免了因不知情而产生误会和矛盾。

3.搭建了群众参政议事的平台。畅通了群众表达诉求的渠道，推动了基层政府由管控群众向尊重群众、依靠群众、积极引导群众参与公共治理理念的转变，构建了透明的工作流程和责任体系。

4.创新了农村治理新机制。推行政协协商向一线延伸，实现了村民自我管理，自我教育，自我监督，增进了政府与群众之间相互理解、预防化解各种矛盾、凝聚发展共识的合力。

（三）思考

1.进一步充实协商主体。应科学调整委员结构和界别设置，最大限度地把社会不同阶层、不同利益的人士聚集到政协组织中来，合理确定委员中领导干部、专家学者、基层群众和公共服务人员的结构比例，以体现政协协商的巨大包容性和广泛代表性。

2.健全协商成果转化交办机制。建立健全协商成果报送制度，认真分类登记、及时准确送达、跟踪领导批示、了解进展情况。党委政府应建立领导批办责任制度，党政领导根据协商成果情况及时研究、作出批示。承办部门细化办理相关责任，确保层层有人抓，件件有落实。

3.健全协商成果转化督办机制。将政协协商纳入党政工作目标管理和部门年度工作考核内容，制定相应的管理、考核标准。建立党政主要领导和分管领导亲自督办机制，强化跟踪督促检查，确保办理质量。

六、甘肃省兰州市安宁区培黎街道：将政协协商融入社区治理

（一）案例

1. 协商解决建宁路省委党校家属院门口公共区域乱停车的问题。

在甘肃省委党校家属院门口东侧，有一块长约50米、宽约12米的空地。多年来，这块空地无人管理，除了长期停放着几辆“僵尸车”，一些居民也将此处作为免费停车场，油污遍地，深夜鸣笛，周边居民不堪其扰。

在接到群众强烈反映后，培黎街道建宁路社区组织居民代表、省委党校物业负责人、法律工作者、区政府有关职能部门和区政协委员，召开社区协商议事会开展协商。

议事会上，大家一致认为，必须要改变这块空地脏、乱、差的现状，但对如何整改、作何用途却莫衷一是。受邀参加协商议事会的安宁区政协委员建议，将这里改造成临街小游园，花费不多、工作量不大，却能有效改善环境。

经过充分协商，政协委员的建议得到议事会成员的一致同意，社区很快付诸行动，将这块脏乱差的空地改造成了集户外锻炼、行人休息娱乐、公益广告宣传为一体的微广场。

2. 协商解决培黎广场摆摊设点挤占群众活动空间的问题。

为减轻疫情影响，各地鼓励发展“夜经济”，安宁区培黎广场附近及地下商场的商户在此政策带动下，在广场上摆摊设点进行商业活动，挤占辖区群众休闲活动空间，居民不断向街道反映该问题。

经街道党工委会议研究决定召开协商议事会，邀请两代表一委员、

群众代表、商户代表及相关职能部门等参加，经过讨论沟通，提出了“划定专门区域发展夜经济，建设新广场”的方案。

3.协商解决环卫巷居民家中上下水问题。

向阳村社区某居民居住在环卫巷20世纪60年代自建房中，吃水不便，随着年纪越来越大，用水困难更加突出。老人找到社区，希望解决家中用水问题。

为此，向阳村社区组织政协委员和居民代表召开协商议事会，提出了由住建部门协调环卫巷老旧小区改造的施工方来进行配套解决的方案，与会人员表决一致通过。最后施工方在老旧小区改造过程中帮助铺设了用水管线和阀门，彻底解决了老人家中用水问题。

（二）主要做法

安宁区培黎街道按照“党建引领、多元协商、群智共建”的工作思路，以探索建立基层协商民主路径为突破口，着力在拓展协商主体、明确协商内容、规范协商程序、运用协商结果方面下功夫。

1.坚持“一个结合”，引领协商民主有序开展。把协商与党建结合起来，推行“红色网格+协商治理”的基层社会治理模式，以“红色网格”为依托，探索建立网格协商议事会，把协商民主引入党建引领网格化社会治理工作，着力构建“基层党的建设+小区长效治理+网格化社会治理+基层协商议事”四位一体治理模式。

2.建好“两块阵地”，推动协商议事持续落实。完善协商民主议事机构建设，在街道党群服务中心设立协商驿站和协商民主议事厅。对群众直接反映的问题，及时在会客厅接待筛选、分类分流；对确定的议题在议事厅协商讨论，形成意见建议。

3.用好“五种形式”，放大政协协商乘数效应。灵活运用调研视察、监督评议、对话协商、书面协商、网格协商五种形式，变“等群众上门”为“上门走访、主动服务”，让政协协商走到了群众中间，打通了服务群众的最后一公里。

4.谋求“三大成效”，实现居民群众利益最大化。秉持“协以求同，商以成事”的原则，通过1个街道协商议事厅、5个社区协商议事室、26个网格议事会的三级平台，探索建立了“急事快议、小事小议、大事大议”的协商议事新模式。共协商解决了公共秩序、城市管理、消防安全、环境保护、民生实事5大类29件群众关心的实事。

七、甘肃省永昌县：用政协协商解决乡镇民生难题

（一）案例

1.协商解决村公租房生产区建设问题。

永昌县南坝乡永安村公租房的生产区建设一直是久拖不决的老大难问题，群众怨气比较大。2019年4月，永安村协商议事会通过前期调研、摸排、入户了解情况，结合人居环境整治工作要求，通过政协协商，就生产区面积、规模、标准、水电、道路及相关补贴达成一致，妥善解决了入住公租房群众生产区划定建设工作，修建生产小院17户。通过政协协商工作，全乡共收集人居环境改善、全域无垃圾、脱贫攻坚、厕所革命等方面的议题30件，按照支部牵头、党员带头、群众协商的方式协商解决23件。

2.协商解决村级事务管理问题。

朱王堡镇汤宁村针对高价彩礼问题广泛开展协商，修订完善《汤宁村红白理事会章程》和《汤宁村红白理事会制度》，有力地推动了乡风文明建设。新堡子村自政协协商工作开展以来，已开展了5次协商议事活动，先后解决了互助老人幸福院建设、人居环境整治、村委会办公楼维修、村文化广场健身器材安装等具体事宜，群众参与村级事务的主人翁意识明显增强，普遍感到“老百姓的事情，还是应该由自己商量着办”。

3.协商解决农地流转问题。

土地流转中的一些不合理现象，一度是永昌县新城子镇西湾村在农地流转中群众怨气最大、矛盾纠纷最突出的问题。金昌市试点政协协商后，西湾村将村民普遍关注的农地流转作为头号议题，放到了村民协商议事会上。在协商讨论的时候，28位村民代表分别发言，围绕更好地实现农地流转出主意、想办法，经过协商讨论，在流转方式、地租以及种植模式上达成了大家都能接受的方案。

（二）主要成效

在推进政协协商向一线延伸的过程中，群众由“张嘴发牢骚”转向“理性求共识”，不仅有效保障了村（居）民自由表达意志的话语权，也增强了基层的决策透明度和公众参与度。

1.强化了基层党组织的领导作用。在推进政协协商向一线延伸工作中，基层党组织充分发挥领导作用，把党的领导贯穿到政协协商工作全过程，认真做好议题收集、议题确定、开展协商、决策监督等各个环节的“把关人”，最大限度地回应群众诉求，为群众办实事解难题，把群众充分凝聚到党组织周围，使村（居）民对党组织工作更加理解支持，党群关系更加密切，进一步增强了基层党组织的凝聚力和向心力。

2.提升了村（社区）决策的科学化水平。通过开展民主议事，让群众参与到村（社区）公共事务决策实施的全过程，让群众充分发表意见和建议，努力寻求群众利益的“最大公约数”，使决策事项论证更充分、更科学，沟通更广泛、更民主，使村（社区）干部用权行为始终在“阳光”下运行，有效预防了干部用权的随意性和办事不公、以权谋私、暗箱操作等问题的发生。一些村党支部书记深有感触地说，“政协协商的开展，真正做到了给百姓一个明白，还干部一个清白”。群众也反映，“涉及我们切身利益的事情，政协让我们自己协商解决，我们真正成了主人”。

3.增强了群众参与村（社区）事务的积极性。通过搭建协商平台、开展村协商工作，让（村）居民在互相辩论中达成共识，有效增强了群众参与公共事务、共建家园的责任感和积极性，改变了过去群众在重大公共事务管理中想参与又参与不了、想提意见又无处提的状况，逐步实现从“做群众工作”到“由群众做工作”的转变。

4.解决了群众关注期盼的一些热点难点问题。针对涉及面广、利益主体多、政策难以全面兼顾的公共事务，组织各个层面广泛协商，解决了一些老大难问题，促进了社会和谐稳定。同时，村（社区）党组织以开展政协协商为契机，努力把政协的平台、渠道优势转化为治理优势，积极吸纳村（社区）居民话事、提事、议事，增强了政协协商议事室对舆情信息的掌控能力。

5.推进了基层社会治理体系和治理能力现代化建设。通过政协协商，为不同群体的利益诉求提供了合法渠道和有效平台，将群众需求、社会参与和创新活力有机结合起来。在政协协商过程中，参与主体之间通过理性表达、彼此说服，最终达成共识，基层治理能力明显加强，政协协商已成为推进基层社会治理体系和治理能力现代化建设的有效途径。

第二节　案例比较分析

中华人民共和国成立70多年来，社会治理的发展与国家面貌的变化密不可分，与社会主义协商民主发展密不可分。进入新时代，社会主义协商民主全面展开，尤其是政协协商民主广泛、多层、制度化发展，积极参与社会治理制度建设与创新，社会治理的社会化、法治化、智能化、专业化水平显著提升，国家治理体系和治理能力现代化水平明显提高。回顾梳理以上几个典型案例，我们可以清晰看到各地探索实践做法各不相同、模式不同、机制不同，也能深刻地触摸到各地创新探索遵循的共同规律、实践本质、基本路径、核心目标，从而找到协商民主助力社会治理创新的路径和模式。

一、差异性分析

（一）从模式上看，牵头主导力量不同

甘肃省金昌市、兰州市安宁区、华池县均属于政协主导型，都成立了市（县、区）委领导小组，市（县、区）委书记任第一组长，政协主席任领导小组组长，在政协下设办公室，协调推进协商工作。党委、政协制定了系列文件，建立了政协班子成员分片包抓和专委会联系制度，召开工作推进会、现场观摩会和专题会推进协商工作。杭州市下城区、长沙市天心区、珠海市南村社区，尽管层级不同，都是党建引领型，以党委（党支部）为核心、居（村）委会为主导，在党组织的领导下依法、有序开展协商，坚持民事民议，探索构建基层社会治理体系的模式。

（二）从路径上看，支撑平台和机制不同

甘肃省金昌市、兰州市安宁区、华池县都是走政协协商向一线延伸的路子。通过政协搭建乡镇街道村社区协商议事会平台，邀请相关界别委员和利益攸关方代表全程参与，突出谋民生大事、推民生好事、商民生实事、解民生难事。杭州市下城区以构建基层协商民主框架下的多元善治现代社区治理体系和社区良性社会生态为目标，通过搭建“同心商议团”“百姓议事团”“同心协商圆桌会”平台，打造上下联动、多方参与的立体协商治理平台。长沙市天心区建设街道委员工作室（站）、建立100个“社区—网格—邻里”党群服务中心（站），打造100个标准化的“有事好商量”议事场所，推出网格小区“合议庭”，打造线上与线下同步协商议事的新途径和新方式。珠海市南村社区通

过搭建社区、小区两级议事会的平台，形成了“一核（党的领导）、一线（议事规则）、四点（协商主体、协商内容、协商形式、协商机制）、两面（制度建设、活力建设）”的多元协商治理模式。通过比较分析，具体的路径方式如表1所示：

表1　协商模式比较分析

典型案例	协商模式	具体路径、方式
甘肃省金昌市、兰州市安宁区、华池县、永昌县等	政协协商推进基层治理	1.加强制度建设，搭建协商平台。 2.建立工作标准，打造规范化协商格局。 3.强化工作措施，引领协商民主有序开展。
浙江省杭州市下城区	协商治理、智慧服务	1.深化协商治理，全面激发社区共治活力。 2.健全完善协商机制（“百姓议事团”制度、对话机制、共驻共建机制、联系社区制度）。 3.严格规范协商程序（公开、平等、效率原则）。
湖南省长沙市天心区	政治协商在基层社会治理结合	1.构建网格小区议事体系，将多方力量下沉到网格参与平台建设。 2.统筹调配各方资源参与议事，实现四级治理力量融合。 3.打造网格小区共同体，形成共建共治共享格局。
广东省珠海市南村社区	“一核一线四点两面”协商治理模式	1.坚持以党建为核心，由社区党委（党总支）把握社区协商方向。 2.以议事规则为主线。 3.找准社区协商四个支点。 4.制度与活力建设相辅相成。

（三）从程序上看，步骤各有不同

甘肃省金昌市明确了收集议题、确定议题、议前调研、协商议事、公开公示、研究落实“六步议事”程序，坚持“六议六不议”。杭州市下城区针对“同心商议团”“百姓议事团”“同心协商圆桌会”制定了不同的协商议事程序。长沙市天心区探索建立了“五步协商”“自治议事六步走”等，建立完善了各方愿议事、敢议事、善议事的程序。珠海市南村社区建立“南村议事规则十三条”，形成了“六议”“六公开”程序。

（四）从效果上看，都取得了明显实效

杭州市下城区探索形成了线上线下同步协商议事的新途径新方式，增强了群众的参与感、幸福感、获得感。长沙市天心区累计开展各类协商活动200多次，解决网格小区热点难点问题630多件。珠海市南村社区协商议事，对于提升社区治理生态、人文环境改善、党群干群关系融洽都起到了积极的作用。通过对比就会明显感觉到，党建引领型协商议事还需要进一步注入社会元素，亟需引入政协等专业协商机构和力量。甘肃省金昌市等是政协主导型，协商议事有平台、有场所、有标识、有设施、有制度、有记录，比较专业和规范，发挥了专门协商机构的天然优势，协商效果明显。比如，甘肃金昌市近两年先后开展协商议事1500余次，协商落实具体问题1325件，协商落实率高达88%，得到了各方的高度肯定。让政协参与到一线的协商中来，更能体现广泛性、代表性、专业性，更能找到广大群众普遍的意愿诉求，确保每一个议题的协商都有结果、都能落地见效，从而使党委政府的决策更加贴近群众的愿望。

二、共同性分析

（一）都把坚持党的领导放在第一位

政协参与基层治理涉及方方面面，必须在党的领导下，把各方面

的力量充分调动起来，才能让基层政协协商发挥出应有作用。金昌市从2018年就成立了由市委书记任第一组长的工作领导小组，各村（社区）均组建了由党组织书记兼任协商议事会主席的协商议事会，把党的领导体现在协商的各个程序、环节当中。珠海市坚持以党建为核心，由社区党委（党总支）把握社区协商方向，经过社区党委（党总支）审议符合社区自治范围的议题，才交由社区议事会展开协商，动员社区党员在服务居民中体现先进性，成为引领社区居民的先锋模范。各地始终把坚持党的领导作为一条必须坚持的基本原则，让政协协商有了主心骨、压舱石和定盘星。

（二）都有固定的协商平台

各地通过搭建高标准的协商议事平台，既让委员找到了履职的平台，也让利益攸关方有了表达意见的渠道。几个案例协商的模式叫法不同，但都搭建了协商平台，有的叫“协商议事会”，有的叫“同心商议团”“百姓议事团”“同心协商圆桌会”，有的叫“有事好商量议事会”，有的叫“网格小区合议庭”。有的平台搭建在乡镇街道，有的搭建在村和社区，有的还搭建在网格和网上。不管协商平台叫什么、搭建在何处，共同点都是有了一定的协商议事机制和场所。这不仅为政协委员参与基层治理搭建了平台，也为群众反映诉求等提供了场所和渠道。

（三）都有相对成熟的协商程序

无论是甘肃省金昌市的“六步议事”程序，还是长沙市天心区的“五步协商”“自治议事六步走”程序，以及珠海市南村社区的“议事规则十三条”等，都制定了相对完善的议事规则程序，对协商参加范围、讨论原则、基本程序、交流方式等作出规定，让协商活动有制可依、有规可守、有章可循、有序可遵，实现了协商于民、协商为民。

（四）都聚焦基层社会治理

无论哪种模式、哪种路径，都是不折不扣地贯彻习近平总书记关于社会主义协商民主和加强改进人民政协工作的重要思想，都是贯彻党的十九届四中全会关于推进基层治理体系和治理能力现代化的部署要求，尽可能多地让民众和利益攸关方参与到各层级公共决策的论证、制定和实施中来，提高了决策的透明度和公信力，保障了人民的参与权和知情权，防止了决策者因个人偏好而导致的失误。几个案例共同的做法，都是将风险防范工作关口前移、协商平台触角前伸、协商渠道覆盖城乡，以此来推动政府单向管理向党委领导、社会多元主体协商共治转变，由行政管理为主的单一手段向行政、法律、道德等多种手段综合运用转变。

三、几点启示

从这些案例可以看出，各地积极开展政协协商参与基层社会治理实践，之所以取得成效，主要得益于：

（一）始终坚持党的全面领导

坚持党的领导，是做好政协协商工作的根本保证。只有把党的领导贯穿到协商活动的全过程，才能保证协商的合法性、权威性，创造性地贯彻落实党的群众路线，不断推进基层社会治理理念、机制、方法的创新，更好地了解民情、集中民智、凝聚民心，有利于筑牢党的执政基础。

（二）搭建规范、便捷、高效的协商平台

通过在基层广泛搭建规范、便捷、高效的协商平台，开展多种形式的协商，可以广泛形成人民群众参与各层次管理和治理的机制，有效克服人民群众在国家政治生活和社会治理中表达和参与不畅的弊端。

（三）有科学规范的协商机制

只有把人民群众参与协商作为地方公共决策的必备程序，让多协商、广协商、真协商成为一种制度安排，贯穿于公共决策的全过程，寓协商于决策之前和决策实施之中，才能真正做到协商于民、协商为民，实现决策的科学性、可行性，才能推动国家治理体系和治理能力现代化。探索构建从协商议题提出和确定、范围选择、地点和形式确定、过程严格规范，到成果跟踪办理、向相关方面反馈的完整、规范、闭环的协商流程，是规范协商、高效协商的基础和保障。

（四）让专业的人、专业的队伍做专业的事

人民政协作为社会主义协商民主的专门协商机构，在协商民主中有着天然优势。把一些涉及群众切身利益的公共决策协商事项，交由政协来组织开展，更能体现广泛性、代表性、专业性，有利于最大限度凝聚共识，更好助力党委政府知民情、解民忧、纾民怨、暖民心，具有一举多赢的效果。

总之，政协协商参与基层治理，要做到党委领导、政协承办、委员主体、部门协同、多方参与、规范协商，让人民政协制度优势真正转化为基层社会治理的强大效能。

第六章 主要研究结论与展望

改革开放40多年来，中国经济社会结构发生了巨大变化，以高冲突性和高不确定性为特征的棘手问题，对国家治理能力提出了挑战。基于此，党的十八届三中全会提出了“全面深化改革的总目标是完善和发展中国特色社会主义制度，推进国家治理体系和治理能力现代化”的战略要求。这就需要重新审视国家治理体系和治理能力现代化实现的方式与路径，治理主体间的互动与协同治理关系的构建等关键性问题。

习近平总书记在党的十九大报告中，针对人民政协地位和功能作出了新的重大论断，即“人民政协是具有中国特色的制度安排，是社会主义协商民主的重要渠道和专门协商机构”。全国政协主席汪洋在全国地方政协工作经验交流会上的讲话进一步提出“各种形式、不同内容的协商应当是各级政协的主要工作”。因此，人民政协作为国家治理体系的重要组成部分，理应发挥重要作用。基于此研判，本研究聚焦于政协协商参与基层治理，通过从基础理论的论证和实践探索的总结两个方面，厘清人民政协参与国家治理的演化历程与理论逻辑，系统论证了“人民政协是社会主义协商民主的重要渠道和专门协商机构”重要论断的科学性和合理性，以及“协商作为人民政协主责主业”的必要性和可行性。通过对甘肃、浙江、湖南、广东等省典型案例的比较分析，总结提出人民政协参与基层治理的原则、路径与方式，在此基础上，从制度、机制和评价体系三个方面，构建了政协协商参与基层治理的保障措施。

第一节　推进拓展政协协商是时代命题

党中央赋予人民政协专门协商机构的职责，全国政协主席汪洋也作出了“人民政协的主要工作是协商”的论断。为了给地方政协开展协商、参与基层治理提供理论参考，本研究从中国特色社会主义民主政治、国家治理体系和治理能力以及新型政党制度完善等维度，论证了协商作为人民政协主责主业的逻辑必然性和实践合理性，得出如下结论：

一、政协协商是凝聚共识的客观要求

政协协商具有凝聚共识的独特优势，将政协作为专门协商机构并把协商作为主责主业，是凝聚共识的客观要求。新时代，随着经济社会的不断发展，中国经济社会中的异质性日益凸显，在百年未有之大变局的背景下，如何最大程度地凝聚共识是中国特色社会主义民主政治的必然要求。人民政协通过独特的定位优势、组织优势、平台优势、人才优势、经验优势、公信力优势和专业的队伍，可以比较专业地开展协商，最大程度地凝聚共识。

二、政协协商是发展基层民主的迫切需要

政协协商可以有效化解基层矛盾冲突，将政协作为专门协商机构并把协商作为主责主业，是发展基层民主的迫切需要。基层是社会的细胞。市县处于国家治理的第一线、防范化解矛盾风险的第一线。越是在基层，党政工作的要事、民生改善的实事、社会治理的难事，与群众切身利益越密切，需要处理的人民内部矛盾就越多，这就越需要发挥协商民主的作用，市县政协越有用武之地。因此，不断坚持和完善基层民主，不仅是中国特色社会主义民主制度的客观要求，也是化解基层社会矛盾、实现人民对美好生活向往的客观要求。将政协协商

下沉到一线，有利于完善基层协商民主的形式，有利于实现党对基层的领导，有利于化解基层利益矛盾，从而实现基层政权的稳定，使基层更有获得感幸福感安全感。

三、政协协商是完善国家治理体系的必然选择

政协协商与党的领导、人大立法监督和政府行政执行共同构成了现代国家治理结构体系，把协商作为政协主责主业，是完善国家治理体系的必然选择。这是新中国成立70多年以来国家治理经验的总结。然而，协商在国家治理体系中的作用还存在不充分、不完善的情况，与国家治理体系现代化的要求还有一些差距。因此，人民政协将协商作为主责主业是完善国家治理体系的需要。

四、政协协商可以创新完善基层治理的模式

政协作为专门协商机构并把协商作为主责主业，可以创新完善基层治理的模式。基层治理作为国家治理的基础，关乎着人民群众的幸福。当前，基层治理存在诸多矛盾和不足，客观上需要创新基层治理模式，推进政协协商是完善基层治理的重要途径之一。政协协商建立在理性、包容的基础之上，典型案例证明，这一方式在完善基层治理上大有可为。人民政协作为专门协商机构，在推动基层协商民主治理中有重要责任。

五、政协协商可以提升基层治理能力和水平

政协作为新型智库，将协商作为主责主业，可以提升国家治理的吸纳能力、科学决策能力和政策执行能力。党的十九大报告明确指出，中国共产党的初心和使命是为中国人民谋幸福，为中华民族谋复兴。从当代政治理论和政治实践经验来看，现代国家治理能力是能否实现为

人民谋幸福的关键变量。人民政协70多年的经验表明，通过政协协商可以提升国家治理的吸纳能力、科学决策能力和政策执行能力。可以说，国家治理能力现代化要求人民政协将协商作为主责主业，以满足国家治理的需要。

六、政协协商是完善新型政党制度的需要

政协作为最广泛的爱国统一战线组织，将协商作为政协主责主业，是完善新型政党制度的需要。中国共产党领导的多党合作和政治协商制度是新型政党制度。实践证明，政协协商是实现党的全面领导的重要形式，是不断完善和丰富政治协商的重要途径，也是人民政协更好发挥专门协商机构作用的需要。

正如全国政协主席汪洋指出的，“人民政协的主要工作是协商”。这就是说，在人民政协的运行逻辑中，需要通过政协协商这一渠道来完善中国特色社会主义民主，实现国家治理体系和治理能力的现代化，完善新型政党制度。

第二节　政协协商是提升基层治理能力的应有之义

人民政协在协商民主中具有天然优势，政协协商参与基层治理，既是政协履职方式的创新，也是基层治理途径的补充。人民政协参与基层治理，既是历史的传承和选择，也是时代的要求和趋势。

一、政协协商参与基层治理有逻辑依据和理论基础

基于历史分析视角，厘清政协参与国家治理的历史演进，总结出政协参与国家治理的逻辑依据与理论基础。进入新时代，人民政协参与基层治理的实践取得长足发展，涌现出民主恳谈会、协商议事会等各

具特色的实践形式，但理论研究没有跟上实践发展的需要，理论研究呈现出滞后现象，不仅没有发挥理论指导实践的作用，也未能就政协发挥协商主责主业的职能，全面参与基层治理已有的实践而做出系统全面的阐释。因此，在新时代国家治理体系与治理能力现代化背景下，总结政协参与国家治理的逻辑依据和理论基础就显得十分必要。本研究立足于中国五千年的历史发展，深入梳理人民政协参与国家治理的缘起与发展脉络，准确把握人民政协参与国家治理的政治逻辑、文化逻辑、理论逻辑、实践逻辑，并揭示出其相应的逻辑依据和理论基础，从而为政协协商参与基层治理实践提供理论参考。

二、政协协商可以为基层治理提供支撑

基于实践指导视角，建立政协协商参与基层治理的保障措施，为政协协商嵌入基层治理提供强有力的基础性支撑。把政协协商嵌入基层治理之后，如何使其常态化，这既是实践中的难点，又是理论研究的重点。本研究作为，建立起政协协商的基本规则和模式，制定出台参与基层治理的保障措施，才能有效地实现协商民主与基层社会治理之间的充分融合，具体可从三个方面着手。首先，加强党的领导是保证政协参与基层治理方向正确、效果显著的根本前提。在具体工作中，要将加强党的领导内化于进一步完善政协委员的产生管理机制与提高政协协商能力两个层面。其次，要保证政协协商在基层治理中发挥更好的效能，必须明确政协协商参与国家治理的法理依据和具体制度。建立重大事项须经政协协商的清单式管理制度，进一步规范和完善政协协商的程序与规则。从政协与基层多元治理主体的协同机制、地方政协参与基层治理在组织内部的保障机制、地方政协的信息公开与运行机制以及地方政协与党委、政府工作的衔接机制四个层面入手，构建政协协商参与基层治理的长效机制。

本研究提出的政协协商原则、规则和参与基层治理的保障措施，可以为我国当前的基层协商民主建设、基层社会治理创新提供参考方案，也可为政协在基层治理中的角色转变与功能发挥提供基础性支撑。

三、协商是政协参与基层治理的有力抓手

基于规范操作视角，构建政协协商参与基层治理的效能评价体系，为人民政协参与基层治理提供强有力的抓手。促进政协协商持续、有效地参与基层治理，切实将协商作为人民政协的主责主业，以此助力国家治理体系和治理能力现代化，需要对政协协商参与基层治理的过程和结果作出全面、客观、准确的评价。由于绩效评价兼顾结果导向性和过程控制，并且提供了一种新的责任实现机制，从而可以为政协协商参与基层治理提供强有力的抓手。因此，本研究立足于甘肃省现实情境，以社会主义协商民主理论、新公共治理理论为框架，以“效”和“能”为主要内容，以政协协商参与基层治理效能持续提升为目标，采用第三方评估方式，通过德尔菲法和主成分分析法遴选评价指标，基于360度评价法确定评价主体与评价对象，制定评价结果运用方式，建立“评价—反馈—整改”的效能改进机制，从而形成一个科学、公正、兼具操作性的效能评价体系。该效能评价体系采用第三方评估方式，更具开放性、客观性和公正性，超越以往政协组织聚焦于政协委员个体履职式的内部考核模式。此外，该效能评价体系扩大了评价主体的范围，通过多元视角对政协参与基层治理效能的全方位评价，更有利于准确诊断政协参与基层治理的效能现况与问题，从而提出更加可行的整改方案和措施。总之，政协协商参与基层治理的效能评价体系构建，不仅是国内首次将效能评价这一管理工具与政协协商参与基层治理实践的全新结合，也为全国其他地区的政协参与基层治理提供了“样板”。

第三节 研究展望

本研究成果是我们开展政协协商参与基层治理的阶段性研究成果。鉴于研究问题的复杂性、研究方法的特点以及数据资料的约束，我们还将持续深入地进行实践总结和系统探究。未来研究可从以下三个方面着力：

一、进一步构建政协协商参与基层治理的理论体系

尽管本研究初步厘清了政协协商参与基层治理的理论体系，但还不完备和全面。因此，未来研究可以基于对实践案例的比较分析，进一步厘清政协协商参与基层治理范围，归纳出参与路径与模式，从而绘制出政协协商参与基层治理的知识全景图。

二、进一步探索建立治理主体间的新型关系

在基层治理语境下，政协持续、有效地参与基层治理的关键，在于是否能够建立治理主体间的新型关系。只有基层治理主体间构建起以信任为基础的新型关系时，它们才能形成一个新的整体，不仅有利于基层治理效能的持续提升，而且能够强化治理主体间的合作意识和能力。因此，人民政协如何与党委、政府、社会、公众等治理主体，共同建立起一个“信任—承诺—结果满意”的良性循环关系，是未来研究的关键问题。

三、尽快形成政协协商参与基层治理效能评价模式

本研究构建了政协协商参与基层治理的效能评价体系，这不仅为政协协商参与基层治理提供强有力的抓手，也为其他地区政协协商参与基层治理效能评价提供了样板。后续，可基于此效能评价体系，开

展实际的评价活动，在不断总结经验、调试评价系统的基础上，发展出一个兼具科学与艺术、稳定与弹性的政协协商参与基层治理效能评价体系，从而形成科学的评价模式。

附　录

甘肃省政协关于推进政协协商向基层延伸试点工作的实施方案

甘政协办发〔2020〕28号

（2020年9月28日）

为深入贯彻中央和省委政协工作会议精神，大力推广金昌市协商民主好经验好做法，推动全省市县政协协商向基层延伸，切实增强协商民主实效，现就政协协商向基层延伸试点工作制订如下实施方案。

一、总体要求

（一）指导思想

深入贯彻落实习近平总书记关于加强和改进人民政协工作的重要思想，全面贯彻落实党的十九届四中全会和中央、省委政协工作会议精神，认真推广金昌市协商民主典型做法和成熟经验，着力搭建广泛、多层、制度化协商平台，推动政协协商向基层延伸，力求在更大范围、更宽领域、更多层次上提高协商水平，把协商民主优势转化为强大治理效能，更好为加快建设幸福美好新甘肃、不断开创富民兴陇新局面汇聚磅礴力量。

（二）基本原则

1.坚持党的领导。认真贯彻党的基本理论、基本路线、基本方略，在党委的统一领导下有序开展协商。

2.坚持依法依规。协商活动必须在宪法法律和政策的范围内开展，坚守法律红线道德底线。

3.坚持平等协商。协商主体地位平等，相互尊重、平等协商，遵循规则、有序协商，体谅包容、真诚协商。

4.坚持以人民为中心。把解决好群众的操心事、烦心事、揪心事作为出发点和落脚点，坚持协商于民、协商为民。

5.坚持服务中心大局。协商活动要协助党委政府，推动做好协调关系、理顺情绪、化解矛盾、凝聚共识的工作。

6.坚持抓点带面。市（县）乡镇（街道）、村（社区）都要抓点，以点带面，示范带动，实现整体推进。

（三）主要目标

经过1~2年的努力，市县政协专门协商机构作用得到切实发挥，推动基层形成平台多层、载体多样、程序规范、制度健全、成效明显的协商民主发展格局，基层协商民主水平显著提高。

二、试点任务

各市（州）应确定1~2个试点县（市、区），围绕推进政协协商向基层延伸，在明确协商主体、规范协商内容、丰富协商形式、健全协商规则等方面进行探索。

（一）明确协商主体

根据不同的协商议题，分层分级探索乡镇（街道）、村（社区）及企事业单位等开展基层协商民主议事的参与主体，研究确定各层级协商主体及参与范围。

（二）规范协商内容

探索不同层级的协商内容，对协商什么、如何协商作出原则性界定。协商要合法、合理、合情、合规，不是所有问题都要协商。

（三）搭建协商平台

按照“有场所、有标志、有设施、有制度、有活动记录、有固定成员”的“六有”标准，积极在乡镇（街道）村（社区）搭建协商议事平台，致力打造党委政府的“好帮手”、人民群众的“连心桥”、委员履职的“好平台”。

（四）丰富协商形式

各层级可灵活运用会议协商、对话协商、书面协商、网络协商等形式，推进协商民主广泛多层制度化发展，方便更多的利益攸关方和民众代表参与进来，在充分协商的基础上找到各方利益的最大公约数。

（五）健全协商规则

对协商的参加范围、讨论原则、基本程序、交流方式等作出规定，把“提议、调研、告知、协商、公示、反馈、监督、评估”作为协商的基本环节。

（六）发挥委员作用

充分利用好政协委员的协商优势，将政协委员编入各层级协商议事平台，担任议事会固定成员，经常性参与协商民主议事活动。

（七）培育协商文化

传承弘扬中华民族“和合”优秀传统文化，坚持“平等协商、有序协商、真诚协商”和“不强加于人、不各说各话、不偏激偏执”的原则，营造既畅所欲言、各抒己见，又理性有度、合法依章的良好协商氛围。

三、实施路径

发挥政协专门协商机构作用，健全完善政协协商向基层延伸的工作体系，强化省市县政协对基层协商民主试点工作的督促指导。

（一）强化工作指导

市（县）政协要按照“不建机构建机制”的原则，在市（县）党委的支持下，依照甘发〔2016〕31号文件规定，积极探索在乡镇（街道）建立政协工作联络组。联络组在乡镇（街道）党委（工委）的领导下，负责指导乡镇（街道）范围内各层级协商民主推进工作，同时接受上级政协组织的工作指导。

（二）在试点乡镇（街道）设立协商议事会

乡镇（街道）协商议事会作为乡镇（街道）协商民主议事平台，依托政协工作联络组设立，在乡镇（街道）党委（工委）领导下开展协商民主工作，接受乡镇（街道）政协联络组工作指导。

（三）在试点村（社区）设立协商议事会

村（社区）协商议事会作为试点村（社区）协商民主议事平台，在村（社区）党组织的领导下开展协商民主工作，接受乡镇（街道）政协联络组的工作指导。

四、实施步骤

（一）启动阶段（2020年10月中旬前完成）

各市（州）结合实际制订相关工作方案和工作规则，完成各市（州）试点动员部署工作。

（二）推进阶段（2021年1月底前完成）

市（州）抓1~2个县（区）试点，县（区）抓1~2个乡镇（街道）试点，乡镇（街道）抓1~2个村（社区）试点。要按照“六有”标准打造试点单位的协商民主议事平台，推进协商民主制度化、规范化建设，为市州范围内复制推广提供有益的经验和模式。

（三）全面推开阶段（2021年6月底前完成）

在充分开展试点的基础上，适时召开本市（州）政协协商向基层延伸工作交流座谈会，推动政协协商民主工作进一步向基层延伸。

（四）总结提升阶段（2021年10月底前完成）

适时召开全省政协协商工作经验交流座谈会，总结政协协商向基层延伸的好做法、好经验，树立先进典型，推动政协协商与基层协商有效衔接，提升协商民主建设水平和实效。

五、保障措施

（一）成立省政协协商民主试点工作推进领导小组

省政协主要领导任组长，1名副主席任副组长，省政协秘书长兼任领导小组办公室主任。市（县）政协也要对应成立相应的试点工作推进领导小组。

（二）建立试点包抓督导制度

政协协商向基层延伸试点工作实行领导包抓督导制，省政协党组成员和主席会议成员每人包抓督导1个市（州）。各市（州）县（区）也应建立相应的包抓督导制度。

（三）建立协调调度制度

省市县各级政协要定期或不定期听取试点工作推进情况汇报，研究部署推进工作协调解决突出困难和问题，促进政协协商向基层深入拓展。

（四）建立定期报告制度

市（州）县（区）政协要在每月30日前，书面向省政协协商民主试点工作推进领导小组办公室报告工作推进情况。

甘肃省政协关于推进政协协商向基层延伸的工作方案

甘政协办发〔2020〕31号

（2020年11月2日）

为深入贯彻中央和省委政协工作会议精神，认真落实全省基层政协协商工作推进会议精神，在充分借鉴兄弟省区政协有益经验、总结部分市县政协试点成功做法的基础上，推动政协协商向基层延伸工作在全省有序推开，特制订如下工作方案。

一、提高站位，深化认识

习近平总书记指出，人民政协在协商中促进广泛团结、推进多党合作、实践人民民主，既秉承历史传统，又反映时代特征，充分体现了我国社会主义民主有事多商量、遇事多商量、做事多商量的特点和优势。推进政协协商向基层延伸，有利于让人民群众更加广泛、更为经常地参与基层社会治理，有利于更好地发挥人民政协专门协商机构作用，有利于彰显中国特色社会主义民主的巨大优势和强大生命力。

推动政协协商向基层延伸，既是落实人民民主制度的需要，也是政协更好服务党委政府科学决策、民主决策的有效抓手，是更好发挥专门协商机构作用的有效方式，是丰富和拓展政协委员履职尽责的有效途径，是解决市县政协“两个薄弱”问题的重要突破口。

推动政协协商向基层延伸，中央和省委有要求，政协有优势，社会有呼声，基层有需求，群众有期盼。各级政协要高度重视、精心谋划、强化措施，拓展政协协商范围，努力把政协制度优势转化为参与基层治理的效能。

二、工作时序和进度目标

根据全省基层政协协商工作推进会议部署，各地要在精心准备的基础上，有条件的市（州）年内全面推开，其他市（州）原则上2021年上半年以内完成试点工作。

2020年年底前，兰州、金昌、白银、天水、平凉、庆阳、临夏7市（州）要全面推开，有条件的乡镇（街道）实现委员工作站、协商议事会、协商议事室全覆盖。2021年6月底前全面总结提升，有条件的村（社区）协商议事会和协商议事室全覆盖，并正常开展工作。

其他市（州）按本《工作方案》要求，抓好当地试点工作。2021年6月底前全面推开，有条件的乡镇（街道）实现委员工作站、协商议事会、协商议事室全覆盖。2021年10月底前全面总结提升，有条件的村（社区）协商议事会和协商议事室全覆盖，年底前正常开展工作。

三、工作原则、路径和重点任务

市县政协要坚持协商于民、协商为民，按照党委领导、政协承办、部门协同、多方参与的要求，搭建平台，规范程序，健全机制，形成完整闭环的协商流程。

（一）充分体现党的领导

推进政协协商工作向基层延伸，要坚持在党委的领导下开展，使政协真正成为实现党领导的重要阵地。

1.把党的领导体现在政协协商向基层延伸工作的全过程。实施方案、协商规则等重要机制设计，必须报请党委批准同意。

2.把党的领导体现在协商全过程。各层级政协协商议题的确定、协商计划的制订、协商成果的落实，都要报经党委批准同意。

3.不断完善各级政协对基层协商的指导。各级政协要把好职能定位，做到指导不领导、包抓不包办、督导不主导、参与不干预，让基层协商充分体现政协元素、发挥政协作用。

（二）搭建“三位一体”协商平台

搭建多层次协商民主议事平台，乡镇（街道）要按照统一名称、统一标准、统一机制搭建“三位一体”协商平台。

1.在乡镇（街道）建立委员工作站。对称谓不一致的，均统一更名为委员工作站。同时，不增设机构，不增加编制。委员工作站站长由乡镇、街道党委（党工委）副书记兼任，不是政协委员的，要积极创造条件增选为政协委员；副站长由辖区内1~2名政协委员担任。委员工作站接受市县政协工作指导和乡镇、街道党委（党工委）领导，负责辖区内委员的联络和协商的组织。

2.依托委员工作站成立协商议事会。有条件的乡镇（街道）应成立协商议事会，议事会主席由委员工作站站长或副站长兼任，固定成员以辖区内省市县政协委员为主，同时吸收德高望重的群众代表和专业人士参加。

3.建立协商议事室。在有条件的乡镇（街道）建立全省统一标识的协商议事室，作为乡镇（街道）开展协商活动的场所。

4.有条件、有意愿的村（社区），可建立村（社区）协商议事会和协商议事室，接受市县政协及乡镇（街道）委员工作站的指导。

（三）由政协牵头组织协商

市县政协要发挥专门协商机构的优势，牵头指导或组织在乡镇（街道）开展的政协协商。

1.协商议题由政协委员工作站向社会征集，也可由乡镇（街道）党政部门委托，但都须经乡镇、街道党委（党工委）批准。

2. 协商前的调研主要由协商议事会组织，也可依托县级政协联系领导和专委会开展调研。

3. 协商会议主持人将根据协商议题难易程度和专业背景等因素，由协商议事会集体商议确定。

4. 协商范围由协商议事会主要成员集体协商确定。

5. 协商结果由委员工作站站长或副站长负责向有关方面报告或反馈。

（四）推行“三个下沉”全覆盖

推动省市县政协协商工作和力量向乡镇（街道）延伸，实行“三个下沉”，实现“三个覆盖”，打通政协协商向基层延伸“最后一公里”。

1. 政协领导力量下沉，省政协领导下沉包抓指导市（州）政协，市（州）政协领导下沉包抓指导县（区）政协。县级政协领导向乡镇（街道）下沉，加强与乡镇（街道）委员工作站对接，实现对乡镇（街道）政协协商工作包抓指导全覆盖。

2. 辖区内的省市县政协委员要向乡镇（街道）委员工作站下沉，编入乡镇（街道）协商议事会，参加协商议事等活动，力争实现各级政协委员加入乡镇（街道）协商议事会全覆盖。

3. 省市县三级政协专委会工作要向乡镇（街道）协商工作下沉，乡镇（街道）协商活动可根据议题与省市县政协专委会对接争取支持与指导，增强乡镇（街道）协商能力，实现对乡镇（街道）政协协商工作指导全覆盖。

（五）建立和完善规范合理的协商机制

市县政协要加强指导、深度参与，帮助完善基层协商机制，把政协专的特色、专的质量、专的水平体现出来。

1. 协商议题的提出和确定。党委政府对涉及民生的公共决策和工作部署实施前，需要交给政协前期协商的议题；委员通过网络、电话、走访，对群众反映比较集中的突出问题，与党政部门沟通后，经党委批准的议题。

2. 协商范围的选择和确定。要根据协商议题需要确定范围，突出广泛性、代表性、专业性。既有群众代表、相关部门、利益攸关方，还可邀请法律、科技等方面的专业人士，原则上10~15人，特殊的放宽至20人以内。要尽量吸收住当地的省市县政协委员参加。

3. 协商时间和地点的确定。要以方便群众和更多的利益攸关方为原则，既可以在市县政协机关、乡镇（街道）协商议事室，也可以在村组、社区、厂矿、楼宇、田间地头进行协商。

4. 协商形式的选择。应服从协商内容和协商目的，可以是会议形式，也可以是网络协商、上门协商、书面协商。要灵活、便捷、多样，不机械刻板，需要什么形式，就选择什么形式。

5. 建立分层联动的协商工作机制。实行省、市、县、乡、村五级联动协商。根据协商议题，既可以提请上交，也可以指定下放。乡镇（街道）层级协商不了，可上交县（区）或市（州）政协协商；无需乡镇（街道）层级协商的，可放在村（社区）协商。做到什么范围的事情，就在什么范围内协商。对事关全省的普遍共性问题，可提交纳入省政协协商议题。

（六）营造理性、平等、建设性的协商氛围

协商氛围是协商成功的关键。要注意从规则、程序、环境等多环节营造良好的协商氛围。

1. 要在严格遵循法律规章、规则和规范前提下，努力寻求各方意愿的最大公约数，不能走过场、假协商。

2. 协商主持人要秉持中立原则，做到客观公正、实事求是、不偏不倚。既要把握协商方向，不跑题、不冷场、不攻击，又要引导各方遵循协商规则轮流发言、限时发言、平等交流，不扣帽子、不抓辫子、不打棍子。

3. 在协商议事场所，鼓励设置协商文化专栏，宣传“和合”传统文化理念，张贴协商议事口诀、协商议事歌谣等，引导群众增强协商意识、培养协商习惯、培育协商文化。

（七）协商要力求达成共识

不追求每次协商都能形成一致的意见，但要力求实现达成最大共识的目标。

1. 对协商过程中分歧较大的议题，要在深度调研的基础上，开展多形式、多层次的协商。一次协商不成的，可多次协商。

2. 经过多次协商仍然难以达成共识的议题，经协商议事会商定可以中止。

3. 要让协商的过程变成凝聚共识的过程，达到宣传政策、化解矛盾、增进了解、推动工作的目的。

（八）建立健全协商结果报送、落实和反馈机制

协商不能议完事了，重在落实协商成果。

1. 对达成共识的协商成果，要按照协商议题确定的层级及时向同级党委政府报送，需要公示的应及时予以公示。

2. 对党委政府同意采纳的协商成果，要跟踪落实和督办。

3. 对协商成果落实情况，要向党委报告，同时向利益攸关方及时反馈。

四、工作要求

（一）强化包抓指导

各级政协领导要定期听取包抓地区政协协商向基层延伸工作的汇报，加强对面上的工作指导，及时发现问题，纠正偏差。各级政协推进政协协商向基层延伸试点工作领导小组及办公室将更名为推进政协协商向基层延伸工作指导小组及办公室，并制订工作方案，加强工作指导。

（二）落实工作责任

省市县政协及其专委会，要按照本《工作方案》，细化任务分工，制订和完善具体《工作方案》，责任要到岗到人，逐项抓好落实。各级政协推进政协协商向基层延伸工作指导小组及办公室要牵头抓总，推动任务落实、工作落实、责任落实。

（三）建立工作报告制度

省政协要建立政协协商向基层延伸工作直报制度，定期统计上报委员工作站、协商议事会、协商议事室设立和协商的情况。各市县政协要认真负责，做好统计和上报工作。

（四）增强协商本领

要研究协商规律和特点，不断加强协商能力建设。通过组织开展多层次专题培训和协商实践，切实提高政协委员政治把握能力、调查研究能力、联系群众能力、合作共事能力，不断提升各级政协协商的专业化水平。

（五）加大宣传推介力度

省市县政协门户网站要开设专栏、安排专题，坚持边探索边推进、边总结边宣传，强化典型引导，营造全社会关注协商、支持协商、参与协商的良好氛围。省政协“报、刊、网、端”舆情平台要加大宣传报道力度，市县政协要积极组织好稿件的报送工作。

中共金昌市委关于开展基层协商民主试点工作的实施方案

市委发〔2018〕15号

（2018年6月26日）

根据《中共中央关于加强社会主义协商民主建设的意见》（中发〔2015〕3号）、《中共中央办公厅印发〈关于加强人民政协协商民主建设的实施意见〉的通知》（中办发〔2015〕36号）、《中共中央办公厅、国务院办公厅印发〈关于加强城乡社区协商的意见〉的通知》（中办发〔2015〕41号）和省、市《关于加强城乡社区协商的实施意见》精神以及市委常委会会议议定事项“要探讨基层广泛有效协商民主的路子，选择几个社区和行政村进行试点的探索，形成有事好商量、有事会商量的机制”的要求，结合我市实际，借鉴外地成功做法和经验，在县（区）选择部分村和社区开展基层协商民主试点工作，制订如下实施方案。

一、指导思想

以习近平新时代中国特色社会主义思想为指导，全面贯彻党的十九大精神，认真贯彻落实习近平总书记提出的“有事好商量，众人的事情由众人商量”的社会主义协商民主的重要论述，按照协商于民、协商为民的要求，以健全基层党组织领导的充满活力的基层群众自治机制为目标，以保障广大人民群众有序参与村（社区）事务的管理和监督为重点，建立健全协商民主平台和制度，拓宽协商范围和渠道，丰富协商内容和形式，通过协商达到共识，保障人民群众依法管理好自己的事务，自治、法治、德治相结合，形成完整的制度程序和参与实践，发挥社会主义民主的独特优势，推动基层治理体系和治理能力现代化，打造共建共治共享的社会治理格局。

二、基本原则

——坚持党的领导。始终把加强党的领导作为根本政治保证，充分发挥县（区）、乡（镇）、村（社区）党组织在基层协商民主中的领导作用，牢牢掌握协商主动权，把党的领导地位体现在协商的各个环节当中，坚持和加强党的全面领导，确保基层协商民主的正确政治方向，使协商民主成为实现党的领导的重要方式和社会主义民主政治的特有形式，充分发挥独特优势。

——坚持群众自治制度。尊重城乡居民在协商中的主体地位，加大信息公开、拓宽参与渠道，引导村（居）民广泛参与协商，正确地表达利益诉求，充分保障人民群众的知情权、参与权、表达权、监督权，促进群众依法自我管理、自我服务、自我教育、自我监督。

——坚持依法协商。将基层协商民主与依法治理有机结合，严格遵守国家法律法规，在《村民委员会组织法》《城市居民委员会组织法》等有关村（居）民自治的范围内开展，依据法定程序实施协商，确保协商结果合法有效。

——坚持民主集中制。充分发扬民主，广泛吸纳不同利益群体，广泛听取各方意见，让各方进行充分表达、充分协商，既反映多数人的普遍愿望，又吸纳少数人的合理主张，相互理解、相互支持、相互配合、达成共识。

——坚持协商于决策之前和决策实施之中。加强协商民主制度建设，注重将协商贯穿于决策与执行之中，做好协商与决策、协商与执行的衔接，增强决策的科学性和实效性，解决实际问题，防止协商流于形式，确保协商成果落到实处。

——坚持因地制宜。尊重群众首创精神，鼓励村（社区）紧密结合本地实际，因地制宜、因势利导地开展探索和实践，制定有针对性、可操作性的具体措施和办法，使协商的方式方法更加适合当地要求和人民群众的期待。

三、协商主体

在试点村（社区）组建村（居）民协商议事会，村（社区）党组织书记兼任协商议事会主席，组建事宜具体由村（社区）党组织负责。

村（居）民协商议事会人员基本构成为“1+7+X”。“1”即村（社区）党组织书记。“7”即七类固定成员，具体包括村（社区）党支部班子代表（金川区社区包括党工委）、村（居）委会班子代表（金川区社区包括社工委）、村（居）监委会班子代表、两代表一委员、法律工作者、辖区内经济组织和社会组织代表以及德高望重、公道正派的村（居）民代表。“X”主要包括协商事项涉及的利益群体代表、政府相关职能部门代表等。对于专业性、技术性较强的协商事项，可以邀请相关专家、学者和专业技术人员参加。

村（居）民代表以村民小组（社区网格）为单位推荐，每个村民小组（社区网格）推荐1~2人，其他协商议事会固定成员由村（社区）党组织推荐。村（居）委会主任、村（居）监委会主任应纳入协商议事会固定成员当中。协商议事会固定成员经基层党组织研究并最终确定。协商议事会固定成员总数原则上为20~30人，在人员比例上，基层干部一般不超过议事会固定成员总数的1/2。

四、协商内容

试点村（社区）要结合本地实际，坚持广泛协商，针对不同渠道、不同层次、不同地域的特点，坚持从村（居）民自治实际出发，将涉及所辖区域公共利益的重要事项、关乎基层群众切身利益的热点、难点问题等纳入协商范畴，合理确定协商内容。

具体协商内容包括：

1. 贯彻落实党的方针政策和政府决策部署过程中需要协商解决的问题。

2. 村（社区）中长期建设规划、年度工作计划等发展规划。

3. 村（居）民自治章程、村规民约（居民公约）、服务群众制度等规章制度的制定和修改。

4. 村（社区）集体资产管理使用、资金安排使用、集体收益分配、公益事业兴办、房屋拆迁改造、土地流转、工程项目招投标等重要事项。

5. 群众反映强烈、迫切需要解决的实际困难、问题和矛盾纠纷。

6. 困难群体救助、特殊群体帮扶和医疗卫生教育就业等民生保障事项。

7. 治安维护、全域无垃圾整治、道路交通整治、公共设施管理使用等公共治理事项。

8. 其他涉及村（社区）多数村（居）民切身利益的重要公共事务和公益事业事项。

9. 法律法规和政策明确要求协商的事项。

10. 各类协商主体提出协商需求的事项。

五、协商程序

在试点村（社区）探索基层协商民主“六步议事”程序，主要包括：

第一步，收集议题。村（社区）党组织在认真调研并广泛听取村

（居）民意见的基础上收集议题，协商议题可由协商议事会成员或村（居）民提出，注重通过QQ、微信等网络平台收集。

第二步，确定议题。村（社区）党组织收集各方面、各渠道提出的议题或反映的问题后，定期召开会议进行审定，研究确定协商议题，公示后交由协商议事会进行协商。

第三步，议前调研。在协商议事前，村（社区）协商议事会要组织协商议事会固定成员进行实地调研和深入分析论证，对议题的可行性、具体实施措施以及实施过程中潜在的问题等提前进行分析研判，为协商议事做充分准备。在议前调研和分析论证的基础上，协商议事会根据确定的议题拟定议事方案，明确时间、地点、参与对象、议事议程，并提前3天通知相关单位和人员，提供相关议题资料。

第四步，协商议事。协商议事实行"一事一议"，一次协商一般只协商一个议题。协商遵循"大事大商量、小事小商量"的原则，主要以解决问题、达成共识为目的。

一方面，对于10项协商内容中与群众切身利益密切相关、关注度较高的重要事项，按照会议协商进行。

会议协商需2/3以上协商议事会固定成员到场方能召开，具体包括四项内容：一是由协商议事会主席主持召开协商会议，说明议题来源、审定情况、具体内容和会议议程；二是由议题提出人对议题进行说明，议题涉及人员充分发表意见；三是协商议事会成员发言，与会人员进行认真协商讨论，研究提出解决问题的具体措施；四是由参会各方就解决问题方案达成基本共识，形成最终协商结果。

另一方面，对于一些日常性事务和涉及面较小或涉及几方面利益的事项，可以采用如下方式灵活进行：

一是沟通协商。协商对象为个体时，采用"一对一"或"多对一"的方式，通过与其沟通交流、教育引导等方式达成协商结果。

二是对话协商。不固定场所、人员，在田间地头、农户庭院、项目现场开展平等的对话协商，听取群众意见建议，达成协商共识。

三是书面协商。对个别协商事项，因利益代表群体不能到场时，可采用书面形式征询其意见建议，形成协商意见。

四是网络协商。健全完善相关政务信息的网络发布平台或问政平台，并鼓励引导群众通过微信群、QQ群等网络交流互动平台对协商议题发表意见，展开讨论，在此基础上就协商议题作出相关决定。

协商后，对于未能达成协商共识的，可暂且搁置，待条件成熟后再进行协商；对于协商无法解决或存在争议较大的事项，提交村（居）民会议或村（居）民代表会议决定；对于协商虽达成共识，但违反国家法律法规和党内法规的，基层党组织以及上级党委政府应该及时、合法地予以纠正，并做好解释宣传工作。

第五步，公开公示。协商议事结束后，村（社区）协商议事会要将协商结果进行公示。公示无异议后，提交村（社区）党组织研究实施。

第六步，跟踪落实。村（社区）党组织要将协商议事事项进行备案登记并及时召开党组织会议，对议事协商成果进行专题研究，确定责任人认真办理或组织实施。在实施过程中，村（居）民监督委员会要切实发挥作用，全程跟踪监督，推动工作落实，并及时将进展情况向村（居）民进行通报，自觉接受群众监督。

协商事项推进实施过程中，如果遇到困难需要进行事中协商，可按照程序再次进行协商，及时研究解决存在的困难和问题，确保协商议事成果落到实处。

六、试点范围

永昌县：朱王堡镇汤宁村，新城子镇西湾村，南坝乡何家湾村，城关镇天锦苑社区，河西堡镇银河路社区；金川区：双湾镇古城村、天生炕村、陈家沟村、新粮地村、营盘村、三角城村，宁远堡镇高岸子村，宝林里社区、昌荣里社区。

七、工作步骤

试点工作于2018年7月启动，2018年12月底基本结束，具体如下：

1.准备阶段（2018年7月）。开展试点的村和社区按照试点工作方案的具体内容，成立村（居）民协商议事会，研究确定议事会成员，并提前收集协商议题。

2.实施阶段（2018年8月—11月）。严格按照协商内容和程序有序组织实施协商议事活动。试点村和社区可结合各自实际积极探索创新，使协商民主体现特色、富有成效。

3.总结阶段（2018年12月）。试点村（社区）要认真进行总结，形成可复制、可推广的城乡基层协商民主的做法和经验，初步探索建立基层协商民主工作制度。

八、工作要求

1.加强组织领导。试点工作在市委领导下开展，由市政协牵头，县（区）党委主抓，市委组织部、市民政局配合，县（区）政协督促落实。县（区）党委要分别成立试点工作领导小组，明确责任分工，加强组织领导，及时研究解决工作中的困难和问题。村（社区）党组织要加强对本村（社区）协商议事会的组织领导，定期向上级党委汇报协商民主工作进展情况，确保试点工作健康有序开展。

2.健全工作机制。要将基层协商民主活动与“四议两公开”、“一事一议”、民主听证会等有机结合起来，畅通民意表达渠道，发挥群众的智慧，用群众习惯的方式解决群众身边的事情，使协商议事活动始终贯穿于基层群众自治全过程。试点村（社区）要根据本实施方案，结合实际研究制定具体实施办法。

3.提供工作保障。县（区）和试点村（社区）所在的乡镇党委（社区党工委）要进一步加大支持力度，按照《中共金昌市委办公室、金昌市人民政府办公室印发〈关于加强城乡社区协商的实施意见〉的通知》（市委办发〔2016〕84号）的相关要求执行，为开展基层协商活动提供必要条件和资金。要积极吸收村（社区）法律工作者参与村（社区）协商议事活动，确保协商事宜符合法律法规规定。

4.加大宣传力度。倡导协商精神、培育协商文化，引导群众依法表达意见诉求，积极参与协商。广泛开展政策宣传，普及法律知识，帮助城乡居民掌握并有效运用协商的方法和程序，营造全社会关心、支持、参与基层协商民主的良好氛围。

白银市推进政协协商向基层延伸工作实施方案

市委发〔2020〕25号

（2020年11月12日）

为认真贯彻习近平总书记关于加强和改进人民政协工作的重要思想，全面落实中央、省委政协工作会议精神和省、市委关于政协协商向基层延伸的部署要求，充分发挥政协专门协商机构作用，推动基层协商民主建设，切实增强协商民主实效，现就推进全市政协协商向基层延伸工作制订如下实施方案。

一、充分认识政协协商向基层延伸的重要意义

（一）推进政协协商向基层延伸是加强基层协商民主建设的客观要求

习近平总书记指出："人民群众是社会主义协商民主的重点"，"大力发展基层协商民主，重点在基层群众中开展协商。"基层协商民主作为社会主义协商民主建设的有机组成部分，是完善党委领导、政府负责、民主协商、社会协同、公众参与、法治保障、科技支撑的社会治理体系的重要方面。推进政协协商向基层延伸，有序引导群众参与协商，对加强和改善党对基层的领导，保证人民群众广泛持续深入的政治参与具有重要意义，有利于更好地保障群众的知情权、参与权、表达权和监督权，进一步完善社会主义协商民主制度，推进基层民主政治建设。

（二）推进政协协商向基层延伸是实现社会治理体系和治理能力现代化的现实选择

习近平总书记指出，人民政协在协商中促进广泛团结、推进多党

合作、实践人民民主，既秉承历史传统，又反映时代特征，充分体现了我国社会主义民主有事多商量、遇事多商量、做事多商量的特点和优势。推进政协协商向基层延伸，有利于让人民群众更加广泛、更为经常地参与基层社会治理，有利于彰显中国特色社会主义民主的巨大优势和强大生命力。推动政协协商向基层延伸，中央和省委、市委有要求，政协有优势，社会有呼声，基层有需求，群众有期盼。

（三）推进基层协商民主建设是发挥人民政协专门协商机构作用的重要渠道

习近平总书记强调，人民政协是社会主义协商民主的重要渠道和专门协商机构，是国家治理体系的重要组成部分，要坚持发挥人民政协在发展协商民主中的重要作用。推动政协协商向基层延伸，既是落实人民民主制度的需要，也是政协更好服务党委政府科学决策、民主决策的有效抓手，是更好发挥专门协商机构作用的有效载体，是丰富和拓展政协委员履职尽责的有效途径，是解决市县政协“两个薄弱”问题的重要突破口。

二、明确总体要求，坚持把牢正确政治方向

（一）指导思想

以习近平新时代中国特色社会主义思想为指导，全面贯彻落实党的十九大精神，深入贯彻落实习近平总书记关于加强和改进人民政协工作的重要思想，以“有事好商量、有事多商量、众人的事情由众人商量”为理念，以健全基层党组织领导的充满活力的基层群众自治机制为目标，以保障广大人民群众有序参与基层事务管理和监督为重点，创设适合基层社会治理特点的协商载体，着力搭建广泛、多层、制度化协商平台，推动政协协商向基层延伸，力求在更大范围、更宽领域、更多层次上提高协商水平，助力构建共建共治共享社会治理新格局，为

加快建设幸福美好新白银汇聚磅礴力量。

（二）基本原则

一是坚持党的领导。要在党委的统一领导下有序开展协商，坚持把党的领导体现在政协协商向基层延伸工作的全过程，体现在协商的全过程，使政协真正成为实现党的领导的重要阵地。实施方案、协商规则等重要制度机制设计，各层级政协协商议题的确定、协商计划的制订、协商成果的落实，都要报经同级党组织批准同意。要把政协的指导贯穿政协基层协商的全过程，各级政协要抓主抓重，做到指导不领导、包抓不包办、督导不主导、参与不干预，让基层协商充分体现政协元素、发挥政协作用。

二是坚持依法依规协商。基层协商民主要与依法治理有机结合，严格遵守国家法律法规，依据相关程序实施协商，确保协商结果合法有效。协商主体地位平等，相互尊重、平等协商，遵循规则、有序协商，体谅包容、真诚协商。充分发扬民主，广泛吸纳不同利益群体，广泛听取各方意见，让各方进行充分表达、充分协商，确保协商意见既反映多数人的普遍愿望，又吸纳少数人的合理主张，相互理解、相互支持、相互配合，形成最大共识。

三是坚持服务中心大局。协商活动要助力党委政府做好协调关系、理顺情绪、化解矛盾、凝聚共识的工作。坚持以人民为中心，把解决好人民群众的操心事、烦心事、揪心事作为出发点和落脚点，坚持协商于民、协商为民。坚持因地制宜，尊重群众首创精神，鼓励基层紧密结合本地实际，因地制宜、因势利导地开展探索实践，制定有针对性、可操作性的具体措施和办法，使协商的方式方法更加符合当地实际，更好地满足人民群众的期待。

（三）主要目标

2020年年底前政协协商向基层延伸工作要全面推开，乡镇（街道）

委员工作站、协商议事会、协商议事室实现全覆盖。2021年6月底前全面总结提升，村（社区）协商议事室全覆盖，并正常开展工作，形成协商主体多元、内容丰富、形式多样、程序规范、制度健全、成效显著的基层协商民主新格局，不断推进全市基层协商民主建设向纵深发展。

三、搭建协商平台，构建四级联动协商体系

坚持党委领导、政协承办、部门协同、多方参与，在各级党委的支持下，按照“不建机构建机制”的原则，在市、县区、乡镇（街道）、村（社区）分层搭建协商平台，统一名称、统一标准、统一机制，构筑形成上下贯通的四级协商议事体系。

（一）市、县区政协要加强指导、深度参与

市、县区政协党组要切实担负起政治责任，充分发挥把方向、管大局、保落实的作用，推进政协协商向基层延伸工作。要按照省市方案要求，根据各自实际制订具体实施方案，健全基层协商机制，把政协专的特色、专的质量、专的水平体现出来。要积极指导基层开展协商民主实践，明确协商主体、规范协商内容、丰富协商形式、健全协商规则，解决实际问题，提高协商实效，防止协商流于形式，确保协商成果落到实处。市、县区政协都要设立“协商议事厅”，积极搭建更高层面的协商议事平台，负责组织开展同级党委交办的重要协商议题，以及乡镇街道层级协商不了、上交县区或市级政协协商的议题，逐步形成分层联动协商工作机制。

（二）乡镇（街道）建立委员工作站

乡镇（街道）委员工作站站长由乡镇（街道）党委副书记兼任，不是政协委员的，要增选为政协委员，副站长由辖区内政协委员担任。委员工作站接受市县政协工作指导和乡镇（街道）党委领导，负责辖区内委员的联络协调和协商活动的组织工作。依托委员工作站，成立乡镇

（街道）协商议事会，人员基本构成为“1+3+X”。“1”即乡镇（街道）党委副书记；“3”即乡镇（街道）分管统战工作的党委委员、党政办公室负责人、政协委员工作站副站长；“X”即由乡镇（街道）党委聘请，广泛吸收社会各阶层、各界别代表人士，主要包括党外知识分子、非公经济人士，各基层社团组织负责人；辖区内部分党代表、人大代表、政协委员、企事业单位负责人，村（社区）组织负责人和老干部代表、社会贤达人士等。同时，要按照“有场所、有标志、有设施、有制度、有活动记录、有固定成员”的“六有”标准，在乡镇（街道）建立统一标识的“协商议事室”，作为乡镇（街道）开展协商活动的场所，组织开展联动议事、网格议事，广泛汇集民智民力。

（三）村（社区）建立协商议事会和协商议事室

村（社区）协商议事会作为村（社区）协商民主议事平台，在村（社区）党组织的领导下开展协商民主工作。村（社区）党组织书记兼任协商议事会主席，组建事宜具体由村（社区）党组织负责，接受乡镇（街道）政协委员工作站的工作指导。村（社区）协商议事会人员基本构成为“1+7+X”。“1”即村（社区）党组织书记；“7”即七类固定成员，具体包括村（社区）党支部班子代表、村（居）委会班子代表、村（居）监委会班子代表、两代表一委员、法律工作者、辖区内经济组织和社会组织代表以及德高望重、公道正派的村（居）民代表；“X”主要包括协商事项涉及的利益群体代表、政府相关职能部门代表等。对于专业性、技术性较强的协商事项，可以邀请相关专家、学者和专业技术人员参加。

（四）推行“三个下沉”全覆盖

推动市县政协协商工作和力量向乡镇（街道）延伸，要实行“三个下沉”，做到“三个对接”，实现“三个覆盖”，打通政协协商向基层延伸“最后一公里”。

（1）政协领导力量下沉，市政协领导下沉联系指导县区政协。县级政协领导向乡镇（街道）下沉，加强与乡镇（街道）委员工作站对接，实现对乡镇（街道）政协协商工作联系指导全覆盖。（2）辖区内的省市县政协委员要向乡镇（街道）委员工作站下沉，编入乡镇（街道）协商议事会，参加协商议事等活动，力争实现各级政协委员加入乡镇（街道）协商议事会全覆盖。（3）市、县区两级政协专委会工作要向乡镇（街道）协商工作下沉，乡镇（街道）协商活动可根据议题与市县政协专委会对接争取支持与指导，增强乡镇（街道）协商能力，实现对乡镇（街道）政协协商工作指导全覆盖。

四、完善工作机制，形成完整闭环协商流程

市、县政协要坚持协商于民、协商为民，规范程序，健全机制，形成完整闭环的协商流程。

（一）由政协牵头组织协商

市、县区政协要发挥专门协商机构的优势，牵头指导或组织在乡镇（街道）、村（社区）开展的政协协商。（1）协商议题由政协委员工作站向社会征集，也可由乡镇（街道）党政部门委托，但都须经乡镇（街道）党委批准；市、县区政协要组织好同级党委委托的协商议题。（2）协商前的调研主要由协商议事会组织，也可依托县级政协联系领导和专委会开展调研。（3）协商会议主持人根据协商议题难易程度和专业背景等因素，由协商议事会集体商议确定。（4）协商范围由协商议事会主要成员集体协商确定。（5）协商结果由委员工作站站长或副站长负责向有关方面报告或反馈。

（二）建立规范合理的协商机制

1.协商议题的提出和确定。党委政府在涉及民生的公共决策和工作部署实施前，需要交给政协前期协商的议题；委员通过网络、电话、

走访，对群众反映比较集中的突出问题，与党政部门沟通后，经党委批准的议题。

2.协商范围的选择和确定。突出广泛性、代表性、专业性，根据协商议题需要确定协商人员范围，既要有群众代表、相关部门、利益攸关方，还可以邀请法律、科技等方面的专业人士，原则上10~15人，特殊的可放宽至20人。要尽量吸收住当地的省、市、县区政协委员参加。

3.协商时间和地点的确定。要以方便群众和更多的利益攸关方为原则，既可以在市、县区政协机关、乡镇（街道）协商议事室，也可以在村组、社区、厂矿、楼宇进行协商。

4.协商形式的选择。应服从协商内容和协商目的，可以是会议形式，也可以是网络协商、上门协商、书面协商。要灵活、便捷、多样，不机械刻板，需要什么形式，就选择什么形式。

5.建立分层联动的协商工作机制。实行省、市、县区、乡镇、村五级联动协商。根据协商议题，既可以提请上交，也可以指定下放。乡镇（街道）层级协商不了，可上交市、县区政协协商；无需乡镇（街道）层级协商的，可放在村（社区）协商。做到什么范围的事情，就在什么范围内协商。对事关全省普遍共性问题，可提交纳入省政协协商议题。

（三）营造良好的协商氛围

协商氛围是协商成功的关键。要注意从规则、程序、环境等多环节，营造理性、平等、建设性的协商氛围。

1.要在严格遵循法律、规章、规则和规范的前提下，寻求各方意愿的最大公约数，不能搞仪式化、走过场、假协商、被协商。

2.协商主持人要秉持价值中立、观点中立的原则，做到客观公正、实事求是、不偏不倚。既要把握协商方向，不跑题、不冷场、不攻击，又要引导各方遵循协商规则轮流发言、限时发言、平等交流，不扣帽子、不抓辫子、不打棍子。

3.在协商议事场所，鼓励设置协商文化专栏，宣传“和合”传统文化理念，张贴协商议事口诀、协商议事歌谣等，引导群众增强协商意识、培养协商习惯、培育协商文化。

（四）协商力求达成最大共识

不追求每次协商都能形成一致的意见，但要力求实现达成最大限度的共识。对协商过程中分歧较大的议题，要在深度调研的基础上，开展多形式、多层次的协商。一次协商不成的，可多次协商。经过多次协商仍然难以达成共识的议题，经协商议事会商定可以中止。要让协商的过程变成凝聚共识的过程，达到宣传政策、化解矛盾、增进团结、推动工作的目的。

（五）健全协商结果报送、落实和反馈机制

协商不能议完事了，重在落实协商成果。对形成共识的协商成果，要按照协商议题确定的层级及时向同级党委政府报送。对党委政府同意采纳的协商成果，要跟踪落实和督办。对协商成果落实情况，要向党委报告，同时向利益攸关方及时反馈。

五、精心组织实施，分步骤有序有效推进

（一）启动实施阶段（2020年11月底前完成）

各县区结合实际制订相关工作方案和工作规则，完成动员部署工作。适时组织召开全市推进政协协商向基层延伸启动工作现场会。乡镇（街道）委员工作站、协商议事会、协商议事室要实现全覆盖，按照“六有”标准，形成规范完善的协商民主议事平台。

（二）完善提高阶段（2021年3月底前完成）

适时召开全市政协协商工作经验交流座谈会，总结政协协商向基层延伸工作的好做法、好经验，树立先进典型，推动政协协商与基层

协商有效衔接，实现协商民主建设水平和实效明显提升。

（三）整体推进阶段（2021年6月底前完成）

2021年6月底前全面总结提升，村（社区）协商议事室全覆盖，并正常开展工作，形成协商主体多元、内容丰富、形式多样、程序规范、制度健全、成效显著的基层协商民主新格局，不断推进全市政协协商向基层延伸工作向纵深发展。

（四）总结验收阶段（2021年11月底前完成）

由市委办公室、市政协办公室、市委组织部、市委统战部、市民政局等部门组成考评小组，对全市开展推进政协协商向基层延伸工作进行考核验收，全面总结，形成广泛、多层、制度化协商平台，促进政协协商向基层延伸工作提质增效。

六、强化组织保障，健全常态长效机制

（一）坚持党委统一领导

推进政协协商向基层延伸工作在市委统一领导下开展。成立市推进政协协商向基层延伸工作领导小组，负责全市推进基层协商民主建设工作的组织领导。由市政协牵头，县区党委主抓，组织、宣传、统战、教育、公安、民政、司法、财政、人社、农业农村、住建、卫生健康等部门配合，县区政协督促落实。领导小组办公室设在市政协，负责全市基层协商民主建设具体指导和推进工作。县区党委要分别成立相应工作机构，明确责任分工，加强组织领导，及时研究解决工作中的困难和问题。各县区要根据本方案，结合实际研究制定具体实施办法。乡镇（街道）党委要加强对村（社区）协商议事会的组织领导，定期向上级党委汇报协商民主工作进展情况，确保政协协商向基层延伸工作健康有序开展。

（二）发挥政协党组作用

市政协党组要定期听取工作汇报，全面总结经验，推广典型做法，

及时解决问题，确保工作顺利开展。县区政协党组要对协商计划等严格把关，抓好落实。按照党的建设考核要求，市、县区政协党组要认真开展对协商议事室的考核工作。各县区政协党组也要在县区党委领导下，建立健全相应的考核机制。同时，市、县区政协党组要将组织、参加协商议事活动，列为对政协各委办、政协委员等考核的重要内容，并作为评先奖优的重要依据。市政协要加强对县区政协的联系指导，推动全市政协系统对中央和省、市委决策部署以及全国政协、省政协要求一贯到底，重点调查视察、专题协商活动和协商监督一体推进，重要学习研讨和专题培训一同参与。市政协要在协商议事室建设、工作规则制定、工作流程规范、活动开展等方面加强指导，不断提升县区政协协商水平，提高议事质量。县区政协要建立相应的联系指导机制，推动协商议事室由“有形覆盖”向“有效覆盖”转变。

（三）健全完善工作机制

一是建立市政协领导联系指导制度。政协协商向基层延伸工作实行领导联系指导制度，市政协领导分别联系指导五个县区。分管联系的各工作机构是市政协领导联系指导县区的具体责任部门。各县区也应建立相应的联系指导制度。二是建立协调调度制度。市、县区两级政协要定期或不定期听取工作推进情况汇报，研究部署推进工作，协调解决突出困难和问题，促进政协协商向基层延伸拓展。三是建立定期报告制度。县区党委每年要向市委报告1次推进政协协商向基层延伸工作开展情况；县区政协要在每月30日前，书面向市推进政协协商向基层延伸工作领导小组办公室报告工作推进情况。

（四）健全完善保障机制

各县区、各有关部门要认真贯彻落实各项部署要求，在人员、经费、场所等方面，为基层协商民主工作开展创造必要条件，保障全市基层协商民主建设工作顺利进行。要支持委员深入基层倾听民声、反映民意，宣传政策、解疑释惑，理顺情绪、化解矛盾，关注民生、多办实事，为协商议事室开展活动夯实民意基础和社会基础。要重视支持协商议事室建设，融委员工作室、社情民意信息联系点等功能于一体，做到“一室多用”。要将基层协商民主活动与“四议两公开”、“一事一议”、民主听证会等有机结合起来，畅通民意表达渠道，发挥群众智慧，用群众习惯的方式办好群众身边的事情，使协商议事活动贯穿于基层群众自治全过程。

（五）营造良好舆论氛围

以县区为主体，培育一批基层民主建设典型，以点代面，全面推进，着力打造“既接天线，又接地气”的协商平台。宣传部门应全面、系统、深入地宣传报道基层协商民主建设的新进展、新亮点、新成效，让更多群众关注、参与、支持协商活动，使协商议事室的形象深入人心，成为有深度、有担当、有情怀的协商品牌。各级政协组织要引导委员树立协商理念，遵守协商规则，不断培养专业的协商能力和协商精神，积极参加协商活动，掌握协商主动权，更好地为基层排忧解难，让基层群众切实感到政协委员就在身边、政协协商就在家门口。

华池县政协关于推进政协协商向基层延伸的工作方案

华办发〔2020〕95号

（2020年11月6日）

为深入贯彻习近平总书记关于加强和改进人民政协工作的重要思想，全面落实中央、省市县委政协工作会议精神，深入推进政协协商向基层延伸，增强基层协商民主实效，切实把政协制度优势转化为基层社会治理效能。按照《甘肃省政协关于推进政协协商向基层延伸试点工作实施方案》《庆阳市政协关于推进政协协商向基层延伸试点工作实施方案》及省、市有关要求，结合我县推行的村级协商民主管理制度，现就华池县政协协商向基层延伸工作制订如下实施方案。

一、指导思想

以习近平新时代中国特色社会主义思想为指导，全面贯彻党的十九大和十九届二中、三中、四中、五中全会精神，深入贯彻落实习近平总书记“有事好商量，众人的事情由众人商量”的社会主义协商民主的重要论述和中央、省市县委政协工作会议精神，充分发扬革命老区传统，借鉴陕甘边区民主管理经验，着力搭建广泛、多层、制度化协商平台，构建“有事多商量、有事好商量、有事会商量”的基层协商民主机制，推动基层治理体系和治理能力现代化，着力打造新时代共建共治共享的社会治理格局。

二、基本原则

——坚持党的领导。始终把加强党的领导作为根本保证，充分发挥乡镇、村（社区）党组织在基层协商民主中的领导作用，把党的领导体现在协商的各个环节当中，确保基层协商民主的正确政治方向。

——坚持依法协商。牢固树立法治意识，服从法律权威，严格遵守国家法律法规，将法治思维贯穿民主协商全过程，保证协商成果必须符合国家法律、法规的有关规定。

——坚持民主集中制。充分发扬民主，广泛听取不同利益群体意见，求同存异、理性包容，让各方意见充分表达，既反映多数人的普遍愿望，又吸纳少数人的合理主张，相互理解、相互支持、相互配合，形成合法依章的良好协商氛围。

——坚持广泛有序。尊重群众在基层协商中的主体地位，引导基层群众广泛参与协商、正确表达利益诉求，充分保障知情权、参与权、表达权、监督权，促进群众依法自我管理、自我服务、自我教育、自我监督。

——坚持因地制宜。尊重群众首创精神，鼓励乡镇、村（社区）紧密结合实际，因地制宜、因势利导地开展探索和实践，使协商的方式方法更加适合基层实际和人民群众的期待。

——坚持注重实效。加强协商民主制度建设，注重将协商贯穿于决策与执行之中，做好协商与决策、协商与执行的衔接，增强决策的科学性和实效性，防止协商流于形式，确保协商成果落到实处。

三、目标任务

在全县推行的村级协商民主管理“四议一审核一公开”工作法的基础上，持续健全完善政协协商向基层延伸的工作体系，做到政协协商与村级协商民主议事会有机统一、相互融合。按照“统一名称、统一标准、统一机制”和“不增设机构，不增加编制”的原则，在乡镇建立委员工作站，委员工作站站长由乡镇党委副书记兼任，乡镇党委副书记不是政协委员的，积极创造条件增选为政协委员；副站长由辖区内1~2名政协委员担任。委员工作站在乡镇党委的领导和县政协的指导下，负责辖区内委员的联络和协商的组织。

（一）搭建协商平台

按照“有场所、有标志、有设施、有制度、有活动记录、有固定成员”的“六有”标准，积极为基层党委、政府和群众搭建“有事好商量”的议事平台，畅通协商议事渠道，着力构建“党委领导、政协搭台、部门联动、多方参与、服务群众”的基层协商民主大格局，拓展政协联系群众“最后一公里”的服务渠道。乡镇、村（社区）分别成立协商议事会，建立协商议事室，具体组建事宜由乡镇、村（社区）各自党组织负责。协商议事会接受县政协及乡镇委员工作站的工作指导。

协商议事会每届任期与同级党的基层组织每届任期相同，在同级党的基层组织换届后，按照程序重新确定协商议事会固定成员。在任期当中，若协商议事会固定成员因故无法继续担任的，同级党组织应及时进行调整。

（二）明确协商主体

建立“专委会+委员+协商议事会+群众”多元化协商联合体，分层分级代表乡镇、村（社区）开展协商议事活动。乡镇协商议事会由乡镇政协委员工作站站长担任协商议事会主席，协商议事会成员一般由“两代表一委员”、驻乡镇单位代表、法律工作者、各村（社区）党组织书记、村（社区）群众代表、辖区内经济组织和社会组织代表等组成。村（社区）协商议事会由村（社区）党支部书记担任协商议事会主席，协商议事会成员基本构成为固定成员+流动成员+特邀成员。固定成员，即村（社区）党组织班子代表、村（居）委会班子代表、村（居）监委会班子代表、政协委员、经济组织和社会组织代表；流动成员，即部分村民代表、专职网格员、村民小组长、涉及利益的群众代表等；特邀成员，即老干部、老党员、乡贤能人，相关职能部门人员，协商议题有关专业人士及法律顾问，县乡党代表、人大代表等。同时，根据不同的协商议题，分层分级确定协商主体及参与范围。

协商议事会固定成员由组织推荐、联名推荐、个人自荐等形式产生，经同级党组织审核并最终确定，原则上为10~15人，其中群众代表一般不少于总数的50%。利益相关方代表、政府职能部门代表、专家学者、专业技术人员代表由各利益相关方推荐、委托或由同级协商议事会指定。

（三）确定协商内容

乡镇、村（社区）要结合各自实际，针对不同渠道、不同层次、不同地域特点，合理确定协商内容。

乡镇重点协商精准扶贫产业发展、乡村环境治理、乡镇发展规划，重大矛盾纠纷化解，涉及乡镇基础设施建设、群众公共服务、公益事业方面的事项，群众反映强烈的民生问题，跨行政村或跨社区的重要决策事项以及各类协商主体提出协商需求的事项。

村（社区）重点协商村（社区）发展规划和村（居）民自治章程、村规民约（居民公约）等规章制度的制定修改；产业发展、乡村振兴、公益事业兴办、房屋拆迁改造、工程项目招投标等重要事项；困难群体救助、特殊群体帮扶和医疗卫生教育等民生保障事项；治安维护、环境卫生整治、道路交通、公共设施管理使用事项；群众反映强烈、迫切需要解决的实际困难和矛盾纠纷；其他涉及村（社区）村（居）民切身利益的相关事项以及各类协商主体提出有协商需求的事项。

乡镇、村（社区）可结合各自实际，对协商内容进行具体化。

不予协商的事项：对于违反党的政策、国家相关法律法规的事项；党的政策、国家相关法律法规有明文规定和上级党委政府有明确要求必须执行的事项；带有歧视性、不公平的事项；超出乡镇、村（社区）单位职能权限的事项；缺乏协商基础的事项；不具备实施条件的事项；可以通过其他方式优先快速解决的事项。

（四）丰富协商形式

建立“开门协商”机制，采取“会场+现场”“对话+书面”“线上+线下”等灵活多样的议事方式，实现与群众面对面协商，心与心交流，方便群众参与，倾听群众谏言，有效推进协商民主广泛多层制度化发展。

1.会议协商。与群众切身利益密切相关、社会关注度较高的重要事项，应采取会议协商的方式进行。会议协商需三分之二以上协商议事会固定成员到场方可召开。协商会议要充分发扬民主，鼓励各种意见充分表达。反复协商讨论，努力达成共识。

2.沟通协商。协商对象为个体时，采用“一对一”或“多对一”的方式，通过沟通交流、教育引导、政策宣讲等措施，消除思想顾虑，化解矛盾纠纷。

3.对话协商。不固定场所、人员，在田间地头、农户庭院、项目现场开展平等的对话协商。广泛听取各方面的意见建议，达成协商共识。

4.书面协商。对个别协商事项，因利益代表群体不能到场时，可采用书面形式征询意见建议，形成协商意见。

5.网络协商。鼓励引导群众通过微信群、QQ群等网络交流互动平台对协商议题发表意见，展开讨论，在此基础上就协商议题作出相关决定。

6.咨询协商。对专业性、技术性较强的公共决策事项，邀请或委托专家学者、上级部门进行咨询论证、评价分析，提出协商参考意见和对策措施建议。

7.面谈协商。以走访座谈、邀请面谈等形式，就某一特定事项或个别问题同辖区内有关单位、团体和代表性人士进行恳谈，沟通情况，交流意见。

（五）规范协商程序

协商程序一般由收集议题、确定议题、协商议事、公开公示、研究落实等环节组成。其他形式的协商可按照便于操作、依法依规的原则，适当简化协商程序。

1.收集议题。由党员、群众和村干部、包村干部、驻村工作队员向村“两委”提出需要商议的问题和意见建议，广泛收集议题。乡镇协商议题可由同级党委、政府、协商议事会、跨村（社区）联名、社会组织或个人等提出，由乡镇协商议事会统一登记整理。村（社区）协商议题，可由村（社区）“两委”、村（社区）协商议事会、群众单独或联名等方式提出，由村（社区）协商议事会登记整理。

2.确定议题。由乡镇、村（社区）党支部委员对提出的议题进行甄别，剔除不符合法律法规和政策规定的议题，对符合政策要求的提交议事会进行协商。

3.议前调研。在协商议事前，协商议事会要组织协商议事会固定成员进行实地调研和深入分析论证，对议题的可行性、具体实施措施以及实施过程中潜在的问题等提前进行分析研判，为协商议事做充分准备。

4.协商议事。协商议事实行“一事一议”，一次协商可根据实际情况确定议题。在议前调研和分析论证的基础上，协商议事会根据确定的议题拟定议事方案，明确时间、地点、参与对象、议事议程，结合每月“固定党日”，协商时间相对固定，并提前通知相关单位和人员，提供相关议题资料。议事会议由协商议事会主席主持召开，2/3以上协商议事会固定成员到场方能召开；参加协商议事的人员要积极讨论发言，形成协商意见。

经协商未达成共识的议题，经同级党组织审核，可安排再次协商；对于协商无法解决或存在较大争议的事项，可暂时搁置，待深入调查条件成熟后再进行协商。

协商主持人要坚持原则，做到客观公正、实事求是、不偏不倚。既要把握协商方向，不跑题、不冷场、不攻击，又要引导各方遵循协商规则轮流发言、平等交流，不扣帽子、不抓辫子、不打棍子。

5.公开公示。对形成的初步协商意见，由党员和村民代表共同表决，视情采取举手或投票等方式进行表决，并当众宣布协商结果。党员的参会率、表决通过率必须达到双过半，村民代表的参会率、表决通过率必须达到2/3以上，方能形成有效协商决议。形成的协商决议由村“两委”进行再次审核和公示公开，确保协商决议符合法律法规，合乎村情民意。公示可通过公示栏或网络等方式进行公示，公示时间为5~7个工作日。广泛接受群众监督，公示无异议后，提交同级党组织研究作出决定、决策、落实。

6.研究落实。形成的协商决议，报同级党组织同意后，确定责任单位和具体责任人办理实施。实施情况应及时公示，并向议题提出人反馈。办理结果，在下次协商议事会议上予以通报，将办理结果真实向群众和相关单位反馈。

对于村（社区）通过协商无法解决或存在较大争议事项，应当提交本乡镇协商议事会进行协商处理。对于乡镇无法解决的事项，通过政协委员以委员提案或社情民意信息形式向上级反映予以解决。

会议决议办理后，按照“一事一卷”的方式，从议题的提出、审定、调研、协商会议方案、协商会议记录、公示和研究落实等全过程的文字图片资料整理装订成册归档，以便查阅。

（六）健全工作机制

成立由县政协党组书记、主席任组长，1名副主席任副组长，县政协主席会议成员和办公室主任为成员的推进政协协商向基层延伸工作指导小组，指导小组下设办公室，县政协办公室主任兼任指导小组办公室主任。推动政协领导、政协专委会、政协委员“三个下沉”，实现政协领导包抓乡镇，政协专委会负责指导，政协委员加入乡镇、村（社区）协商议事会的全覆盖。

四、方法步骤

按照甘肃省政协《关于推进政协协商向基层延伸试点工作实施方案》总体要求，我县在试点的基础上全面推开，具体按照启动推进、全面推开、总结提升三个阶段抓好落实。

（一）启动推进（2020年11月上旬前完成）

结合实际制订推进政协协商向基层延伸工作《实施方案》，在柔远镇、南梁镇先行试点的基础上全面推开。坚持县政协抓乡镇、乡镇抓村（社区），一级抓一级，积极打造协商民主议事平台，推进协商民主制度化、规范化建设，为全县范围内推广提供有益的经验和模式。

（二）全面推开（2020年12月底前完成）

在积极探索推进的基础上，总结做法经验，在全县范围内推动政协协商向村组延伸。

（三）总结提升（2021年3月底前完成）

总结政协协商与基层协商有效衔接的做法成效，提升协商民主建设水平。

五、工作要求

（一）加强组织领导

各乡镇、村（社区）党组织要把政协协商向基层延伸工作摆上重要议事日程，纳入议事决策程序，切实加强组织领导，结合实际制订实施方案，健全完善会议推进、督查指导、宣传培训、考核激励等制度机制，及时研究解决困难和问题。鼓励和支持党员干部积极参与协商活动，发挥基层党组织战斗堡垒和党员先锋模范作用，引领城乡居民和社会各界广泛参与协商实践。

（二）强化督促指导

县政协要切实加强对基层政协协商民主的督促指导，及时发现问题，纠正偏差，定期或不定期听取各乡镇工作推进情况汇报，研究部署推进工作，协调解决突出困难和问题，促进政协协商向村组深入拓展。各乡镇要在每月25日前，书面向县政协推进政协协商向基层延伸工作指导小组报告政协协商向基层延伸工作推进情况，经梳理汇总后，由县政协推进政协协商向基层延伸工作指导小组办公室于30日前报市政协协商民主试点工作推进领导小组办公室。

（三）增强工作保障

各乡镇党委要将基层政协协商民主经费列入年度财政预算，提供必要的经费保障；县政协、县委组织部、民政局、财政局等相关部门以及各帮扶单位要进一步强化协调、配合，加大支持力度，为开展基层协商活动创造有利条件和必要的经费支持。有条件的乡镇、村（社区），可按有关规定给予相关人员适当误工补贴，并按有关要求予以公示。乡镇、村（社区）要保障政协协商民主阵地建设，配备必要的设施设备，确保日常协商议事活动正常开展。

（四）注重协商结果

把协商结果的转化落实作为协商议事的出发点和落脚点，强化人才培育，广开群众言路。广泛开展政策宣传，普及法律知识，帮助城乡居民掌握并有效运用协商的方法和程序，从做群众工作到由群众做工作，营造全社会关心、支持、参与基层协商民主的良好氛围，使基层政协协商真正成为解决民事、增进团结、凝聚人心、促进和谐的基层工作平台。

中共河西堡镇委员会全面推进基层协商民主工作的实施方案

河镇党发〔2019〕100号

（2019年6月12日）

根据《中共金昌市委印发〈关于在全市村（社区）开展基层协商民主工作的实施方案〉的通知》（市委发〔2019〕11号）精神，经镇党委研究，决定在全镇各村（社区）全面推行基层协商民主工作，现提出如下实施方案。

一、指导思想

以习近平新时代中国特色社会主义思想为指导，全面学习党的十九大精神，认真贯彻落实习近平总书记提出的“有事好商量，众人的事情由众人商量”的社会主义协商民主的重要论述，按照协商于民、协商为民的要求，以健全基层党组织领导的基层群众自治机制为目标，以保障广大人民群众有序参与村（社区）事务的管理和监督为重点，拓宽协商范围和渠道，丰富协商内容和形式，通过德治、法治、自治相结合达成协商共识，保障人民群众依法管理好自己的事务，形成完整的制度程序和参与实践，发挥社会主义民主的独特优势，推动基层治理体系和治理能力现代化，打造共建共治共享的社会治理格局。

二、基本原则

——坚持党的领导。坚持和加强党的全面领导，始终把加强党的领导作为根本政治保证，充分发挥村（社区）党组织在基层协商民主中的领导作用，牢牢掌握协商主动权，把党的领导地位体现在协商的各个环节当中，使协商民主成为实现党的领导的重要方式，确保基层协商民主的正确政治方向。

——坚持群众自治制度。尊重城乡村（居）民在协商中的主体地位，加大信息公开、拓宽参与渠道，引导村（居）民广泛参与协商、正确表达利益诉求，充分保障人民群众的知情权、参与权、表达权、监督权，促进群众依法自我管理、自我服务、自我教育、自我监督。

——坚持依法协商。将基层协商民主与依法治理有机结合，严格遵守国家法律法规，在《村民委员会组织法》《城市居民委员会组织法》等有关村（居）民自治的范围内开展，依据相关程序实施协商，确保协商结果合法有效。

——坚持民主集中制。充分发扬民主，广泛吸纳不同利益群体，广泛听取各方意见，让各方进行充分表达、充分协商，既反映多数人的普遍愿望，又吸纳少数人的合理主张，相互理解、相互支持、相互配合，形成共识。

——坚持协商于决策之前和决策实施之中。加强协商民主制度建设，注重将协商贯穿于决策与执行之中，做好协商与决策、协商与执行的衔接，增强决策的科学性和实效性，解决实际问题，防止协商流于形式，确保协商成果落到实处。

——坚持因地制宜。尊重群众首创精神，鼓励村（社区）紧密结合本地实际，因地制宜、因势利导地开展探索和实践，制定有针对性、可操作性的具体措施和办法，使协商的方式方法更加适合当地实际和人民群众的期待。

三、协商主体

在村（居）民协商议事会中，村（社区）党组织书记兼任协商议事会主席，具体事宜由村（社区）党组织负责。村（居）民协商议事会人员基本构成为“1+7+X”。“1”即村（社区）党组织书记；“7”即七类固定成员，具体包括村（社区）党组织班子代表、村（居）委会班子代表、村（居）监委会班子代表、两代表一委员、法律工作者、辖区内经济组织和社会组织代表以及村（社区）德高望重、公道正派的村（居）民代表；“X”主要包括协商事项涉及的利益群体代表、政府相关职能部门代表等。对于专业性、技术性较强的协商事项，可以邀请相关专家、学者和专业技术人员参加。

村（居）民代表以村民小组（社区网格）为单位推荐，每个村民小组（社区网格）推荐1~2人，其他协商议事会固定成员，由村（社区）党组织推荐。村（居）委会主任、村（居）监委会主任应纳入协商议事会固定成员当中。协商议事会固定成员经基层党组织研究并最终确定。协商议事会固定成员总数原则上为20~30人，在人员比例上，基层干部一般不超过议事会固定成员总数的1/2。

协商议事会每届任期与村（居）委会任期相同，在村（居）委会换届后，按照程序重新确定协商议事会固定成员。在任期当中，若协商议事会固定成员因长期离开本区域或因其他原因无法担任议事会成员的，村（社区）党组织应及时进行调整。

社区可以结合实际情况细化延伸协商主体，成立网格、楼栋议事小组或专业性协商小组，主要负责协商区域内一些日常性专业性事务或涉及面较小的事项。

四、协商内容

村（社区）要结合本地实际，坚持广泛协商，针对不同渠道、不同层次、不同地域的特点，注重从村（居）民自治实际出发，涉及所辖区域公共利益的重要事项、关乎基层群众切身利益的热点、难点问题等纳入协商范畴，合理确定协商内容。

具体协商内容，即“五议”：

1.镇党委、政府的决策部署、重点工作在村（社区）的落实，需要协商解决的事项内容。

2.城乡经济社会发展中涉及当地居民群众切身利益的公共事务、公益事业。

3.当地居民群众反映强烈、迫切要求解决的实际困难问题和矛盾纠纷。

4.法律法规和政策明确要求协商的事项。

5.各类协商主体提出协商需求的事项。

不予协商的事项，即“三不议”：违反党的政策、国家相关法律法规的事项；上级党委、政府有明确要求、明文规定必须执行的事项；带有歧视性、不公平的事项。

五、协商程序

在各村（社区）推行基层协商民主“六步议事”程序，主要包括：

第一步，收集议题。村（社区）党组织在认真调研并广泛听取村（居）民意见的基础上收集议题，协商议题由协商议事会成员或村（居）民提出。

第二步，确定议题。每月10日之前，各村（社区）党组织收集各方面、各渠道提出的议题或反映的问题后，上报镇党建办，由镇基层协商民主领导小组进行审定，研究确定协商议题，公示后交由村（居）民协商议事会进行协商。

第三步，议前调研。在协商议事前，村（社区）协商议事会要组织协商议事会固定成员进行实地调研和深入分析论证，对议题的可行性、具体实施措施以及实施过程中潜在的问题等提前进行分析研判，为协商议事做充分准备。在议前调研和分析论证的基础上，协商议事会根据确定的议题拟定议事方案，明确时间地点、参与对象、议事议程，并提前3~5天通知相关单位和人员。

第四步，协商议事。每月17日，协商议事实行“一事一议”，一次协商一般只协商一个议题。

一方面，对于协商内容中与群众切身利益密切相关、关注度较高的重要事项，按照会议协商进行

会议协商需2/3以上协商议事会固定成员到场方能召开，具体包括四项内容：一是由协商议事会主席主持召开协商会议，说明议题来源、审定情况和具体内容；二是由议题提出人对议题进行说明，议题涉及人员充分发表意见；三是协商议事会成员发言，与会人员进行认真协商讨论，研究提出解决问题的具体措施；四是由参会各方就解决问题方案达成基本共识，形成最终协商结果。

另一方面，对于一些日常性事务和临时性、涉及面较小的事项或者需要尽快协商的事项，可以采用如下方式灵活进行

一是沟通协商。协商对象为个体时，采用“一对一”或“多对一”的方式，通过与其沟通交流、教育引导等方式达成协商结果。

二是对话协商。不固定场所、人员，在田间地头、农户庭院、项目现场开展平等的对话协商，听取群众意见建议，达成协商共识。

三是书面协商。对个别协商事项，因利益代表群体不能到场时，可采用书面形式征询意见建议，形成协商意见。

四是网络协商。健全完善相关政务信息的网络发布平台或问政平台，并鼓励引导群众通过微信群、QQ群等网络交流互动平台对协商议题发表意见，展开讨论，在此基础上就协商议题作出相关决定。协商后，对于未能达成协商共识的，暂缓形成协商意见，待条件成熟后再进行协商；对于协商无法解决或存在争议较大的事项，提交村（居）民会议或村（居）民代表会议决定。

第五步，公开公示。协商议事结束后，村（社区）协商议事会要将协商结果通过村（社区）公示栏或网络等方式进行公示。公示无异议后，提交村（社区）“两委”备案登记。

第六步，研究落实。村（社区）“两委”要及时召开专题会议，对议事协商结果进行研究，讨论通过后确定责任人认真办理或组织实施。在实施过程中，村（居）务监督委员会要切实发挥作用，全程跟踪监督，推动工作落实，并及时将进展情况向村（居）民进行通报，自觉接受群众监督。

六、工作要求

1.加强组织领导。村（社区）基层协商民主工作在镇党委领导下开展，村（社区）党组织要加强对本村（社区）协商议事会的组织领导，把基层协商民主工作列为重要工作内容，纳入决策程序，摆上重要议事日程，认真抓好落实，确保基层协商民主工作健康有序开展。

2.健全工作机制。要将基层协商民主活动与党的基层组织建设、打造共建共治共享社会治理格局试点工作、“四议两公开”、“一事一议”、民主听证会等有机结合起来，畅通民意表达渠道，发挥群众的智慧，用群众习惯的方式解决群众身边的事情，使协商议事活动始终贯穿于基层群众自治全过程。各村（社区）要根据本实施方案，结合实际研究制定具体实施办法和协商议事章程。

3.加大宣传力度。要倡导协商精神、培育协商文化，引导群众依法表达意见诉求，积极参与协商。广泛开展政策宣传，普及法律知识，帮助城乡居民掌握并有效运用协商的方法和程序，营造全社会关心、支持、参与基层协商民主的良好氛围。

永昌县天锦苑社区
关于开展基层协商民主试点工作的实施方案

城关锦党发〔2018〕99号

（2018年8月3日）

为探索社区协商民主新途径，创新社区管理体制、丰富社区自治形式、优化社区服务手段，根据金昌市《关于开展基层协商民主试点工作的实施方案》相关要求，根据社区实际情况，在社区积极开展基层协商民主试点工作，为保证基层协商民主工作的顺利启动、健康运行，现制订如下实施方案。

一、指导思想

以习近平新时代中国特色社会主义思想为指导，全面贯彻党的十九大精神，认真贯彻落实习近平总书记提出的“有事好商量，众人的事情由众人商量”的社会主义协商民主的重要论述，按照协商于民、协商为民的要求，以健全基层党组织领导的充满活力的基层群众自治机制为目标，以保障广大人民群众有序参与社区事务管理和监督为重点，建立健全协商民主平台和制度，拓宽协商范围和渠道，丰富协商内容和形式，通过协商达到共识，保障人民群众依法管理好自己的事务，自治、法治、德治相结合，形成完整的制度程序和参与实践，发挥社会主义民主的独特优势，推动基层治理体系和治理能力现代化，打造共建共治共享的社会治理格局。

二、工作目标

通过积极推行“二三四”（两网融合、三级互动、四步协商）基层协商民主工作法，建立社区党组织网络和社会共建网络“两网融合”，协商议事委员会、协商议事小组、协商议事网格“三级互动”，民主提事、民主议事、民主理事、民主监事“四步协商”，充分调动社区群众有序参加社区事务的积极性，建立统筹协调、多元共治、规范有序、共建共享的基层社会治理体系，努力营造和谐稳定的社区环境。

三、基本原则

——坚持党的领导。始终把加强党的领导作为根本政治保证，充分发挥社区党组织在基层协商民主中的领导作用，牢牢掌握协商主动权，把党的领导地位体现在协商的各个环节当中，坚持和加强党的全面领导，确保基层协商民主的正确政治方向，使协商民主成为实现党的领导的重要方式和社会主义民主政治的特有形式，充分发挥独特优势。

——坚持群众自治制度。尊重城乡居民在协商中的主体地位，加大信息公开、拓宽参与渠道，引导居民广泛参与协商、正确地表达利益诉求，充分保障人民群众的知情权、参与权、表达权、监督权，促进群众依法自我管理、自我服务、自我教育、自我监督。

——坚持依法协商。将基层协商民主与依法治理有机结合，严格遵守国家法律法规，在《城市居民委员会组织法》等有关居民自治的范围内开展，依据法定程序实施协商，确保协商结果合法有效。

——坚持民主集中制。充分发扬民主，广泛吸纳不同利益群体，广泛听取各方意见，让各方进行充分表达、充分协商，既反映多数人的普遍愿望，又吸纳少数人的合理主张，相互理解、相互支持、相互配合、形成共识。

——坚持协商于决策之前和决策实施之中。加强协商民主制度建设，注重将协商贯穿于决策与执行之中，做好协商与决策、协商与执行的衔接，增强决策的科学性和实效性，解决实际问题，防止协商流于形式，确保协商成果落到实处。

——坚持精准议事。尊重群众首创精神，紧密结合社区实际、事件症结、因势利导地开展探索和实践，制定有针对性、可操作性的具体措施和办法，使协商的方式方法更加适合居民要求和群众期盼。

四、协商网格体系

坚持政治引领和区域资源共享原则，构建区域化党建格局，充分发挥社区党组织作用，联动辖区单位，职能单位食药局、执法局、派出所、卫生服务站等共建单位的职能优势，集成党建资源、服务资源和社会资源互融互通，编织社区党组织网络和社会共建网络“两网融合”的智慧体系，形成区域内事务共同参与、共同协商、共同管理的工作格局，协调解决居民群众关心的难点问题，融出居民利益“最大公约数”。

五、协商机构和协商主体

（一）协商机构

组建成立社区协商民主议事委员会，作为居民协商民主的常设议事机构，设立协商民主议事厅，作为开展居民协商民主的场所，社区党总支书记兼任协商民主议事会主席，全面主持社区居民协商民主工作，分设党群、民政、综治、城市管理四个协商议事小组，根据事项内容分组协商，辐射六个协商议事网格，深化区域议事，实现自上而下全覆盖。

（二）协商主体

居民协商议事委员会人员基本构成为“1+7+X”。“1”即社区党总支书记；“7”即七类固定成员：具体包括社区党总支班子成员、居委会班子成员、居监会班子成员、两代表一委员、法律工作者、亚美地毯有限公司等辖区经济组织和社会组织代表以及金定国等德高望重、公道正派的居民代表；“X”主要包括网格员、网格长、相关工作人员、协商事项涉及的利益群体代表、政府相关职能部门代表，牵手社区律师、专家学者、媒体记者等，整合各方资源，建设社区智库，引导社会精英为社区民主协商善治提供智力支持。对于专业性、技术性较强的协商事项，可以邀请相关专家、学者和专业技术人员参加；居民协商议事小组人员基本构成为相关业务工作人员、业务相关职能单位代表、协商事项涉及的利益群体代表等；居民协商议事网格人员基本构成为楼口长、楼栋长、网格长、网格员“三长一员”、居民代表、协商事项涉及的利益群体代表等。

六、协商内容及形式

（一）协商内容

1.贯彻落实党的方针政策和政府决策部署过程中需要协商解决的问题。

2.社区中长期建设规划、年度工作计划等发展规划。

3.居民自治章程、居民公约、服务群众制度等规章制度的制定和修改。

4.社区集体资产管理使用、资金安排使用、公益事业兴办、房屋拆迁改造、工程项目招投标等重要事项。

5.群众反映强烈、迫切需要解决的实际困难、问题和矛盾纠纷。

6.困难群体救助、特殊群体帮扶和医疗卫生教育就业等民生保障事项。

7.治安维护、全域无垃圾整治、道路交通整治、公共设施管理使用等公共治理事项。

8.其他涉及社区多数居民切身利益的重要公共事务和公益事业事项。

9.法律法规和政策明确要求协商的事项。

10.各类协商主体提出协商需求的事项。

（二）协商形式

根据协商议题内容，进行三层次协商，协商范畴如下：

1.协商议事委员会：主要协商涉及社区公共事务和与群众切身利益密切相关、关注度较高及专业性、技术性较强的事项。

2.协商议事小组：主要负责协商针对性较强、难度适中及与社区业务工作相关联的事宜。党群协商议事小组：主要负责协商贯彻落实党的方针政策和政府决策部署过程中需要协商解决的问题；社区中长期建设规划、年度工作计划等发展规划，居民自治章程、居民公约、服务群众制度等规章制度的制定修改及社区建设中存在的薄弱环节和突出问题；社区集体资产管理使用、上级拨付资金安排使用、公益事业兴办等重要事项。民政协商议事小组：主要负责协商困难群体救助、特殊群体帮扶和医疗卫生教育就业等民生保障事项。综治协商议事小组：主要负责协商有关社区综合治理、安全维稳、矛盾纠纷调处、扫黑除恶、群众来信来访等突出问题的解决。城市管理协商议事小组：主要负责协商全域无垃圾整治、道路交通整治、公共设施管理使用等公共治理事项。

3.协商议事网格：主要负责协商一些日常性事务和涉及面较小的事项及居民区反映较频繁的事项。

七、协商民主程序

（一）民主提事

推行五层次提事法：会议提事——年初根据上年度工作报告和本

年度工作计划，梳理出年度协商议题；网格提事——建立楼口长、楼栋长、网格长、网格员“三长一员”机制，通过民情大走访、民意直通车、百姓议事员、热点议题征集、网格民情哨点等多种形式，畅通反映问题渠道；多元参与提事——以群众提、干部找、组织查等多种形式，优化提事机制，倾听居民心声，收集群众诉求；党员提事——借助“三会一课”、组织生活会等载体，推动党员提案，引导党员为居民群众发声，把居民关心的、迫切希望解决的问题提上来、呈上来；新媒介提事——利用意见箱、热线电话、便民服务微信群、QQ群、微信公众号等多种渠道，用指尖拉近党群关系和距离，构建议题征集平台。

（二）民主议事

采取“协商议事委员会—协商议事小组—协商议事网格”三步走的措施，遵循“大事大商量、小事小商量”的原则。根据确定的议题拟定协商议事方案，明确时间、地点、参与对象、议事议程，做好准备工作，并提前3天通知相关单位和人员，提供相关议题资料；根据议题内容，厘清议事范围，选择协商议事程序，明确“议什么、谁来议、怎么议”。

1.协商议事委员会专题议：涉及社区公共事务和与群众切身利益密切相关、关注度较高及专业性、技术性较强的事项，由社区协商议事委员会牵头组织会议协商，实行“三委”参会制度，邀请群众骨干、法律专业人士，进行圆桌议事，实行专事专议、精准议事。超出社区之力的，上报镇党委解决。

2.协商议事小组现场议：各网格将议题提交至相应的协商议事小组后，经协商议事小组讨论，能解决的召开协商议事小组会议，由协商议事小组牵头，吸纳业主代表，联合相关职能部门，进行专题协商，充分汇集群众智慧，广泛听取各方意见，做好记录，并实行“一事一账”，达成基本共识，形成最终协商结果。协商议事小组解决不了的提交社区协商议事委员会。

3.协商议事网格灵活议：对于一些日常性事务和涉及面较小的事项，由网格长牵头，切实发挥“三长一员”作用，以网格民情哨点、网格便民服务微信群等平台为依托，召开协商议事网格会议，通过沟通交流、教育引导、电话访谈等方式，形成协商意见；对于协商议事网格无法解决且针对性较强的议题，根据议题性质将议题提交至相应的协商议事小组。

会议协商需2/3以上协商议事会固定成员到场方能召开，具体包括四项内容：一是由协商议事委员会主席主持召开协商会议，说明议题来源、审定情况、具体内容和会议议程；二是由议题提出人对议题进行说明，协商议题涉及人员充分发表意见，协商过程中应最大限度地保障参与人的话语权，争取达成共识；三是协商议事委员会成员发言，与会人员进行认真协商讨论，研究提出解决问题的具体措施；四是由参会各方就解决问题方案达成基本共识，形成最终协商结果。

协商后，对未达成协商共识的，可暂且搁置，待条件成熟后再进行协商；对于协商无法解决或存在争议较大的事项，提交居民会议或居民代表大会决定；对于协商达成共识，但违反国家法律法规和党内法规的，社区党组织要及时、合理地予以纠正，并做好解释宣传工作。

（三）民主理事

协商议事结束后，社区协商议事机构要将协商结果进行公示，公示无异议后，提交社区党总支研究实施。社区党总支要将协商议事事项进行备案登记并及时召开党总支会议，对协商议事成果进行专题研究，确定责任人认真办理或组织实施。

协商事项推进实施过程中，如果遇到困难需要进行事中协商，可按照程序再次进行协商，及时研究解决存在的困难和问题，确保协商议事成果落到实处。

（四）民主监事

在实施过程中，居民监督委员会要切实发挥作用，全程跟踪监督，推动工作落实，并及时将进展情况向居民进行通报，自觉接受群众监督。

八、工作步骤

1. 准备阶段（2018年8月）。按照工作方案具体内容，成立社区民主协商议事机构，研究确定议事机构成员，并提前收集协商议题。

2. 实施阶段（2018年9月—11月）。严格按照协商内容和程序有序组织实施协商议事活动。结合实际，积极探索创新，使协商民主体现特色、富有成效。

3. 总结阶段（2018年12月）。要认真进行总结，形成可复制、可推广的基层协商民主的做法和经验，初步探索建立基层协商民主工作制度。

九、工作要求

（一）加强组织领导

社区党总支要加强对本社区协商议事机构的组织领导，成立协商民主议事工作领导小组，明确责任分工，加强组织领导，及时研究解决工作中的困难和问题，定期向上级党委汇报协商民主工作进展情况，确保协商民主工作健康有序开展。

（二）健全工作机制

要将基层协商民主活动与社区各项工作有机结合起来，畅通民意表达渠道，发挥群众智慧，用群众习惯的方式解决群众身边的事情，使协商议事活动始终贯穿于基层群众自治全过程。

（三）加大宣传力度

倡导协商精神、培育协商文化，引导群众依法表达意见诉求，积极参与协商。广泛开展政策宣传，普及法律知识，帮助居民掌握并有效运用协商的方法和程序，营造全社会关心、支持、参与基层协商民主的良好氛围。

（四）注重沟通交流

注重加强与各利益主体之间的交流与沟通，促进理解和信任，逐步消除无端抱怨、无理施压的状况，将不同利益群体未能充分表达的利益诉求通过民主协商的平台公开透明地表达出来，最后达成合理合法，且为基层群众乐于接受的问题解决办法。

（五）积极探索创新

基层协商民主是一项长期的工作，要在实践中积极探索创新，不断深化完善协商民主制度，建立健全长效工作机制，确保协商民主制度在服务社区工作中发挥有效作用，提高协商民主工作实效。

主要参考文献

一、文献、专著

《马克思恩格斯选集》第一、二、三、四卷，人民出版社2012年版。

《毛泽东选集》第一、二、三、四卷，人民出版社1991年版。

《邓小平文选》，人民出版社1994年版。

《江泽民文选》，人民出版社出版2006年版。

《胡锦涛文选》，人民出版社2016年版。

《习近平谈治国理政》，外文出版社2014年版。

《习近平谈治国理政》第二卷，外文出版社2017年版。

何科科等:《基层民主和地方治理创新》，中央编译出版社2004年版。

胡伟:《制度变迁中的县级政府行为》，中国社会科学出版社2007年版。

张平夫主编:《人民政协概论》，中央编译出版社2008年版。

政协全国委员会办公厅、中共中央文献研究室编:《人民政协重要文献选编》上、中、下卷，中央文献出版社、中国文史出版社2009年版。

陈家刚:《协商民主与政治发展》，社会科学文献出版社2011年版。

李昌鉴:《人民政协理论研究文稿》，中国文史出版社2013年版。

牛立文主编:《协商民主理论与实践研究》，中共党史出版社2014年版。

林尚立:《协商民主：中国的创造与实践》，重庆出版社2014年版。

叶明:《政协理论与实践》第8辑，中国书籍出版社2016年版。

《十八大以来重要文献选编》(中)，中央文献出版社2016年版。

《中国共产党第十九届中央委员会第四次全体会议公报》单行本，人民出版社2019年版。

中国人民政协理论研究会秘书处编:《庆祝人民政协成立70周年理论研讨会论文集》,2019年10月。

《中国人民政协理论研究会2018年度论文集》,中国文史出版社2020年版。

《习近平谈治国理政》第三卷,外文出版社2020年版。

刘佳义著:《新时代人民政协理论和实践研究》,中国文史出版社2020年版。

二、论文

王绍光:《国家治理与基础性国家能力》,《华中科技大学学报(社会科学版)》2003年4月。

陈家刚:《协商民主:概念、要素与价值》,《中共天津市委党校学报》2005年第3期。

金安平、姚传明:《"协商民主":在中国的误读、偶合以及创造性转换的可能》,《新视野》2007年第5期。

李君如:《人民政协与协商民主》,《特区实践与理论》2007年第3期。

臧雷振:《治理类型的多样化演化与比较求索国家治理逻辑》,《公共管理学报》2011年10月。

彭勃、邵春霞:《组织嵌入与功能调适:执政党基层组织研究》,《上海行政学院学报》2012年3月。

高全喜、田飞龙:《协商与代表;政协的宪法角色及其变迁》,《华东政法大学学报》2013年第5期。

殷啸虎:《人民政协实践协商民 主的路径分析》,《上海社会主义学院学报》2013年第2期。

韩国福:《作为嵌入性治理资源的协商民主一现代城 市治理中的政府与社会互动规则》《复旦学报》2013年3月。

虞崇胜：《人民政协是社会主义协商民主独具特色的载体》，《中国政协理论研究》2014年第1期。

魏治勋：《"善治"视野中的国家治理能力及其现代化》，《法学论坛》2014年3月。

张兆曙：《治理共同体：部门分立体制下联合治理的组织形式》，《浙江学刊》2014年第1期。

徐行、杨鹏飞：《在协商民主建设中充分发挥政协的制度平台功能》，《学习与探索》2015年第8期。

辛燕琴：《以协商民主建设推进政协职能履行》，《北京观察》2015年第4期。

胡新兵：《用改革精神推进政协履职能力现代化》，《人民政协报》2015年6月4日。

齐卫平：《加强政党协商与推进国家治理现代化》，《社会科学》2017年第4期。

包心鉴：《国家治理现代化语境中的社会主义协商民主——党的十八大以来社会主义协商民主的新创造新发展》，《学习与探索》2017年第3期。

薄茹：《完善政协网络议政和远程协商》，《北京观察》2018年第11期。

孙宝林：《我国基层协商民主的现状与未来发展》，《中国政协·理论研究》2018年第9期。

欧阳坚：《把协商民主作为公共决策的重要程序》，《人民政协报》2019年7月17日。

黄福寿：《习近平人民政协协商民主思想的三重价值》，《中国政协·理论研究》2019年第2期。

欧阳坚：《关于完善政协协商制度机制的思考》，《中国政协》2020年第4期。

吴先宁：《协商民主程序原则研究》，《中国政协》2020年第4期。

欧阳坚：《发挥政协协商在基层治理中的积极作用》，《学习与研究》2020年第9期。

后 记

政协甘肃省第十二届委员会成立以来，省政协党组把政协协商作为主责主业进行部署，省政协党组书记、主席欧阳坚主抓全省政协协商工作，并牵头开展《政协协商与基层治理》课题研究，形成了《政协协商的探索与实践》阶段性成果。

整个研究工作得到了兰州大学管理学院的宝贵学术支持，杨亮军、霍春龙、孙斐、戴巍、郭晟豪等同志做了大量的资料梳理和研究工作。

本课题被列为甘肃省社科规划重点招标课题（项目号：20ZD003）。甘肃省人民政协理论研究会也将该课题列为2020年重点课题并评为优秀成果奖。

甘肃省政协研究室全体同志参与了课题研究、文字起草和编校工作。

中国文史出版社对本书编辑出版付出了大量心血。

编 者

2021年1月9日